"十四五"职业教育国家规划教材

财经类新形态创新示范系列教材

市场营销实务

微课版｜第2版

张丽 郝骞／主编

秦博 张纬卿 范鹏／副主编

人民邮电出版社

北　京

图书在版编目（CIP）数据

市场营销实务 : 微课版 / 张丽, 郝骞主编.
2版. -- 北京 : 人民邮电出版社, 2024. --（财经类新
形态创新示范系列教材）. -- ISBN 978-7-115-65292-8

Ⅰ. F713.50

中国国家版本馆 CIP 数据核字第 20247N4L01 号

内 容 提 要

　　本书以企业营销岗位需求为导向,将市场营销理论知识和实践应用相结合,构建了 12 个教学项目,
分别为了解市场营销、分析市场营销环境、认识消费者与组织市场、实施市场营销调研、选择目标市
场、战略计划与竞争战略、开发产品策略、制定价格策略、建立渠道策略、整合促销策略、数字营销
及市场营销管理。每个教学项目分为课前自学、课中实训和课后提升 3 个部分。本书旨在通过理论学
习+实践操作+课后练习,培养学生综合运用市场营销知识解决企业营销问题的能力。本书内容前沿、
案例丰富,且附赠微课视频、PPT 课件、习题答案等丰富的教学资源。

　　本书可以作为应用型本科、高等职业院校市场营销、电子商务、国际贸易、现代物流管理等专业
市场营销基础课程的教材,也可以作为市场营销从业人员的参考书。

◆ 主　　编　张　丽　郝　骞
　　副 主 编　秦　博　张纬卿　范　鹏
　　责任编辑　白　雨
　　责任印制　王　郁　彭志环

◆ 人民邮电出版社出版发行　　　　北京市丰台区成寿寺路 11 号
　　邮编　100164　电子邮件　315@ptpress.com.cn
　　网址　https://www.ptpress.com.cn
　　北京联兴盛业印刷股份有限公司印刷

◆ 开本：787×1092　1/16
　　印张：15　　　　　　　　　　　2024 年 11 月第 2 版
　　字数：365 千字　　　　　　　　2025 年 6 月北京第 4 次印刷

定价：54.00 元

读者服务热线：(010)81055256　印装质量热线：(010)81055316
反盗版热线：(010)81055315

前 言

在全球化与数字化转型交织的当下，市场营销领域正经历着前所未有的变革。消费者行为的多样化、市场环境的复杂化及技术的革新，共同塑造了市场营销的新格局。为了紧跟时代步伐，培养具有前瞻视野、创新思维和实践能力的新一代市场营销人才，我们对本书进行了修订。

本次修订在保留上一版教材体例和风格的基础上，紧跟市场营销领域的新发展趋势，将前沿的理论研究、技术应用和市场实践融入本书，深入剖析大数据、人工智能等前沿技术对市场营销策略的影响，探索消费者行为模式的新变化，以及新兴渠道和平台在营销中的应用。本书具体特色与创新如下。

1．立德树人，深化价值引领功能

教材是课程建设的基础和教学质量的保证，要实现"铸魂育人"的教育目标，教材必须要有"魂"，既要传授专业知识和技能，又要引导学生品格塑造，传递社会主义核心价值观念，引导学生将实现个人价值和国家发展、民族复兴紧密相连。新时代的营销人才，既要掌握市场营销相关理论、政策，具备商业运营与管理能力，还要具备经世济民的胸怀，诚信服务的理念和德法兼修的职业素养。本书在修订过程中，深度提炼专业知识体系中所蕴含的思想价值和精神内涵，挖掘爱国精神与文化自信、社会责任和营销伦理、绿色营销与创新意识等元素，科学合理地拓展专业课程的广度和深度，增加课程的知识性、人文性，将价值塑造、知识传授和能力培养三者融为一体。

2．校企合作开发，凸显职业教育特色

本书编写人员既包括一线教师，也包括企业营销专家。在修订过程中，编写人员走访企业，和企业营销管理人员、营销专家进行研讨，分析市场营销行业的现状、发展趋势及企业对市场营销人才的需求，关注市场营销领域的最新研究成果和行业动态，确保本书的时效性和前瞻性。教师和营销专家共同制定详细的修订大纲，明确各项目的教学目标，确定本书修订内容，包括框架调整、知识点更新、案例引入等，确保本书既符合教育规律，又贴近当下企业营销实际。

3．以需求为导向，采用理实一体化设计

本书在修订过程中，紧密结合营销岗位需求和营销发展趋势，设置"岗课对接""课证融合""课赛融通"等栏目，结合典型工作任务、岗位职业能力等对课程内容进行重构和优化。确保本书内容既涵盖必要的理论知识，又注重实践技能的培养。同时，本书融入市场营销职业技能大赛、中国国际大学生创新大赛等相关竞赛的内容、要求和标准，引导学生在学习过程中了解竞赛规则、掌握竞赛技能，激发学习兴趣。

4．建设配套数字教材，实现线上线下互动学习

本书配套数字教材，包含丰富的融媒体资源，以直观、生动的方式展示教学内

容。纸质教材则侧重提供系统的理论知识、图表、案例等，帮助学生建立扎实的学科基础。通过两者结合，学生可以在线上观看教学视频、完成在线测试等，线下则进行小组讨论、实践操作等活动，既能获得直观的学习体验，又能掌握系统的理论知识。

本书配套PPT课件、教案、习题答案、试卷等教学资源，选书教师可登录人邮教育社区（www.ryjiaoyu.com）自行下载获取。同时，扫描下方二维码登录人邮学院，可免费观看微课视频。

人邮学院

微课视频

本书由河北工业职业技术大学张丽、郝骞担任主编，秦博、张纬卿、范鹏担任副主编。感谢深圳市怡亚通供应链股份有限公司、河北盘古网络技术有限公司、石家庄谱华文化传播有限公司、河北速恒贸易有限公司、石家庄盛世恒易广告有限公司在本书修订中做出的贡献。

本书在修订过程中，借鉴了大量互联网资料，包括但不限于营销案例和知识拓展等内容，在此也谨向相关网站和作者表示诚挚的感谢。

由于编者水平有限，书中难免存在不足之处，敬请广大读者批评指正。

编 者
2024年10月

目 录

项目一
了解市场营销

扫一扫

思维导图

👤 引导案例

哔哩哔哩与中国铁路的双向奔赴

哔哩哔哩视频《第 3286 个站》中说道，中国共有 3285 个铁路客运站，它们有的偏远，有的很小，有的可能还有些破旧，但每一个站，都是一个家乡。

2023 年春节前夕，哔哩哔哩以第 3286 个站 "B 站" 的口吻对话全国 3285 个铁路客运站，叮嘱这些客运站们给归心似箭的年轻人们多一些帮助，多一些谅解，多一些力量。

中国铁路在春运的最后一天，向哔哩哔哩回信。在春运返乡与节后返岗的 40 天里，位于五湖四海的车站与天南海北的 3 亿多旅人相遇。中国铁路为这些旅程提供了守护者，他们是车上的司机、乘务员，是铁路上的检修工、养路工，是每个平凡而伟大的人，他们用自己的辛劳换来他人的团聚。

哔哩哔哩曾用对年轻人情绪的洞察，做出可以引起共鸣的活动。而据相关人士透露，中国铁路对哔哩哔哩的回应是始料未及的。这次国营企业对社会机构的回应是双向奔赴的实现。哔哩哔哩的 "托付" 换来真心回应，实现了哔哩哔哩品牌传播的长尾效应，且将国营企业的声音进行了年轻化传播，既实现了双赢，又凸显了两家企业的社会责任感。

思考：结合案例，谈谈你对市场营销的初步认识。

课前自学

一、市场营销相关概念

（一）市场的含义

在日常生活中，人们习惯将市场看作商品交易的场所，如集市、商场等。这是一个时空概念。我国古代有关"日中为市，致天下之民，聚天下之货，交易而退，各得其所"的记载，就是对这种在一定时间和地点进行商品交易的市场的描述。

从市场营销角度看，市场是指某种商品的现实购买者和潜在购买者需求的总和。"现代营销学之父"菲利普·科特勒认为，市场是由一切具有特定欲望和需求，并且愿意和能够以交换来满足这些需求的潜在顾客所组成的。

🚶 营销拓展

菲利普·科特勒

菲利普·科特勒（1931年—）是现代营销集大成者，被誉为"现代营销学之父"，是美国西北大学凯洛格商学院国际市场营销学S. C. 强生杰出教授。其还担任美国管理科学联合市场营销学会主席、美国市场营销协会理事、营销科学学会托管人、管理分析中心主任、杨克罗维奇咨询委员会成员、哥白尼咨询委员会成员、中国GMC制造商联盟国际营销专家顾问。

菲利普·科特勒著作众多，其中，《营销管理》一书被奉为营销学的经典之作、奠基之作。《营销管理》是目前世界范围内使用最广泛的营销学教科书，被选为全球最佳的50本商业书籍之一。他提出"优秀的企业满足需求，杰出的企业创造市场"的观点。

菲利普·科特勒多次获得美国国家级勋章和褒奖，包括"保尔·D. 康弗斯奖""斯图尔特·亨特森·布赖特奖""营销卓越贡献奖""查尔斯·库利奇奖"，他还是美国市场营销协会（American Marketing Association，AMA）设立的"杰出营销教育家奖"的首位获得者。

按照菲利普·科特勒的定义，从管理学角度看，市场是指营销市场，即广义的市场，这种市场的大小取决于人口、购买力和购买欲望3个要素。用公式表达以上关系即：市场 = 人口 + 购买力 + 购买欲望。市场的构成要素如图 1-1 所示。

人口、购买力和购买欲望3个要素互相制约，缺一不可。人口是构成市场的基本因素。哪里有人，哪里才可能有市场。一个国家或地区的人口多少，是决定市场大小的基本前提。

购买力是指人们支付货币购买产品或服务的能力。购买力的高低由购买者收入多少决定。一般来说，人们收入多，购买力高，市场和市场需求也大；反之，人们收入少，购买力低；市场和市场需求就小。

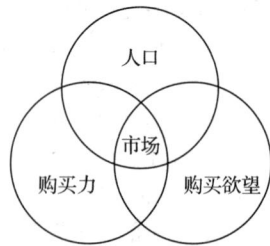

图1-1 市场的构成要素

购买欲望是指人们购买产品或服务的动机、愿望和要求。它是人们把潜在的购买愿望变为现实购买行为的重要条件,因而也是构成市场的基本要素。如果有人口和购买力,而无购买欲望,或者有人口和购买欲望,而无购买力,对卖主来说,无法形成现实的有效市场,只能形成潜在的市场。

学以致用

以自己为例,想一想自己现阶段是哪些产品的市场成员,是哪些产品的潜在市场成员。

(二)市场营销的含义

菲利普·科特勒认为,市场营销是个人和集体通过创造产品和价值,并同他人自由交换产品和价值,来获得其所需之物的一种社会和管理过程。市场营销的最终目标是满足消费者的需求和欲望。

格隆罗斯认为,市场营销是在变化的市场环境中,旨在满足消费需要、实现企业目标的商务活动过程,包括市场调研、选择目标市场、产品开发、产品促销等一系列与市场有关的企业经营活动。

因此,本书将市场营销定义为满足消费者需求和欲望而利用市场来实现交换的活动。

从事市场营销活动的人被称为市场营销者。市场营销者可以是卖方,也可以是买方。作为买方,当其力图在市场上推销自己,以获取卖方的青睐时,就是在进行市场营销。当买卖双方都在积极寻求交换时,他们都可被称为市场营销者,这种营销为互惠的市场营销。

(三)市场营销的相关概念

1.需要、欲望和需求

扫一扫,看微课

需求类型及营销策略

需要指一种未得到某种满足的感受状态,是人们与生俱来的基本要求。它是促使人们产生购买行为的原始动机。需要对人类整体而言具有共性,如饿思食、寒思衣。

欲望指想要得到某种具体满足物的愿望。个人的需要因所处的社会经济文化环境和性格等不同而异,这种有差异的需要就是欲望。欲望和需要是有差别的。例如,天气冷了,出于保暖,人们需要购买羽绒服;但是购买哪个牌子的羽绒服,是由欲望决定的。

需求是有购买力支持的欲望。例如,汽车作为一种便捷的交通工具,很多人都需要。但对没有购买能力的人来说,对汽车的需要只是一种欲望。需求是企业营销活动的中心,市场营销者要了解消费者需求,提供满足他们需求的产品。

根据需求水平、时间和性质的不同,市场需求类型可归纳为 8 种。针对不同的市场需求类型,企业需要采用不同的营销策略。市场需求类型及营销策略如表 1-1 所示。

表 1-1　市场需求类型及营销策略

市场需求类型	营销策略	应改变的类型
负需求	改变营销	正需求
无需求	刺激营销	有需求
潜在需求	开发营销	实际需求

续表

市场需求类型	营销策略	应改变的类型
下降需求	再营销	恢复需求
不规则需求	同步营销	适应需求
充分需求	保持营销	维持需求
过度需求	减少营销	降低需求
有害的需求	反营销	消灭需求

学以致用

举例说明 8 种不同的市场需求类型及可采用的营销策略。

2．产品

营销中的产品泛指满足人的特定需要和欲望的商品或服务。能够提供到市场上来满足人们需要和欲望的任何事物都可称为产品。事实上，产品只是满足顾客需求、解决顾客问题的一个工具。当市场上出现一种能更好地满足顾客需求或价格更低的新产品时，原有的产品就有被替代的可能。因此企业需要持续了解市场需求的变化，及时更新产品，这样才能在竞争中占据优势。

一般而言，营销人员主要营销以下 10 种类型的产品：有形的商品（如图书、计算机、手机）、服务（如保险、跑腿业务、营销咨询）、事件（如体育赛事、发布会、演唱会）、体验（如旅游）、人物（如歌手、演员）、场所（如风景区、博物馆）、产权（如专利权、股权）、组织（如健身俱乐部、市场营销协会）、信息（如行业调研信息、公益信息）、创意（如产品构思）。

学以致用

上述 10 种类型产品请你再各举一例。

3．交换、交易和关系

（1）交换

顾客有了需求，企业也将产品生产出来，还不能解释为市场营销，只有通过等价交换，买卖双方彼此满足各自需求，才产生市场营销。可见，交换是市场营销的核心概念。

（2）交易

交换是一个过程，而不是一种事件。如果双方正在洽谈并逐渐达成协议，称为在交换中。如果双方通过谈判并达成协议，交易便发生。

（3）关系

交易营销是关系营销大观念中的一部分。现代市场营销者都会重视同顾客、分销商等建立长期、信任和互利的关系。而这些关系要靠不断承诺及为对方提供高质量产品、良好服务及公平价格来实现，靠双方加强经济、技术及社会联系来实现。

4．顾客让渡价值、顾客满意与顾客忠诚

（1）顾客让渡价值

顾客让渡价值即顾客总价值与顾客总成本之差。其中，顾客总价值包括顾客在购买和消费

过程中所得到的全部利益，这些利益可能来自产品价值、服务价值、人员价值或形象价值。对顾客总价值的分析是顾客理论研究的重点。顾客总成本包括顾客为购买某一产品或服务所支付的货币成本，以及顾客预期的时间、精力和体力成本。

顾客让渡价值概念的提出为企业经营方向提供了一种全面的分析思路。让渡价值理论认为，企业在生产经营中创造良好的顾客总价值只是企业取得竞争优势、成功经营的前提，企业不仅要着力创造价值，还必须关注顾客在购买产品或服务中所倾注的全部成本。

（2）顾客满意

顾客满意是由顾客的可感知效果与顾客的期望值相比较来决定的。顾客满意的公式表达如图1-2所示。

$$顾客满意=可感知效果/期望值\begin{cases}>1 \text{ 非常满意}\\=1 \text{ 满意}\\<1 \text{ 不满意}\end{cases}$$

图1-2　顾客满意的公式表达

在企业与顾客建立长期的伙伴关系的过程中，企业向顾客提供超过其期望的"顾客价值"，使顾客在每一次的购买过程和购后体验中都能获得满意。每一次的满意都会增强顾客对企业的信任，从而使企业获得长期的盈利与发展。如果对企业的产品或服务感到满意，顾客也会将他们的消费感受通过口碑传播给其他顾客，扩大产品的知名度，提升企业形象，为企业的长远发展不断地注入新的动力。

（3）顾客忠诚

顾客忠诚是顾客对企业与品牌形成的信任、承诺、情感维系和情感依赖。顾客忠诚是在企业与顾客长期互惠的基础上，顾客长期、反复购买和使用企业的产品与服务形成的。企业可以根据忠诚度将顾客划分成不同等级，形成顾客忠诚金字塔。顾客忠诚金字塔如图1-3所示。

由图1-3可知，顾客满意并不会必然产生顾客忠诚，但顾客满意是顾客忠诚的前提。

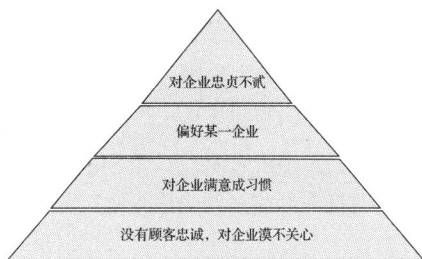

对企业忠贞不贰

偏好某一企业

对企业满意成习惯

没有顾客忠诚，对企业漠不关心

图1-3　顾客忠诚金字塔

学以致用

顾客在购买一件衣服时的让渡价值有哪些，如何提高顾客让渡价值？

二、市场营销理论的演变

（一）市场营销观念的演变

市场营销观念是指企业进行经营决策、组织管理市场营销活动的基本指导思想，也是企业的经营哲学。从市场营销的发展阶段看，市场营销观念可以分为传统市场营销观念阶段和现代市场营销观念阶段。

1．传统市场营销观念阶段

传统市场营销观念也称旧市场营销观念，这种观念以生产和推销为营销指导思想，是生产观念、产品观念和推销观念的总称。它是一种狭隘的、落后的指导思想，是商品生产不发达，市场供应不充分，竞争不激烈的营销环境的产物，在20世纪50年代以前一直占据统治地位，指导着企业的营销活动。20世纪50年代以后，其逐渐被现代市场营销观念取代。

（1）生产观念

生产观念在市场供不应求的情况下产生，企业以增加生产为出发点，通过尽可能提高产量和降低成本来获取利润。该观念的中心思想是"我们生产什么产品就销售什么产品，我们销售什么产品消费者就购买什么产品"。

（2）产品观念

产品观念阶段，产品供不应求的状况有所缓和，企业开始在产品的质量、性能、款式等方面下工夫，力求通过提供更好的产品在竞争中取胜。该阶段的中心思想是"我们提供更好的产品"。

（3）推销观念

推销观念阶段，产品出现供过于求的现象，企业竞争激烈。为了避免产生产品滞销积压的情况，企业组织销售人员推销产品，其认为产品的销量和企业的推销努力是成正比例的。该阶段的中心思想是"我们卖什么就让消费者买什么"。

2．现代市场营销观念阶段

随着生产力提高，产品极大丰富，消费者需求和企业优势的有机结合成为营销的指导思想。现代市场营销观念也称新市场营销观念，它是一种全面的、先进的指导思想，随着产品生产发展，市场营销兴旺，市场竞争加剧而产生，从根本上改变了企业的营销态度和思维方式，把营销活动推进一个崭新的阶段。

（1）市场营销观念

市场营销观念阶段，企业以市场需求为导向，消费者需要什么就生产什么，销售什么，完全把消费者的需求作为出发点，按消费者的需求去组织产品开发。该阶段的中心思想是"消费者需要什么我们就生产什么"。

（2）社会营销观念

社会营销观念阶段的特点是兼顾社会、消费者和企业三方利益，在实现企业和消费者双赢的前提下，力求实现企业、消费者和社会的"多赢"。该阶段的中心思想是"在符合消费者和社会长远利益的前提下满足市场需求"。

表1-2所示为传统市场营销观念和现代市场营销观念的特点。

表1-2 传统市场营销观念和现代市场营销观念的特点

营销观念		市场特征	出发点	手段	目标
传统市场营销观念	生产观念	供不应求	生产	提高产量、降低成本	增加生产获得利润
	产品观念	供不应求	产品	提高质量、增加功能	提高质量获得利润
	推销观念	供过于求	销售	推销与促销	扩大销售获得利润
现代市场营销观念	市场营销观念	买方市场	消费者需求	整体市场营销	满足需求获取利益
	社会营销观念	买方市场	兼顾消费者需求和社会、企业利益	整体市场营销	兼顾社会利益获得经济效益

学以致用

分析以下内容反映了哪种市场营销观念。

1. 我们有更多的款式供你选择。

2. 无论你想要什么样的汽车，我们只生产黑色的汽车。

3. 市场需要什么，我们就生产什么。

4. 企业不只顾盈利，还要考虑降低能耗，节约资源。

5. 我们卖什么，就想尽办法让客户买什么。

（二）市场营销理论的发展

1. 4P营销组合理论

1960 年，麦卡锡提出了著名的 4P 营销组合理论。他认为，企业从事市场营销活动，一方面要考虑企业的各种外部环境，另一方面要制定市场营销组合策略，通过策略的实施，适应环境，满足目标市场的需要，实现企业的目标。

麦卡锡认为，针对某个目标市场，产品（Product）、价格（Price）、渠道（Place）和促销（Promotion）4 个要素的综合运用对营销结果有重要作用，这 4 种要素就是 4P 营销组合。在这里，产品策略指为目标市场开发适当的产品，选择产品线、品牌和包装等；价格策略指为产品制定适当的价格；渠道策略即通过适当的渠道安排运输、储藏等把产品送到目标市场；促销策略是考虑如何将适当的产品，按适当的价格，在适当的地点通知目标市场，包括营业推广、广告、人员推销等。

2. 4C营销组合理论

20 世纪 90 年代，罗伯特·劳特博恩提出了与传统营销的 4P 营销组合理论相对应的 4C 营销理论。4C 分别指顾客（Customer）、成本（Cost）、便利（Convenience）和沟通（Communication）。

顾客主要指顾客的需求。企业首先需要了解和研究顾客需求，根据顾客需求提供产品。成本不仅包括企业的生产成本，或者说 4P 中的价格，还包括顾客的购买成本，例如为购买耗费的时间、体力和精力，以及购买风险。便利即为顾客提供最大的购物和使用便利。4C 营销理论强调企业在制定分销策略时，要更多地考虑顾客的便利，而不是企业的便利。沟通则是指双向沟通，企业应通过同顾客进行积极有效的双向沟通，建立基于共同利益的新型企业－顾客关系。这不再是企业单向地促销和劝导顾客，而是在双方的沟通过程中找到能同时实现各自目标的途径。

3. 4R营销组合理论

21 世纪初，唐·舒尔茨提出了基于关系营销的 4R 营销组合，受到大众广泛的关注。4R 营销组合理论阐述了一个全新的市场营销四要素，即关联（Relevance）、反应（Reaction）、关系（Relationship）和回报（Reward）。

该理论的核心内容主要包括以下几点：与顾客建立关联，形成一种互助、互求、互需的关系；提高市场反应速度，及时倾听顾客的渴望和需求，并及时答复和迅速做出反应；关系营销越来越重要，沟通是建立关系的重要手段；回报是营销的源泉，市场营销的真正价值在于其具有为企业带来短期或长期的收入和利润的能力。

4R 营销理论的最大特点是以竞争为导向，在新的层次上概括了营销的新框架。4R 营销理论根据市场不断成熟和竞争日趋激烈的形势，侧重企业与顾客的互动与双赢。

📋 **营销案例**

基于 4R 理论的农产品短视频营销

相比于4P理论与4C理论，4R理论更注重关系营销，拓展了顾客的需求，即在满足顾客产品需求的基础上，满足顾客在使用过程中对服务及其他衍生服务的需求。短视频营销的特点使其具有极大的营销价值，并且与4R理论完美契合，在农产品营销中发挥了巨大作用。

1. 与顾客建立关联

在竞争性市场中，获得顾客的前提是与顾客建立联系，企业需要与顾客形成一种互助互需的关系。短视频创作门槛低，内容制作周期短，成本低。回乡务农或返乡创业的年轻人抓住机遇，以"农村、农业和农民"为主题进行内容创作，为其他人展现新时代的农村面貌。短视频时长短，符合现今碎片化节奏；内容信息丰富，如原生态美景、地方特色美食、日常劳作和邻里往来等，满足了一些人对乡村生活的向往。短视频为内容创作者和顾客搭建了沟通交流的桥梁。

2. 了解市场反应，精准营销

随着生活水平的提高，人们不仅注重吃得饱，还注重吃得好，人们愿意为高质量的产品付出更高的价格。贴有"健康""原生态"等标签的产品更容易刺激人们的消费需求。农村自媒体创作者通过拍摄短视频和不定期的直播，向顾客展示自家产品从播种到成熟的生长情况，实现生产过程的透明化，减少买卖双方的信息不对称，刺激潜在顾客的需求。

3. 互动性强

在多变的市场环境中，与顾客建立长期而稳固的关系成为企业抢占市场的关键，经营者要管理与顾客的互动关系，提高顾客忠诚度。短视频平台具有社交媒体的互动属性，点赞、评论和转发都会带来很多流量。部分农村自媒体创作者凭借独特的个人魅力和风格，与顾客建立了长期稳定的关系。

4. 流量转化，实现盈利

对经营者来说，市场营销的真正价值在于其具有为企业带来短期或长期的收入和利润的能力。自短视频兴起以来，短视频平台方一直在进行各种商业变现的探索和尝试，短视频营销变现模式逐渐得到各方认可。农村自媒体创作者前期的短视频是内容分享类视频，随着顾客对产品需求的增加，短视频的内容则以分享类视频为主、产品推销类视频为辅。

（作者：邹雨函。有删改）

思考：1. 农产品营销中有哪些注意事项？

2. 如何提升短视频内容的吸引力？

三、市场营销新发展

（一）联名营销

联名营销指两家或多家资源匹配、名气相当、调性吻合的企业、品牌或人物，通过联合推出一款产品或服务来实现营销目的。这种合作方式可以使得各合作伙伴利用自身优势互补，达到互惠互利的市场效果。联名营销不仅是一种市场宣传手段，还是一种资源整合的战略合作，旨在吸引消费者注意力和激发好奇心，产生新的营销卖点，并提高参与联名的各品牌的知名度和影响力。联名营销的方式主要有以下几种。

1．品牌联名

这是最常见的联名营销方式，两个或多个品牌通过合作，共同推广一款产品或一个活动。例如，茅台和瑞幸咖啡联名推出了酱香拿铁，活动首日爆卖 542 万杯，收获超 1 亿元的销售额。

2．名人联名

名人联名主要借助明星或知名人士的影响力推广产品或品牌。例如，时尚品牌经常邀请明星作为代言人或参加时装周等活动，以提高品牌的知名度和曝光率。例如太平鸟品牌邀请年轻演员作为代言人，并共同推出联名系列。这个系列的服装设计充满时尚感和个性，非常符合年轻人的审美需求。

3．IP联名

IP 联名主要是通过与知名 IP（知识产权）合作，推出相关的产品或活动。动漫、电影、游戏等 IP 都可以与品牌进行联名合作。IP 可以让品牌更有亲和力，IP 的周边也能提高知名度。例如，喜茶和《繁花》联名推出系列饮品。

4．公益联名

品牌通过与公益组织合作，共同推广公益事业或慈善活动。例如，某时尚品牌与动物保护组织联名，推出以保护动物为主题的公益广告或活动，以呼吁人们关注动物保护问题。

（二）社群营销

社群是以一个兴趣、类别或文化背景等为载体的集合圈。社群不仅是线下邻里、区域，更活跃于线上的社交平台、交友软件、贴吧、知乎等平台场景，这些平台通过以某个兴趣、类别或文化背景为载体的链接，将同类人聚合在一起形成社群。例如，某个品牌手机的消费群体、QQ、微信群等，都可以称为社群。

社群最大的特点是大家有相同或相似的爱好。社群营销是在网络社区营销及社会化媒体营销基础上发展起来的顾客连接及交流更为紧密的网络营销方式。企业通过社群销售产品，并为顾客提供相应的服务。社群营销的优势有以下 4 点。

1．成本更低

相对于传统营销方式费用高昂、顾客群体不聚焦、资源浪费严重的情况来说，社群营销近乎零成本，只要企业的产品好，营销得当，社群营销所产生的裂变效果是巨大的。

2．顾客精准

社群营销是基于圈子、人际关系所产生的营销模式，成员间有一致的行为规范、持续的互动关系，成员间分工协作，简单来说，社群里聚集的都是具有共同需求的顾客。

3．高效率传播

社群的核心是连接，通过互联网将人与人联系在一起，并且这种关系往往是基于熟人的联系。如果能获得一个顾客的信任，再通过熟人间传播，其效率往往超乎想象。

4．沉淀粉丝

相对于传统营销模式，社群营销可以把使用过或购买过产品的顾客联系在一起，沉淀在社交平台中，当有新产品推出后，顾客基于信任会增加购买概率。

（三）精准营销

精准营销的概念由营销专家菲利普·科特勒于 2005 年年底提出。他认为企业需要更精准、可衡量和高投资回报的营销沟通，需要制订更注重结果和行动的营销传播计划，还要越来越注重对直接销售沟通的投资。简单来说，精准营销就是 5 个合适，在合适的时间、合适的地点，将合适的产品以合适的方式提供给合适的顾客。

进入互联网时代，营销行为和消费行为皆可数据化，顾客交易数据贯穿营销过程的始末。企业通过大数据计算，能够准确推测顾客的真实需求，将顾客想要的、喜欢的精准推送，从而实现有效导流和精准销售。大数据分析可以帮助企业进行营销决策的调整与优化，也有助于品牌发现机遇（如新顾客、新市场、新规律）、回避风险与潜在威胁等。企业如何驾驭数据，利用数据驱动实现精准营销，是形成差异化竞争优势的关键所在。

（四）直播营销

直播营销是指在现场随着事件的发生、发展进程同时制作和播出节目的营销方式。该营销活动以直播平台为载体，达到企业获得品牌提升或销量增长的目的。直播营销的优势有以下几方面。

① 直播内容具有明显的新闻效应，可以更轻松地进行传播和引起关注。

② 直播营销能体现出用户群的精准性。在观看直播视频时，用户需要在一个特定的时间共同进入播放页面，这种播出时间上的限制能够真正识别出并抓住这批具有忠诚度的精准目标人群。

③ 直播营销能够实现与用户的实时互动。用户不仅仅是单向观看，还能发弹幕，和主播互动，实现深入沟通，引发情感共鸣。

（五）体验营销

体验营销是通过看、听、用、参与等手段，充分调动消费者的感官、情感、思考、联想、行动等感性和理性因素，使消费者能够投入品牌提供的场景、产品或服务中，感受其利益点和优势的一种营销方式。

体验营销的常见形式有知觉体验、情感体验、思维体验、行为体验等。随着时代的发展和营销方式的不断创新，当下的体验式营销中又多了娱乐营销、美学营销、文化营销等新型的体验模式。通过产品、服务和场景的实际体验，商家能够满足消费者的物质需求和情感需求，并借助直接的互动和交流，获知消费者的评价、反馈和即时购买行为。

（六）绿色营销

绿色营销是指社会和企业在充分意识到消费者日益提高的环保意识和由此产生的对清洁型无公害产品需要的基础上，发现、创造并选择市场机会，通过一系列理性化的营销手段来满足消费者以及社会生态环境发展的需要，实现可持续发展的过程。

绿色营销的核心是按照环保与生态原则来选择和确定营销组合的策略，是建立在绿色技术、绿色市场和绿色经济基础上的、对人类的生态关注给予回应的一种经营方式。绿色营销不是一种诱导顾客消费的手段，也不是企业塑造公众形象的"美容法"，它是一个导向持续发展、永续经营的过程，其最终目的是在化解环境危机的过程中获得商业机会，在实现企业利润和消费者满意的同时，达成人与自然的和谐相处，共存共荣。

营销案例

方太的《地球情书》

如果要向我们赖以生存的地球表达爱，你会如何表达？方太用一封地球情书，说出了朴实的情话："我没有他们的轰轰烈烈，却骄傲于爱你的点点滴滴：节约一滴水、一度电，滤净一杯水、一缕烟。让你的脚步多一份轻盈，让你的呼吸多一丝清甜。因为我想让你看见——对你的爱，在他们的湖海山川，也在我的柴米油盐。"短片基于4个真实的环保故事改编，通过一封"地球情书"，以小见大，讲述了"三北"防护林建设、保护黄河湿地鸟类栖息地行动、蓝靛天然植物印染工艺及二手书循环活动背后的"绿色"环保故事。

方太没有浓墨重彩地强调旗下低碳环保产品，而是以"同住地球村"为内核，讲述历史长河中留下的无数环保故事，用简洁有情的文案，打通了和大众的情感路径，向人们传递环保意识。

思考：结合案例，谈谈你对绿色营销的理解。

四、企业市场营销体系结构

现代市场营销是以消费者的需求为中心，从长期的、综合的、动态的观点来谋求企业持续发展的经营活动；是以市场调查为基础，以经营战略为指针，通过确定市场营销目标，把握市场营销环境，运用市场营销策略，实施市场营销管理等内容构建的完整体系。企业市场营销的体系结构如图1-4所示。

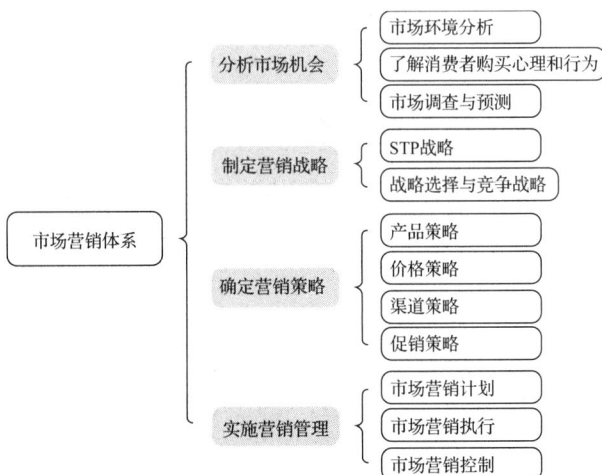

图1-4　企业市场营销的体系结构

✎ 岗课对接

市场营销工作岗位划分

市场营销类的工作岗位一般分为市场类岗位、销售类岗位和客服类岗位。

市场类岗位主要工作内容为开展市场调查，进行市场营销策划，进行广告宣传，开展公关活动和促销活动等。市场类岗位可以帮助企业更好地分析市场现状，了解客户需求，为销售人员提供前端引导，并为企业内部的服务部门提供监督工作。

销售类岗位主要工作内容为产品渠道的开拓与维护，以及产品销售计划的制订与实施。从事销售工作需要具备较好的沟通能力和谈判技巧，具备一定的市场敏感度，具有优秀的分析判断能力。

客服类岗位主要工作内容是为客户提供售前、售中和售后服务，保持和客户沟通，及时处理客户异议，维护企业和客户的良好关系。客服是企业和客户之间的桥梁，客服的专业素质、服务态度、语言表达能力等都会直接影响客户对企业的印象。

市场营销工作岗位分类示例如图1-5所示。

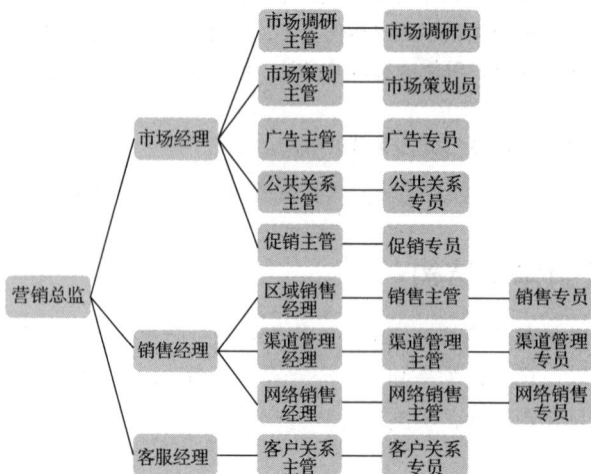

图1-5　市场营销工作岗位分类示例

五、市场营销专业学生综合素质培养

根据教育部颁发的《高等职业学校市场营销专业教学标准》文件，市场营销专业要培养理想信念坚定，德、智、体、美、劳全面发展，具有一定的科学文化水平，良好的人文素养、职业道德和创新意识，精益求精的工匠精神，较强的就业能力和可持续发展的能力，掌握市场营销专业知识和技术技能，能够从事销售、营销活动组织、品牌推广、销售管理、客户关系管理、市场调查与分析、创业企业营销策划与执行等工作的高素质技术技能人才。具体来说，市场营销专业毕业生应在素质、知识和能力等方面达到以下要求。

（一）素质

①践行社会主义核心价值观，具有深厚的爱国情感和中华民族自豪感。

②崇尚宪法、遵法守纪、崇德向善、诚实守信、尊重生命、热爱劳动，履行道德准则和行为

规范，具有社会责任感和社会参与意识。

③ 具有质量意识、环保意识、安全意识、信息素养、工匠精神、创新思维。

④ 奋斗、乐观向上，具有自我管理能力、职业生涯规划的意识，有较强的集体意识和团队合作精神。

⑤ 具有健康的体魄、心理和健全的人格，掌握基本运动知识和一两项运动技能，养成良好的健身与卫生习惯，以及良好的行为习惯。

⑥ 具有一定的审美和人文素养，能够形成一两项艺术特长或爱好。

（二）知识

① 掌握必备的思想政治理论、科学文化基础知识和中华优秀传统文化知识。

② 熟悉与本专业相关的法律法规及环境保护、安全消防等知识。

③ 掌握商品分类与管理的基本知识和方法。

④ 掌握消费者行为和消费心理分析的基本内容和分析方法。

⑤ 掌握营销计划和控制等营销组织管理的基本方法。

⑥ 掌握推销和商务谈判的原则、方法和技巧。

⑦ 掌握市场调查的方式、方法、流程，基本抽样方法和数据分析方法，以及市场调查报告的撰写方法。

⑧ 掌握营销活动策划与组织的基本内容和方法。

⑨ 熟悉现代市场营销的新知识、新技术。

（三）能力

① 具有探究学习、终身学习、分析问题和解决问题的能力。

② 具有良好的语言、文字表达能力和沟通能力。

③ 能够与客户进行有效沟通。

④ 能够对客群和竞争者进行分析。

⑤ 能够组织实施营销产品的市场调查与分析。

⑥ 能够组织实施品牌和产品的线上线下推广和促销活动。

⑦ 能够组织实施推销和商业谈判。

⑧ 能够对客户关系和销售进行日常管理。

⑨ 能够为小微创业企业进行营销活动策划并组织实施。

⑩ 具备一定的商业信息技术与工具应用能力。

⑪ 具备数据意识和商务数据分析应用能力。

⑫ 具备商务礼仪规范应用能力。

⑬ 具备一定的创新创业能力。

知识检测 ↓

一、选择题

1. "酒香不怕巷子深"反映了（　　）。

   A. 生产观念　　　　　　　　B. 产品观念

   C. 推销观念　　　　　　　　D. 市场营销观念

2. （　　）是构成市场的基本因素。

   A. 人口　　　　　　　　　　B. 购买力

   C. 购买欲望　　　　　　　　D. 产品

3. 顾客购买了某视频网站的会员以回避视频播放中的广告，可见广告对该顾客是（　　）。

   A. 有害的需求　　　　　　　B. 负需求

   C. 下降需求　　　　　　　　D. 不规则需求

4. 以兼顾社会利益获得经济效益为目标的营销观念是（　　）。

   A. 生产观念　　　　　　　　B. 推销观念

   C. 市场营销观念　　　　　　D. 社会营销观念

5. 某超市建立了微信群，在微信群里不定期地发送特价产品信息以吸引客户购买。该营销方式属于（　　）。

   A. 精准营销　　　　　　　　B. 服务营销

   C. 社群营销　　　　　　　　D. 体验营销

二、判断题

1. 顾客对产品满意，不一定成为其忠诚顾客。　　　　　　　　　　　　　　（　　）

2. 顾客为购买产品花费的时间和体力不属于顾客的购物成本。　　　　　　（　　）

3. 有人讨厌乘坐飞机，飞机对他来说是有害的需求。　　　　　　　　　　（　　）

4. 在产品供不应求的情况下，推销观念才有可能产生。　　　　　　　　　（　　）

5. 网购中的送货上门服务体现了4C营销理论中的便利因素。　　　　　　（　　）

三、简答题

1. 简述什么是市场营销。

2. 简述市场营销观念的演变过程。

3. 列举不同的市场需求类型及营销策略。

4. 举例说明体验营销。

课中实训

【实训背景】

青源公司是一家农产品商贸公司，主要经营绿色有机农产品，经营品种包括小米、大枣、花生、红薯、有机农家蛋等。该公司为初创型小微企业，经营范围较小，线上以淘宝店铺销售为主，线下主要在石家庄及周边郊县进行批发销售。

实训一　市场营销相关概念

【实训目标】

学生能掌握组建营销团队的要点，以及需求的不同类型，针对不同需求状况初步制定营销策略。

任务1：组建营销团队

任务描述：营销是企业通向市场过程中至关重要的一环，营销人员把产品推向市场，让产品最终体现价值，又从市场中获取信息并反馈给企业。在当今时代，仅凭一个人的力量很难在竞争日趋激烈的市场中生存。所以，好的营销需要打造属于自己的团队，凭借团队的优势在市场中抢占先机。

将学生分为若干小组，每个小组为一个营销团队，各组设计团队名称、团队标志、团队口号，进行团队分工，将结果记录在表 1-3 中。

表 1-3　组建营销团队

研究内容	研究结果
团队名称	
团队成员	
团队标志	
团队口号	
团队分工	

任务2：分析需求类型

任务描述：各营销团队根据【实训背景】提供（或教师指定）的信息，分析农产品营销的现状，判断市场对绿色农产品的需求属于哪种类型，针对该需求类型制定相应的营销策略，将结果记录在表 1-4 中。

表 1-4　需求类型分析

研究内容	研究结果
农产品营销现状分析	
农产品需求类型分析	
营销策略解析	

任务3：顾客让渡价值、顾客满意度与顾客忠诚度分析

任务描述：分析顾客在购买农产品时的让渡价值，影响顾客满意度和忠诚度的因素有哪些，以及企业可以采用什么方法提高顾客满意度和忠诚度，将结果记录在表 1-5 中。

表 1-5　顾客让渡价值、顾客满意度与顾客忠诚度分析

研究内容		研究结果
顾客让渡价值分析	顾客总价值	
	顾客总成本	
顾客满意度分析	影响因素	
	提高方法	
顾客忠诚度分析	影响因素	
	提高方法	

实训二　市场营销理论的演变

【实训目标】

学生掌握市场营销理论的演变过程，能针对市场状况制定满足市场需求的营销推广方式。

任务1：市场营销观念的演变

任务描述：分析农产品市场当前的营销观念，以该观念为指导思想的营销有哪些特点，【实训背景】中的青源公司应采用哪些营销策略，请给出建议并将结果记录在表 1-6 中。

表 1-6 市场营销观念的演变

研究内容	研究结果
农产品市场的营销观念	
营销特点	
青源公司营销策略建议	

任务2：市场营销理论的发展

任务描述：以 4C 营销理论为基础，分析绿色农产品在各营销要素方面可以采取哪些措施吸引顾客，将结果记录在表 1-7 中。

表 1-7 市场营销理论的发展

研究内容	研究结果
顾客	
成本	
便利	
沟通	

实训三 市场营销新发展

【实训目标】

学生掌握新的市场营销方法，能针对不同产品采用恰当的营销方法。

任务1：联名营销

任务描述：如果青源公司要开展联名营销，请帮其选择一个合适的公司，陈述二者开展联名营销的可行性，为二者的联名营销进行构思设计，将结果记录在表 1-8 中。

表 1-8 联名营销

研究内容	研究结果
选择的公司	
可行性分析	
联名营销构思设计	

任务2：社群营销

任务描述：针对青源公司的产品开展社群营销，分析其社群成员有哪些共性，设计社群营销的开展形式与过程，探寻增加粉丝黏性的方法，将结果记录在表1-9中。

表1-9　社群营销

研究内容	研究结果
社群成员共性	
社群营销过程解析	
增加粉丝黏性的方法	

实训四　营销人员的职业素养

【实训目标】

学生掌握营销人员应该具备的知识、能力和素质，能有意识地增长知识、提升能力、增强素质，做合格的营销人员。

任务1：营销人员知识储备与能力培养

任务描述：针对青源公司的产品开展营销，分析营销人员需要掌握哪些知识，以及具备哪些能力，请小组讨论并将结果记录在表1-10中。

表1-10　营销人员知识储备与能力培养

研究内容	研究结果
知识储备	
能力培养	

任务2：营销人员素质培养

任务描述：农产品销售过程中有哪些不道德行为，有哪些方法可培养营销人员的道德品质，收集相关资料并展开讨论，将结果记录在表1-11中。

表1-11　营销人员素质培养

研究内容	研究结果
不道德行为分析	
培养道德品质的方法	

实训项目评价 ↓

指导教师根据学生对本项目的知识学习和实践训练成果进行评价，学生根据自己的掌握情况进行自我评价。

学习成果评价表

评价维度	评价指标	评价标准	分值	得分	
				教师评价	学生自评
知识（50%）	市场营销相关概念	能够准确表述市场及市场营销的含义	4		
		能够熟练列出市场营销的相关概念	5		
	市场营销理论的演变	能够简述市场营销观念的演变过程	7		
		能够详细说明不同市场营销理论类型	6		
	市场营销新发展	能够熟练列出新的营销手段	8		
	企业市场营销体系结构	能够熟练说出市场营销体系	7		
		能够识别市场营销工作岗位类型	6		
	市场营销专业学生综合素质培养	能够简述市场营销专业学生应具备的素质、知识和能力	7		
能力（30%）	综合能力	能够正确分析市场需求类型	5		
		能够制定顾客满意和顾客忠诚策略	5		
		能够判断营销观念的类型	5		
	创新能力	能够根据产品制定可行的营销策略	5		
	职业迁移能力	积极参与小组讨论，加强合作	5		
		掌握正确的沟通方法，注意沟通效果	5		
素质（20%）	职业素养	积极思考，善于总结	5		
		积极参与课堂讨论，认真完成实训任务	5		
		能够创造性地解决问题	5		
	学习态度	认真听讲，积极回答问题	5		
评分	教师评价（80%）＋学生自评（20%）		100		

课中实训

课后提升

📖 传统文化与营销思想

君子爱财，取之有道

"君子爱财，取之有道"出自《增广贤文》，意思是有才、有仁德的人也喜爱钱财，但有才、有仁德的人只要正道得到的财物，不要不义之财。

在中华传统文化中，对财富及仁义有着辩证的认识。"仁义"在儒家思想中虽然头等重要，但是儒家并不反对对"利"的追求，认为"义"和"利"并不冲突，只是对"利"的获取应该符合"义"的原则。《论语》中孔子说："富与贵，是人之所欲也；不以其道得之，不处也。贫与贱，是人之所恶也；不以其道得之，不去也。"孔子认为获取"富与贵"（即利益）是人人都想要的，但利益的取得一定要有道义，违反道义地去获取利益是不可以的，所以儒家认为一定要在遵守道义的情况下去获取利益。《论语》中还有许多关于义与利的论述，如"不义而富且贵，于我如浮云"，"富而可求也，虽执鞭之士，吾亦为之"等，这些都不是对"利"的排斥，而只是主张先义后利，强调"义利并生"，强调经济生活的道德原则，认为集体利益高于个人利益，精神价值重于物质价值。

思考：结合上述资料，谈谈古人的义利观。

知识归纳表 ↓

知识回顾：
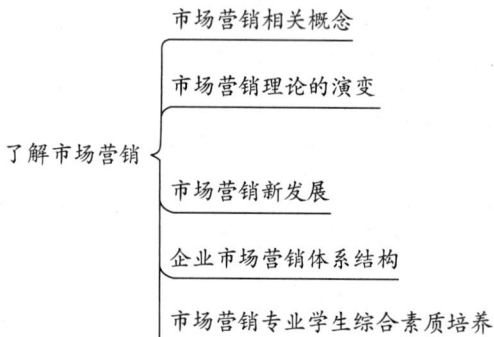
思考总结：
心得分享：

项目二

分析市场营销环境

扫一扫

思维导图

教学目标 ↓

知识目标

1. 了解市场营销宏观环境因素。
2. 了解市场营销微观环境因素。
3. 掌握 SWOT 分析法。

能力目标

1. 能够有效开展市场营销宏观环境分析。
2. 能够有效开展市场营销微观环境分析。
3. 能够运用 SWOT 分析法进行内外部环境分析。

素养目标

1. 培养团队合作能力。
2. 培养独立思考、积极解决问题的能力。

育人目标

1. 具有诚实守信、依法经营的意识。
2. 具有创新精神，能动适应市场营销环境。

引导案例

餐饮行业发展的影响因素

餐饮行业是一个充满竞争和机遇的行业。随着人们对饮食品质和服务体验的要求不断提高，餐饮行业的发展也在不断演进。餐饮行业的发展受哪些因素影响呢？归纳起来主要有以下几点。

① 经济因素：人们的收入水平和可支配收入将影响在餐饮业的消费水平。通货膨胀会导致原材料和劳动力成本上升，增加餐饮业的运营成本。

② 技术因素：随着自动化技术的进步，餐厅可以更高效地处理订单、提供服务，减少人力成本。线上点餐平台的出现使得顾客可以更方便地下单，同时也为餐厅提供了更广阔的市场。

③ 社会因素：人口结构的变化会影响餐饮业的需求。例如，年轻人更倾向于追求新奇和多样化的饮食体验，而老年人则更注重健康和营养。不同地区和国家有不同的饮食文化，这将直接影响到餐饮业的类型和风格。

④ 环境因素：随着环保意识的提高，越来越多的人选择支持环保餐厅，这推动了绿色餐饮的发展。气候变化对农作物和渔业的影响可能导致某些食材的供应减少或价格上涨，从而影响到餐厅的经营。

⑤ 竞争因素：餐饮市场的竞争激烈程度将影响到餐厅的生存和发展。

思考：针对某一具体餐饮企业，谈谈影响企业经营的因素都有哪些，以及这些影响因素有什么特点。

课前自学

一、市场营销环境的概念及特点

（一）市场营销环境的概念

市场营销环境也称市场经营环境，指处在营销管理职能外部影响市场营销活动的所有不可控因素的总和。企业营销活动与其经营环境密不可分。根据企业对环境因素的可控度，企业市场营销环境可分为宏观环境和微观环境。宏观环境由经济环境、政治法律环境、社会环境和科技环境4个因素组成。微观环境因素包括企业内部环境、供应商、顾客、竞争者和公众。市场营销环境构成如图2-1所示。

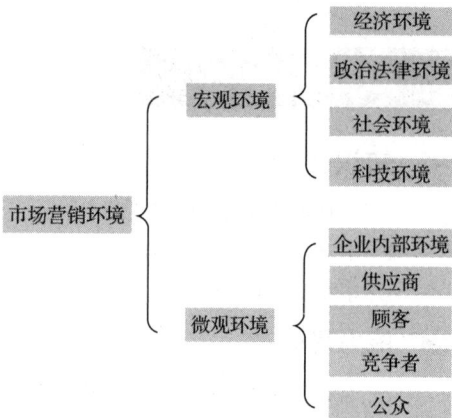

市场营销环境
- 宏观环境
  - 经济环境
  - 政治法律环境
  - 社会环境
  - 科技环境
- 微观环境
  - 企业内部环境
  - 供应商
  - 顾客
  - 竞争者
  - 公众

图2-1　市场营销环境构成

（二）市场营销环境的特点

1．客观性

环境作为企业外在的不以市场营销者意志为转移的因素，对企业营销活动的影响具有强制性特点。企业总是在特定的社会经济和其他外界环境条件下生存、发展的。

2．差异性

市场营销环境的差异性不仅表现在不同的企业受不同环境的影响，而且表现在同样一种环境因素的变化对不同企业的影响也不相同。正因市场营销环境的差异，企业为适应不同的环境及其变化，必须采用各有特点和针对性的营销策略。

3．相关性

市场营销环境是一个系统，在这个系统中，各个影响因素是相互依存、相互作用和相互制约的。

4．动态性

市场营销环境是一个动态系统。市场营销环境是企业营销活动的基础和条件，这并不意味着市场营销环境是一成不变的、静止的。企业营销活动必须适应环境的变化，不断地调整和修正自己的营销策略，否则，将会丧失市场机会。

5．不可控性

影响市场营销环境的因素是多方面的，也是复杂的，并表现出不可控性。

6．可影响性

企业可以通过对内部环境因素的调整与控制，来对外部环境施加一定的影响，最终促使某些环境因素向预期的方向转化。

二、市场营销宏观环境

市场营销宏观环境是指给企业造成市场营销机会和形成环境威胁的外部因素。这些因素对企业的经营活动有着间接影响，因此市场营销宏观环境又称间接营销环境。

（一）经济环境

扫一扫，看微课

经济环境分析

经济环境是企业营销活动的外部社会经济条件，包括消费者的收入水平、消费者支出模式和消费结构、消费者储蓄和信贷、经济发展水平、经济体制、地区和行业发展状况、城市化程度等多种因素。市场规模不仅取决于人口数量，而且取决于有效的购买力。而购买力要受到经济环境中各种因素的综合影响。

企业的经济环境分析需要对以上各个要素进行分析，如图2-2所示。运用各种指标，准确地分析经济环境对企业的影响，从而制定出正确的企业营销策略。

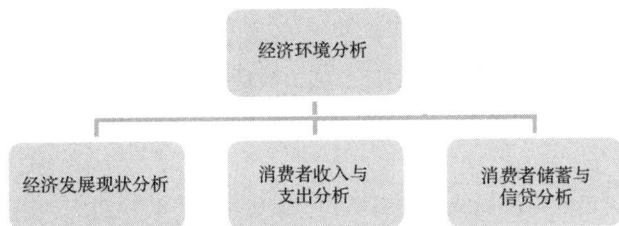

图2-2　经济环境

（二）政治法律环境

知识链接

《中华人民共和国
消费者权益保护法》

政治法律环境是影响企业营销活动的重要宏观环境因素，包括政治环境和法律环境。

政治环境是指企业营销活动的外部政治形势。政治环境影响着宏观经济形势，从而影响着企业的生产营销活动。政治环境分为国内政治环境和国际政治环境，如政治制度、政策导向、政治气氛、国际政治形势等。政治环境引导着企业营销活动的方向。

法律环境为企业规定经营活动的行为准则。法律环境包括法律规范、国家司法执法机关、企业的法律意识等因素。法律规范是指和企业经营密切相关的经济法律法规；国家司法执法机关是指与企业关系较为密切的行政执法机关，如国家市场监督管理总局等；企业的法律意识，即企业对法律制度的认识和评价。

政治环境与法律环境相互联系，共同对企业营销活动产生影响和发挥作用。

⚖ 法治护航

和市场营销相关的法律法规有哪些

为了营造良好的营销环境，保护消费者权益，国家出台了一系列市场营销相关的法律法规。例如，《产品质量法》规定了产品的质量标准和责任归属；《反不正当竞争法》打击商业活动中的不正当行为；《专利法》保护发明创造的知识产权；《商标法》维护商标专用权，防止假冒侵权；《广告法》对广告内容进行监管，以保护消费者的权益和社会公共利益；《环境保护法》强调企业在经营活动中应遵守环保法规，减少环境污染；《消费者权益

课前自学

保护法》保护消费者的合法权益不受侵害。

近年来，随着互联网营销的兴起，国家相继出台了网络营销的法律法规，例如《网络直播营销管理办法（试行）》《互联网广告管理办法》。

（三）社会环境

1．人口环境

人口环境主要包括人口规模、年龄结构、人口分布、民族结构及收入分布等因素。一个特定市场的人口规模及其增长率、年龄分布和民族组合、人口密度、教育水平、家庭类型、地区特征和迁移活动等都会影响市场的规模与结构、特征与变动趋势。

（1）人口数量

在收入水平和购买力大体相同的条件下，人口数量直接决定了市场规模和市场发展的空间，人口数量与市场规模成正相关关系。

（2）人口结构

人口结构包括人口的年龄结构、教育结构、家庭结构、收入结构、职业结构、性别结构、阶层结构和民族结构等多种因素。其中，人口的年龄结构最重要，直接关系到各类商品的市场需求量以及企业对目标市场的选择。

（3）人口分布

从区域人口分布看：我国东部沿海地区经济发达，人口密度大、消费水平高；中西部地区经济相对落后，人口密度小、消费水平低。

从城乡结构看：大中城市人口密度大、消费需求水平高；乡村人口密度小、消费需求水平低。但随着社会经济与文化的发展，城乡差距将日趋缩小，乡村市场潜力巨大。

2．文化环境

文化环境包括一个国家或地区的宗教信仰、消费习俗、价值观念等。任何企业都处于一定的文化环境中，企业营销活动必然受其所在文化环境的影响和制约。为此，企业应了解和分析文化环境，针对不同的文化环境制定不同的营销策略，组织不同的营销活动。

（1）宗教信仰

宗教是构成社会文化的重要因素，宗教对消费需求和购买行为有一定影响。不同宗教有自己独特的节日礼仪、商品使用要求。企业在营销活动中要注意不同的宗教信仰，避免由于矛盾和冲突给企业带来损失。

（2）消费习俗

消费习俗指人们在长期经济与社会活动中所形成的一种消费方式与习惯。不同的消费习俗具有不同的商品要求。研究消费习俗，不但有利于组织好商品的生产与销售，而且有利于正确、主动地引导健康的消费观。

（3）价值观念

不同文化背景下，人们的价值观念往往有着很大的差异，消费者对商品的色彩、标志、式样及促销方式有自己褒贬不同的意见和态度。企业营销必须根据消费者不同的价值观念设计产品，提供服务。

学以致用

说一说自己的家乡有哪些风俗习惯，这些风俗习惯对市场营销有何影响。

（四）科技环境

科技环境不仅包括发明，还包括与企业有关的新技术、新工艺、新材料的出现和发展趋势以及应用背景。科学技术直接影响人类的命运，并持续改善人类的生活方式。任何一种新技术出现都可能会孕育出新的行业和产品，为企业带来发展的机会；也可能使采用旧技术的行业和产品衰落，给企业的生存带来威胁。因此，新技术常被称为一种具有创造性的毁灭力量。企业只有及时采用新技术、不断开发新产品并相应调整经营结构和营销方案，才能长久地保持兴旺发达。同时随着技术进步，营销模式也在不断变革。在互联网阶段，社会化媒体、内容电商、大数据营销以其不同的价值，正在替代传统媒体。企业需要及时变革营销模式，紧跟时代步伐，这样才能在营销中处于有利地位。

📋 营销案例

从哈尔滨"出圈"看老牌城市如何花式营销

哈尔滨，这座老牌工业城市，在元旦假期迅速崛起，成为继淄博之后的又一座"网红"城市，在这个冬季，哈尔滨成了"冰雪游之王"。元旦前夕，哈尔滨文旅各平台账号就推出了一系列短视频进行冰雪旅游宣传。其中，太平国际机场空姐跳舞迎客，商场内交响乐团表演，鄂伦春族同胞带着驯鹿现身街头与游客互动，这些内容一经发布就登上热搜，哈尔滨由此吸引了全国的目光。

1. 入圈阶段：KOL+IP

差异化特色宣传开始阶段可以分为两层，一层是通过头部博主介绍哈尔滨有什么特色，打破人们冬天去南方的一些惯有思维，二层是通过一个哈尔滨自带的IP"冰雪大世界"进行一次事件营销，扩大哈尔滨声量。

2. 引爆阶段：视角切换

哈尔滨选择通过本地和游客两个维度来进行发酵，"本地人告诉你哈尔滨3天怎么玩""南方小土豆"等好玩有趣的话题名称结合"冰雪大世界""中央大街"等特色因素，助力"尔滨，你让我感到陌生""南方小土豆""冻梨摆盘"等"热梗"出现；通过视角的切换推动由官方自行生成品牌宣传内容转变为游客自发生成宣传内容，直接推动传播的事半功倍。

3. 突破阶段：引发共鸣

官方回应引发共鸣后，哈尔滨通过官方回应的方式为整体定调，"爆火不是偶然，是整个哈尔滨的努力集成"，通过官方媒体的公信力进一步彻底突破圈层，让流量正向化突破。

哈尔滨的自身"够硬"和营销"够好"共同打造了这场盛宴，在其背后，更值得被我们所有人都关注的，是整个地区、整个城市、整个政府、全体人民群众的高整合度的执行力。

思考：1. 哈尔滨的营销活动中运用了哪些科技元素？

2. 你认为科技环境在营销中有什么作用？

三、市场营销微观环境

市场营销微观环境又称直接营销环境，指与企业紧密相连、直接影响企业营销能力和效率的各种力量和因素的总和，主要包括企业内部环境、供应商、营销中介、顾客、竞争者、公众等。

（一）企业内部环境

企业开展营销活动要充分考虑企业内部的环境力量和因素。企业是组织生产和经营的经济单位，是一个系统组织，一般设立计划、技术、采购、生产、营销、质检、财务、后勤等部门。企业内部各职能部门的工作及其相互之间的协调关系直接影响企业的整个营销活动。企业在制订营销计划、开展营销活动时，必须协调和处理好各部门之间的矛盾与关系，保证营销工作顺利进行。

（二）供应商

供应商是指对企业进行生产而提供特定的原材料、辅助材料、设备、能源、劳务、资金等资源的供货单位。这些资源的变化直接影响企业产品的产量、质量及利润，从而影响企业营销计划和营销目标的完成。供应商对企业营销的影响作用主要表现在供应的及时性和稳定性、供应的货物价格变化和供货的质量保证方面。企业为了在时间上和连续性上保证得到货源的供应，就必须和供应商保持良好的关系，密切关注和分析供应商的货物价格变动趋势，了解供应商的产品，分析其产品的质量标准，从而保证自己产品的质量，赢得消费者，赢得市场。

（三）营销中介

营销中介是指为企业营销活动提供各种服务的企业或部门的总称。营销中介对企业营销产生直接的、重大的影响。通过有关营销中介所提供的服务，企业能把产品顺利地送达到目标消费者手中。营销中介的主要功能是帮助企业推广和分销产品。

营销中介分析的主要对象包括中间商、营销服务机构、物资分销机构、金融机构等。中间商是把产品从生产者流向消费者的中间环节或渠道，主要包括批发商和零售商两大类。营销服务机构指为企业营销提供专业服务的机构，包括广告公司、广告媒介经营公司、市场调研公司、营销咨询公司、财务公司等。物资分销机构指帮助企业进行保管、储存、运输的物流机构，包括仓储公司、运输公司等。金融机构指为企业营销活动提供资金融通的机构，包括银行、信托公司、保险公司等。

（四）顾客

顾客是指使用进入消费领域的最终产品或服务的消费者和生产者，也是企业营销活动的最终目标市场。顾客对企业营销的影响程度远远超过前述的环境因素。顾客是市场的主体，任何企业的产品或服务只有得到顾客的认可，才能赢得市场，因此现代营销强调把满足顾客需要作为企业营销管理的核心。企业要注重对顾客进行研究，分析顾客的需求规模、需求结构、需求心理及购买特点，这是企业营销活动的起点和前提。

（五）竞争者

竞争是商品经济的必然现象。企业竞争者的状况将直接影响企业营销活动。例如，竞争者的营销策略及营销活动变化会直接影响企业营销，最为明显的是竞争者的产品价格、广告宣传、促销手段的变化，以及产品的开发、销售服务的加强，这些都将直接对企业造成威胁。为此，企业在制定营销策略前必须先明确竞争者，特别是同行业竞争者的生产经营状况，做到知己知彼，有效地开展营销活动。

学以致用

生产不同产品的企业是不是竞争者？请举例说明。

（六）公众

公众是指对企业实现其市场营销目标的能力有着实际或潜在兴趣或影响的群体或团体。公众与企业的营销活动有着直接或间接的关系，公众可能帮助企业树立良好的形象，也可能带来阻碍。一般来说，企业面对的公众主要有 6 类。金融公众如银行、证券公司、股东等，对企业融资能力有重要影响。媒介公众是企业联系外界的媒介，包括电视、广播、报纸、互联网等。政府公众是与企业营销活动有关的各级政府部门。社团公众是与企业营销活动有关的非政府组织。地方公众指企业所在地附近的居民和社区组织。内部公众指企业内部的管理人员和一般员工。

四、SWOT分析法

（一）SWOT 分析法的内涵

SWOT 分析是一种基于内外部竞争环境和竞争条件下的态势分析，即将与研究对象密切相关的各种内部主要优势和劣势与外部主要机会和威胁等，通过调查列举出来，并依照矩阵形式排列，然后用系统分析的思想，把各种因素相互匹配加以分析，从中得出一系列相应的结论。在这里，S（Strength）代表优势、W（Weakness）代表劣势、O（Opportunity）代表机会、T（Threat）代表威胁。运用这种方法，可以对研究对象所处的情景进行全面、系统、准确的研究，从而根据研究结果制定相应的发展战略及对策等。

（二）SWOT 分析法的步骤

1. 内外部因素分析

进行 SWOT 分析，首先应通过调查研究，分析出与企业相关的外部环境因素和内部环境因素。外部环境因素包括机会因素和威胁因素，它们是外部环境中直接影响企业发展的有利和不利因素，属于客观因素。内部环境因素包括优势因素和劣势因素，它们是企业在其发展中自身存在的积极和消极因素，属于主观因素。在调查分析这些因素时，不仅要考虑企业的历史与现状，而且要考虑企业未来的发展。

扫一扫，看微课

SWOT 分析法的步骤

优势可以是有利的竞争态势、充足的财政资源、良好的企业形象、强大的技术力量、可靠的产品质量、领先的市场份额以及成本优势、规模经济等。

劣势可以是设备老化、管理混乱、缺少关键技术、研究开发落后、资金短缺、经营不善、产品积压、竞争力弱等。

机会包括新产品、新市场、新需求、外部市场壁垒解除、竞争对手失误等。

威胁包括出现新的竞争对手、替代产品增多、市场紧缩、政策限制、经济衰退、顾客偏好改变、突发事故等。

2. 构建SWOT矩阵

将调查得出的各种因素根据轻重缓急或影响程度等排序，构建 SWOT 矩阵。在此过程中，将对企业发展有直接的、重要的、大量的、迫切的、久远的影响因素优先排列出来，而将间接的、次要的、少许的、不急的、短暂的影响因素排列在后面。某养生食品企业的 SWOT 矩阵如表 2-1 所示。

表 2-1　某养生食品企业的 SWOT 矩阵

	优势（S）	劣势（W）
内部因素	1. 品牌影响力大，知名度高 2. 中华老字号产品，历史悠久 3. 营销队伍素质高，经验丰富	1. 产品单价高，限制需求 2. 售后服务不够完善，影响销售 3. 产品种类单一
	机会（O）	威胁（T）
外部因素	1. 资金和技术大量进入 2. 消费水平提高，购买力增强 3. 国家大健康政策支持	1. 养生替代品增多 2. 新竞争者进入，市场竞争加剧 3. 需求偏好发生改变

3. 制订行动计划

在完成环境因素分析和 SWOT 矩阵的构建后，便可以制订相应的行动计划。制订行动计划的基本思路是：发挥优势因素，克服弱势因素，利用机会因素，化解威胁因素；考虑过去，立足当前，着眼未来。运用系统分析的综合分析方法，将排列与考虑的各种环境因素相互匹配加以组合，得出一系列企业未来发展的可选择对策，并选择最适合企业发展的战略类型。

战略类型可以分为 4 种，分别为增长型战略（SO）、扭转型战略（WO）、多种经营战略（ST）和防御型战略（WT）。

增长型战略（SO）是一种发挥企业内部优势与利用外部机会的战略，是一种理想的战略模式。当企业具有特定优势，而外部环境又为发挥这种优势提供有利机会时，可以采取该战略。例如良好的产品市场前景、供应商规模扩大和竞争对手有财务危机等外部条件，配以企业市场份额提高等内部优势可成为企业收购竞争对手、扩大生产规模的有利条件。

扭转型战略（WO）是利用外部机会来弥补内部弱势，使企业获取优势的战略。在存在外部机会，但由于企业存在一些内部弱势而妨碍其利用机会时，可采取措施先克服这些弱势。例如，若企业弱势是原材料供应不足和生产能力不够。在产品市场前景看好的前提下，企业可利用供应商扩大规模、新技术设备降价、竞争对手财务危机等机会，实现纵向整合战略，重构企业价值链，以保证原材料供应，同时可考虑购置生产线来克服生产能力不足及设备老化等缺点。通过克服这些弱势，企业可能进一步利用各种外部机会，降低成本，取得成本优势，最终赢得竞争优势。

多种经营战略（ST）是指企业利用自身优势，回避或减轻外部威胁所造成的影响的战略。如竞争对手利用新技术大幅度降低成本，给企业造成很大成本压力，同时材料供应紧张，其价格可能上涨等，都会导致企业成本状况进一步恶化，使之在竞争中处于不利地位，但若企业拥有充足的现金、熟练的技术工人和较强的产品开发能力，便可利用这些优势开发新工艺，简化生产工艺过程，提高原材料利用率，从而降低材料消耗和生产成本。

防御型战略（WT）是一种旨在减少内部弱势，回避外部环境威胁的战略。当企业存在内忧外患时，往往面临生存危机，降低成本也许成为改变劣势的主要措施。当成本状况恶化，原材料供应不足，生产能力不够，无法实现规模效益，且设备老化，在成本方面难以有大作为时，企业将被迫采取目标聚集战略或差异化战略，以回避成本方面的劣势，并回避竞争者带来的威胁。

知识检测

一、选择题

1. 企业经过努力可以程度不同地加以影响和控制的是（　　）。
   A. 宏观环境因素　　　　　　　B. 微观环境因素
   C. 宏观环境中的一些因素　　　D. 微观环境中的一些因素

2. （　　）环境包括一个国家或地区的宗教信仰、消费习俗、价值观念等。
   A. 文化　　　B. 政治法律　　　C. 科学技术　　　D. 自然

3. 企业营销活动不可能脱离周围环境而孤立地进行，企业营销活动要主动地去（　　）。
   A. 控制环境　　　B. 征服环境　　　C. 改造环境　　　D. 适应环境

4. 下列属于有限但可以更新的资源的是（　　）。
   A. 水　　　B. 森林　　　C. 石油　　　D. 煤

5. 市场营销环境中（　　）被称为一种具有创造性的毁灭力量。
   A. 新技术　　　B. 自然资源　　　C. 文化　　　D. 政治法律

二、判断题

1. 微观环境与宏观环境之间是一种并列关系，市场营销微观环境并不受制于市场营销宏观环境，各自独立地影响企业的营销活动。（　　）

2. 市场营销环境是一个动态系统，每一环境因素都随着社会经济的发展而不断变化。（　　）

3. 面对市场疲软、经济不景气的环境威胁，企业只能等待国家政策的支持和经济形势的好转。（　　）

4. 在经济全球化的条件下，国际经济形势也是企业营销活动的重要影响因素。（　　）

5. 许多国家政府对自然资源管理的干预有日益加强的趋势，这意味着市场营销活动将受到一定程度的限制。（　　）

三、简答题

1. 简述市场营销环境的特点。
2. 查阅资料，分析世界人口环境发展的主要趋势。
3. 简述企业在进行经济环境分析时，主要考虑哪些因素。
4. 简述市场营销环境分析对市场营销活动的意义。

课中实训

实训一　市场营销宏观环境分析

【实训目标】

学生能够掌握市场营销宏观环境分析。

任务1：经济环境分析

任务描述：各团队搜集资料，了解当前消费者的收入、支出、储蓄和信贷状况，分析经济环境对农产品营销的影响，制定相应的营销策略，将结果记录在表2-2中。

表2-2　经济环境分析

研究内容	研究结果
消费者收入分析	
消费者支出分析	
消费者储蓄分析	
消费者信贷分析	
农产品营销策略分析	

任务2：政治法律环境分析

任务描述：查阅资料，找一找和农产品营销相关的政策与法律法规，说一说这些政策及法律法规的梗概，以及这些政策及法律法规给营销人员什么启示，将结果记录在表2-3中。

表2-3　政治法律环境分析

政策及法律法规		梗概	营销启示
国家相关政策			
法律法规			

任务3：社会环境分析

任务描述：人口老龄化是当前面临的一个全球性问题，了解我国人口老龄化现状，分析人口老龄化给哪些行业带来机会，以及农产品营销面临哪些机遇。针对这一现状，为农产品制定相应的营销策略，将结果记录在表2-4中。

表 2-4　社会环境分析

研究内容	研究结果
人口老龄化现状分析	
机会行业分析	
农产品营销面临的机遇	
农产品营销策略分析	

任务4：科技环境分析

任务描述：分析科技环境对农产品营销的积极影响和消极影响，将结果记录在表2-5中。

表 2-5　科技环境分析

研究内容		研究结果
积极影响	产品开发	
	渠道建设	
	促销策略	
消极影响		

实训二　市场营销微观环境分析

【实训目标】

学生能够掌握市场营销微观环境分析。

任务：微观环境分析

任务描述：以项目一【实训背景】中的青源公司为例，分析可能影响青源公司经营的微观环境因素，将结果记录在表2-6中。

表 2-6　微观环境分析

研究内容	研究结果
企业内部环境分析	
供应商分析	
营销中介分析	
顾客分析	

续表

研究内容	研究结果
竞争者分析	
公众分析	

实训三　SWOT分析

【实训目标】

学生能够掌握 SWOT 矩阵各个构成要素，熟练使用 SWOT 矩阵进行分析并制定营销战略。

任务1：构建SWOT矩阵

任务描述：以项目一【实训背景】中的青源公司为例，分析哪些因素可以成为青源公司经营的优势和劣势，外部面临怎样的机会和威胁，构建 SWOT 矩阵，将结果记录在表 2-7 中。

表 2-7　构建 SWOT 矩阵

	优势（S）	劣势（W）
内部因素		
	机会（O）	威胁（T）
外部因素		

任务2：制定营销战略

任务描述：根据 SWOT 分析，为青源公司制定营销战略，将结果记录在表 2-8 中。

表 2-8　制定营销战略

SO 战略	WO 战略
1. 2.	1. 2.
ST 战略	WT 战略
1. 2.	1. 2.

实训项目评价 ↓

指导教师根据学生对本项目的知识学习和实践训练成果进行评价，学生根据自己的掌握情况进行自我评价。

学习成果评价表

评价维度	评价指标	评价标准	分值	得分	
				教师评价	学生自评
知识（50%）	市场营销环境的概念及特点	能够准确表述市场营销环境的概念	5		
		能够熟练列出市场营销环境的特点	5		
	市场营销宏观环境	能够简述市场营销宏观环境的类型	6		
		能够详细说明不同市场营销宏观环境的内容	7		
	市场营销微观环境	能够简述市场营销宏观环境的类型	6		
		能够详细说明不同市场营销宏观环境的内容	7		
	SWOT 分析法	能够简述 SWOT 分析法的内涵	7		
		能够掌握 SWOT 分析法的步骤	7		
能力（30%）	综合能力	能够正确分析市场营销宏观环境	5		
		能够正确分析市场营销微观环境	5		
		能够进行 SWOT 分析	5		
	创新能力	能够根据特定企业开展市场营销环境调查	5		
	职业迁移能力	根据 SWOT 分析结果，制定行动方案	5		
		掌握正确的沟通方法，注意沟通效果	5		
素质（20%）	职业素养	提高学习能力	5		
		积极参与课堂讨论，认真完成实训任务	5		
		能够创造性地解决问题	5		
	学习态度	认真听讲，积极回答问题	5		
评分	教师评价（80%）＋学生自评（20%）		100		

课后提升

📖 **传统文化与营销思想**

明代商业环境的变迁

明代是我国历史上一个重要的转折时期，它见证了商业的繁荣与社会的变迁。尤其是明代中后期，随着社会生产力的提高和人口的增长，商品交流逐渐活跃，商业环境复苏并走向繁荣。

明代商业的发展有赖于一系列的内外因素。从内部来看，明代初期官府采取了一些有利于恢复和促进生产的措施，如迁移人口、落实里甲制度、完善交通系统等。这些措施增加了农业产量和商品供给，也增加了经商人口和市场需求。此外，官府还实行了赋税征银制度，扩大了货币的流通量和范围，为商业活动提供了便利条件。随着商品流通范围的不断扩大，大量商业市镇兴起，这些市镇成为商品交易的重要场所，推动了商业的繁荣。随着手工业和农业的发展，生产规模不断扩大，生产效率显著提高，为商业的繁荣提供了物质基础。从外部来看，明代中后期境内和境外贸易的繁荣为商业发展带来了巨大的动力和机遇。白银、丝绸、瓷器、茶叶等商品大量输入和输出，使我国成为世界经济体系中一个重要的参与者。

明代商业的发展，呈现出一系列特征。

① 商业规模空前扩大。明代商品经济覆盖了全国各个地区，形成了南北、东西、内外相互联系的复杂网络。其中最重要的是南北贸易和海上贸易。

② 商业组织日趋完善。明代商人为了应对复杂多变的市场环境，采取了各种形式的组织方式，如行会、商帮、合伙、股份等。

③ 商业文化日益丰富。明代商人在经济活动中不仅追求利润，还追求文化。他们重视教育，培养子弟，参与科举，进入仕途。他们重视文化，收藏书画，赞助文人，创作诗文。他们重视道德，遵守信用，奉行义利，捐赠公益。

④ 商业繁荣也推动了社会思想的变革。随着商业的发展，人们开始认识到商业的重要性，并对传统的"重农抑商"观念进行反思和批判。这种思想变革为后来的社会转型和变革奠定了基础。

（资料来源：百度公众号。有删改）

思考：1. 结合上述资料，谈谈明代商业迅速发展受到哪些因素的影响。

2. 这些影响对当前市场营销环境的营造有什么借鉴意义？

知识归纳表 ↓

知识回顾：

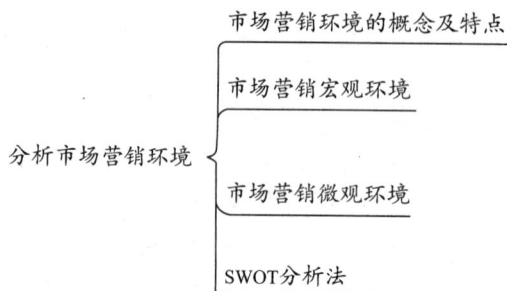

分析市场营销环境
- 市场营销环境的概念及特点
- 市场营销宏观环境
- 市场营销微观环境
- SWOT分析法

思考总结：

心得分享：

课后提升

项目三

认识消费者与组织市场

◢ 知识目标

1. 了解消费者市场的特点与消费者购买行为类型。
2. 掌握影响消费者购买行为的因素。
3. 了解组织市场的特点与组织购买行为类型。

◢ 能力目标

1. 能够分析消费者和组织的购买决策过程。
2. 能够判断购买参与者的角色。

◢ 素养目标

1. 培养团队合作能力，小组协调分工完成任务。
2. 培养学习能力，运用正确方法掌握新知识。
3. 培养独立思考能力，根据相关知识完成实训任务。

扫一扫

思维导图

◢ 育人目标

1. 诚实守信，注重营销伦理。
2. 了解中华传统文化元素，增强文化自信。

👤 引导案例

年轻人开始"精准分散消费"了

在过去，很多年轻人受到广告、促销等手段的影响，盲目追求所谓的"全网最低价"或"大牌效应"。然而，随着信息时代的到来，他们学会了一种"精准分散消费"的方法理念，开始更加理性地看待消费。他们根据自己的实际需求，在不同的电商平台上进行精准选择，以获取最符合自己需求的商品。

精准分散消费，顾名思义，就是消费者将消费行为分散到多个电商平台，而不是集中在一个平台上。这种消费模式的出现不仅体现了年轻人的理性思维，还反映了他们对性价比的追求。他们不再仅仅关注价格，而是更加注重商品的品质、功能、口碑等多方面因素。

对于现在的年轻人来说，这不是选择哪个购物平台的问题，而是哪个购物平台性价比最高的问题。买生活百货上天猫、买家电数码上京东、买衣服鞋子上唯品会，这种精准分散式消费正推动整个电商行业从一两家的集中发展转向各自擅长的分散式发展。

在这个过程当中，年轻人展现了自己成熟、理性的消费观，他们追求美好生活的品质，同时不再愿意为高溢价买单，只有实打实的性价比才能打动这群精明的消费者。

（资料来源：百度公众号。作者：观点。有删改）

思考：1. 什么是正确的消费价值观？

2. 年轻人应该如何塑造正确的消费价值观？

课前自学

一、消费者购买行为分析

（一）消费者市场

消费者市场又称消费品市场或生活资料市场，是指个人或家庭为满足生活需求而购买或租用产品的市场。消费者市场是市场体系的基础，是起决定作用的市场。研究影响消费者购买行为的主要因素及其购买决策过程，对于开展有效的市场营销活动至关重要。

1．消费者市场的特点

（1）购买人数多，个体差异大

消费者市场是最终使用者市场。人们生活需要消费，所以消费者市场通常以全部人口为服务对象。不同年龄、性别、职业收入、民族和宗教信仰的消费者，其消费习惯各有差异，因此消费需求也各不相同。

（2）交易量小，交易频繁

消费者为个人或家庭最终消费而购买，通常一次购买数量较少，购买频率比较高，属于小型购买，企业经常以零售为主。

（3）非专家购买，可诱导性强

消费者一般缺乏专门的产品知识和市场知识。商家可以通过广告宣传、促销方式、产品包装和服务态度影响消费者购买。

（4）购买的流动性大

在市场经济比较发达的今天，产品或服务的选择余地越来越大，加之人口在地区间的流动，导致消费者的购买需求经常在不同产品、不同地区及不同企业之间流动。

（5）购买具有周期性

从消费者对产品的需求来看：有些产品消费者需要常年购买、均衡消费，如生活必需品；有些产品消费者需要季节购买或节日购买，如一些季节性服装、节日消费品；有些产品消费者需要等产品的使用价值基本消费完毕才重新购买，如家用电器等。

2．消费者购买行为类型及营销策略

根据消费者购买行为的复杂程度和所购产品的差异程度划分，消费者购买行为可以分为4种类型，每种类型的购买行为对应不同的营销策略。

（1）复杂型购买行为

复杂型购买行为是指消费者对价格昂贵、品牌差异大、功能复杂的产品，由于缺乏必要的产品知识，需要慎重选择，仔细对比，以求降低风险的购买行为。消费者的购买过程就是一个学习过程，在广泛了解产品功能、特点的基础上，才能做出购买决策。

针对这种购买行为类型，市场营销者应采取有效措施帮助消费者了解产品性能，并介绍产品优势及其带给消费者的利益，从而影响消费者的最终选择。

（2）协调型购买行为

协调型购买行为是指对品牌差异不大的产品，消费者不经常购买，而购买时又有一定的购

买风险，所以，消费者一般要比较、看货，只要价格公道、购买方便、机会合适，消费者就会决定购买；购买之后，消费者也许会感到某些不协调或不够满意，在使用过程中，会了解更多情况，并寻求种种理由来减轻、化解这种不协调，以证明自己的购买决定正确的消费者购买行为类型。

针对这种购买行为类型，市场营销者应注意运用价格策略和人员推销策略，选择最佳销售地点，并向消费者提供有关产品评价的信息，使其在购买后相信自己做出了正确的选择。

（3）寻求多样化型购买行为

消费者购买产品有很大的随意性，并不深入收集信息和评估比较就决定购买某一品牌，在消费时才加以评估，但是在下次购买时又转换其他品牌。转换的原因是厌倦原口味或想试试新口味，是寻求产品的多样化而不一定对产品有不满意之处。

针对这种购买行为类型，市场营销者可采取促销和占据有利货架位置等办法，保障供应，鼓励消费者购买。

（4）习惯型购买行为

习惯型购买行为指对于价格低廉、经常购买、品牌差异小的产品，消费者不需要花时间选择，也不需经过收集信息、评价产品特点等复杂过程的最简单的消费者购买行为类型。

针对这种购买行为类型，市场营销者可以利用价格策略与促销策略吸引消费者使用，或者投放大量重复性广告，加深消费者印象，以及通过提高购买参与程度和增加品牌差异来促进消费者购买。

学以致用

分析消费者对汽车、冰箱、牛奶、碳素笔的购买，分别属于哪种购买行为类型。针对各类购买行为类型再举一例适合的产品。

（二）影响消费者购买行为的因素

1．内部因素

（1）个人因素

消费者购买行为首先受其自身因素的影响，这些因素主要包括消费者的经济状况、职业和地位、年龄与性别，以及性格。

消费者经济状况较好，就可能产生较高层次的需求，购买较高档次的产品，享受较为高级的消费。相反，消费者经济状况较差，通常只能优先满足衣食住行等基本生活需求。

不同职业的消费者对于产品的需求与爱好往往不一致。从事教师职业的消费者一般会较多地购买书报杂志等文化产品；而对于时装模特儿来说，漂亮的服饰则是其更为需要的。社会地位高的消费者很可能会购买能够显示其身份与地位的较高级的产品。

不同年龄阶段的需求内容不同。如在幼年期，需要婴幼食品、玩具等；而在老年期，则更多需要保健和医疗护理用品。

不同性别的消费者，其购买行为也有很大差异。烟酒类产品较多为男性消费者购买，而女性消费者则喜欢购买时装、首饰和化妆品等。

不同性格的消费者具有不同的购买行为。刚强的消费者在购买中表现出大胆自信，而胆小的消费者在挑选产品时往往束手束脚。

⚖ **法治护航**

"专家"义诊，健康讲座……警惕保健品骗局

市民小王发现，自己的父母经常和邻里的叔叔阿姨参加线下门店举办的讲座、义诊等活动，活动结束后，叔叔阿姨们往往提着一大袋保健品满载而归。经与父母进一步了解并查询保健品的详细成分，小王发现父母购买的"保健品"实为普通食品，并不具备推销人员所称的延年益寿的功效，为此，小王向当地检察机关提供了线索。

当地检察院根据小王提供的线索，依法对违规门店立案调查并开展取证工作，经查明，涉案主体存在违规销售保健食品、虚假宣传等违法行为，侵害社会公共利益，违反了相关的法律法规的规定。当地检察院向市场监督管理局发出检察建议，要求市场监督管理局依法履行监管职责，采取依法查处、整治、全面排查等方式切实维护老年消费群体的合法权益。

没有规矩，不成方圆。商家经营过程中要坚守职业道德、增强社会责任感，严格遵守基本的商业伦理、法律法规，坚守合法经营的底线，筑牢诚信经营的基石，以更好地激发市场活力。

（资料来源：南昌东湖检察。有删改）

（2）心理因素

消费者的购买行为会受到动机、知觉、学习、信念与态度等主要心理因素的影响。

动机是一种需要，它能够及时引导人们去探求满足需要的目标。在实际生活中，一般比较常见的具体购买动机大致可归结为求廉、求实、求新、求美、求好、求名、求值、求奇、从众9种心理状态。

外部刺激或信息经由感觉器官进入人的大脑，大脑根据感觉材料的性质及储存在记忆中的原有知识和经验，对这些材料进行加工，然后形成知觉。产品、广告等营销刺激只有被消费者知觉才会对其行为产生影响。在营销工作中，营销人员要特别注意人的知觉容易存在选择性知觉、首因效应、近因效应、晕轮效应及定型效应的偏差。

学习是指由于经验引起的个人行为的改变。学习是通过驱策力、刺激物、提示物、反应和强化的相互影响、相互作用而进行的。消费者在购买和使用了某个品牌的产品之后，如果感到满意，就会加以肯定并正向地强化对它的反应，从而在同一刺激物上重复或在类似的刺激物上延伸自己的行为；营销人员为了引起或扩大消费者对自己某种产品的需求，可以反复提供诱发其购买该产品的提示刺激，并应尽量使消费者买后感到满意。

信念是人们确信的对某种事物的看法和评价，它对人们的行为具有总体导向和很强的驱动与支持作用。例如，某些人以俭朴为信念，就会很少买高档产品；再如，某些人对某个品牌的产品形成了良好的信念，这就会使他们对这一品牌非常忠诚。

态度指的是个体对某一事物所持有的稳定的评价和行为倾向。消费者对某一品牌产品的态度一经形成，以后就倾向于根据态度进行相同的购买决策，不愿再费心去比较、分析、判断。因此，消费者对某种产品的肯定态度可以使它长期畅销，而否定态度则可以使它销路不畅。

学以致用

想一想自己是否曾因商家的营销活动而产生购物动机。举例说明商家常通过哪些营销手段影响消费者的心理。

2．外部因素

（1）文化因素

文化通常是指人类在长期生活实践中建立起来的价值观念、道德观念以及其他行为准则和生活习俗。若不研究、不了解消费者所处的文化背景，往往会导致营销活动的失败。任何文化都包含着一些较小的群体或所谓的亚文化群。它们以特定的认同感和影响力将各成员联系在一起，使之持有特定的价值观念、生活格调与行为方式。这种亚文化群有许多不同类型，其中影响购买行为最显著的主要有以下两种。

a. 民族亚文化群。我国共有 56 个民族，每个民族在食品、服饰、娱乐等方面仍保留着各自民族的许多传统情趣和喜好。

b. 地理亚文化群。如我国华南地区与西北地区，都有不同的生活方式和时尚，从而对产品的购买也有很大不同。

营销拓展

不同民族的传统服饰特点

我国一共有56个民族，不同民族的传统服饰各不相同。

汉族服饰主要是交领、右衽、束腰，用绳带系结，也兼用带钩等，有礼服和常服之分。从形制上看，主要有"上衣下裳（下裙）"制、"深衣"制（上衣下裳缝连起来）、"襦（短衣）裙"制等类型。

土家族服饰喜宽松，结构简单，注重细节，衣短裤短，袖口和裤管肥大。男女老少皆穿无领滚边右衽开襟衣，衣边衣领会绣上花纹，绣工精彩，色彩艳丽。

苗族男装大襟短衣、襟向右开，颜色多为蓝、黑色。苗族妇女需要戴头巾，头巾主要有两种：一种是黑布尖顶帽，帽底下有垫头，垫头上绣有精美的花纹；另一种是小花帽。苗族妇女很少戴耳环，盛装时才戴。苗族银饰非常多并且精美，这也算是苗族的一大特色，在湘西的少数民族区域特别是旅游区域会经常看到苗族服饰。

满族男女都喜爱在腰间或衣服的大襟上挂佩饰。女子喜穿长及脚面的旗装，或外罩坎肩，服装多用各种色彩和图案的丝绸、花缎、罗纱或棉麻衣料制成，满族男子多穿带马蹄袖的袍褂，腰束衣带，或穿长袍外罩对襟马褂，夏季头戴凉帽，冬季戴皮制马虎帽。

（2）社会因素

消费者行为亦受到社会因素的影响，它包括参照群体和社会阶层等。

a. 参照群体。参照群体是指对消费者的态度和购买行为具有直接或间接影响的组织、团体和人群等。参照群体可以分为直接参照群体和间接参照群体。

直接参照群体又称为成员参照群体，即某人所属的群体或与其有直接关系的群体。直接参照群体又分为首要群体和次要群体两种。首要群体是指与某人直接、经常接触的一群人，一般都是非正式群体，如家庭成员、亲戚朋友、同事、邻居等；次要群体是并不太经常对其成员造成影响但一般都较为正式的群体，如宗教组织、职业协会等。

间接参照群体是指某人的非成员群体，即此人不属于其中的成员，但又受其影响的一群人。间接参照群体又分为向往群体和厌恶群体。向往群体是指某人推崇的一些人或希望加入的集团；厌恶群体是指某人讨厌或反对的一群人。

参照群体结构如图3-1所示。

b．社会阶层。社会阶层是指一个社会按照其社会准则将其成员划分为相对稳定的不同的层次。不同社会阶层的人，经济状况、价值观念、兴趣爱好、生活方式、消费特点、接受的大众传播媒体等各不相同。这些都会直接影响他们对产品、品牌的选择。

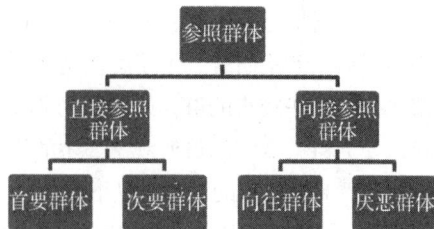

图3-1 参照群体结构

（三）消费者购买决策

1．消费者购买决策过程

在复杂型购买行为中，消费者购买决策过程由引起需要、收集信息、评价方案、购买决策和购后评价5个阶段构成。

（1）引起需要

消费者认识到自己有某种需要是其决策过程的开始，这种需要可能是由内在的生理活动引起的，也可能是由外界的某种刺激引起的。

（2）收集信息

消费者意识到自己的需求后，就会主动地了解产品的特性、功能和价值。消费者通常会通过多种渠道收集信息。信息来源主要有4个方面，如图3-2所示。

（3）评价方案

消费者得到的各种有关信息可能是重复的，甚至是互相矛盾的，因此还要进行分析、评估和选择。评价方案是决策过程中的决定性阶段。在消费者评价方案的过程中，有以下几点值得注意。

扫一扫，看微课

消费者购买决策过程

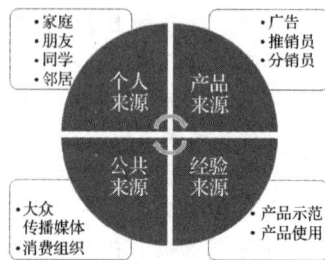

图3-2 信息来源

- 产品性能是购买者所考虑的首要问题。
- 不同消费者对产品的各种性能给予的重视程度不同，或评估标准不同。
- 多数消费者的评价过程是将实际产品同自己理想中的产品相比较。

（4）购买决策

消费者对产品信息进行比较和评价后，已形成购买意图，然而从购买意图到决定购买，还要受两个因素的影响。

- **他人的态度**。反对态度愈强烈，或持反对态度者与购买者关系愈密切，改变购买意图的可能性就愈大。
- **意外情况**。如果发生了意外的情况——失业、意外急需、涨价等，则很可能改变购买意图。

（5）购后评价

消费者购后的满意程度取决于消费者对产品的预期性能与产品使用中的实际性能之间的对比。购买后的满意程度决定了消费者的购后活动，决定了消费者是否会重复购买该产品，以及消费者对该品牌的态度，并且还会影响到其他消费者，形成连锁效应。

学以致用

本周你有哪些购物行为，这些购物行为是否都分为了上述 5 个阶段？如果不是，想一想为什么。

2．消费者购买决策的参与者

消费者购买决策过程中的参与者可以分为 5 种，即消费倡导者、消费决策者、消费影响者、购买者和使用者。

① 消费倡导者，即本人有消费需要或消费意愿，或者认为他人有消费的必要，或者认为他人进行了某种消费后可以产生所希望的消费效果，因而倡导他人进行这种形式的消费的人。

② 消费决策者，即对是否买、为何买等有关决策完全或部分起最后决定作用的人。决策者是整个购买过程中起关键作用的角色。

③ 消费影响者，即以各种形式影响消费过程的一类人，包括家庭成员、邻居与同事、购物场所的售货员、广告中的模特儿、消费者所崇拜的名人等，甚至素昧平生、萍水相逢的过路人等。

④ 购买者，即实际采购人。购买者是整个购买过程中的载体和执行者。

⑤ 使用者，有时称为"最终消费者""终端消费者""消费体验者"，指最终使用、消费产品并得到产品使用价值的人。

学以致用

分析自己在购买一部手机时，消费影响者有哪些人。

二、组织购买行为分析

（一）组织市场

组织市场是指工商企业为从事生产、销售等业务活动以及政府部门和非营利组织为履行职责而购买产品或服务所构成的市场。组织市场和消费者市场相对应，消费者市场是个人市场，组织市场是法人市场。

1．组织市场的类型

（1）生产者市场

生产者市场也称产业市场，指购买产品或服务用于制造其他产品或服务，然后销售或租赁给他人以获取利润的单位和个人。

（2）中间商市场

中间商市场也称转卖者市场，指购买产品用于转售或租赁以获取利润的单位和个人，包括批发商和零售商。

（3）非营利组织市场

非营利组织指所有不以营利为目的、不从事营利性活动的组织。我国通常把非营利组织称为"机关团体事业单位"。非营利组织市场指为了维持正常运作和履行职能而购买产品或服务的各类非营利机构所构成的市场。

（4）政府市场

政府市场指为了执行政府职能而购买或租用产品的各级政府和下属各部门。各国政府通过税收、财政预算掌握了相当部分的国民收入，形成了潜力极大的政府采购市场，成为组织市场的重要组成部分。

学以致用

请各列举一例不同类型的组织市场。

2. 组织市场的特点

（1）组织市场需求的特性

组织市场需求是一种派生需求，即组织机构购买产品是为了满足其顾客的需求，也就是说，组织机构对产品的需求，归根结底是从顾客对消费品的需求中派生出来的。

组织市场需求缺乏弹性。组织市场对产品或服务的总需求量受价格波动影响较小。在短期内组织市场的需求基本无弹性，因为任何组织都不能随时对其生产方式或运营模式做大规模变动。

组织市场需求在地域上相对集中。组织市场的购买者往往集中在某些区域，以至于这些区域的业务用品购买量在全国市场中占据相当的比重。显然每个顾客对供应商都很重要，失去任何一个顾客，都将影响供应商的销售额。

（2）组织市场购买的特性

组织市场购买者较少，购买规模较大。组织市场的购买次数也较少，一些大型设备若干年买一次，原材料等也会定期购买。购买次数少决定了每次购买的量比较多，涉及金额较大。

购买具有复杂性，参与购买人数多。与消费者市场相比，通常组织购买的过程更复杂，影响组织购买决策的人更多。一些组织有专门的采购委员会，由技术专家、高层管理人员和一些相关人员组成。特别是在购买重要产品时，决策往往是由采购委员会中的成员共同做出的。

以直接销售为主，着重人员推销。由于是专业性采购，且交易涉及的金额较大，组织市场购买者通常直接从生产厂商那里购买产品，而不经过中间商，技术复杂和价格昂贵的项目更是如此。基于此，销售方需要雇用受过精良训练、有专业知识和人际交往能力的销售代表和销售队伍，与经过专业训练、具有丰富专业知识的采购人员打交道。

销售方提供服务支持。一般来讲，物质产品本身并不能满足组织市场购买者的全部需求，销售方还必须为之提供技术支持、人员培训、及时交货、信贷优惠等服务与条件。

（二）影响组织购买行为的因素

1. 环境因素

组织的外部环境会对组织购买产生影响。诸如一个国家的经济前景、市场需求变化，技术发展与创新、市场竞争、政治等情况，都会影响到组织购买。组织购买者必须密切关注经济环境因素，同时预测经济环境变化，包括经济状况、生产水平、投资、消费开支和利率等，从而在不同的经济发展状况下，能合理地安排投资结构，以及进行有效的存货管理。

2. 组织因素

组织因素是指与购买者自身有关的因素，包括采购组织的经营目标、战略、政策、程序、组织结构和制度等。各组织的经营目标和战略的差异会使采购组织对采购产品的款式、功效、质量和价格等因素的重视程度、衡量标准不同，从而导致其采购方案呈现差异化。供应商的营销人员必须尽量了解这些问题：采购组织的经营目标和战略是什么；需要采购什么；采购的方式和程序是什么；有哪些人参与采购或对采购产生影响；评价采购的标准是什么；该组织对采购人员有哪些政策和限制；等等。

3．人际因素

组织的采购中心通常包括倡议者、使用者、影响者、决定者、购买者和控制者。这 6 种成员都参与购买决策过程，这些参与者在组织中的地位、职权、说服力以及相互之间的关系有所不同，这种人际关系也会影响购买决策和购买行为。

4．个人因素

购买过程中参与者的年龄、受教育程度、个性等个人因素会影响参与者对要采购产品和供应商的感觉、看法，从而影响购买决策和购买行为。

（三）组织购买决策

1．组织购买行为类型

组织购买行为可以分为以下 3 种类型。

（1）直接重购

直接重购也称直接再购，是指一种在供应商、购买对象、购买方式都不变的情况下购买曾经购买过的产品的购买类型。这种购买类型所购买的多是低值易耗品，花费的人力较少，无须联合采购。面对这种类型，原有供应商不必重复推销，而应努力使产品的质量和服务保持一定的水平，减少购买者时间，争取稳定的关系。

（2）修订重购

修订重购也称变更重购，即组织市场的用户为了更好地完成采购任务，修订采购方案，适当改变产品的规格、型号、价格、数量和条款，或寻求更合适的供应商。在这种情况下，采购工作比较复杂，需要进行一些新的调查，收集一些新的信息，做一些新的决策，通常参与购买决策的人数也要增加。原来的供应商为了不失去顾客，必须采取有效措施改进工作。而新的供应商则有了比较多的竞争机会，应不失良机，扩大销售。

（3）全新采购

全新采购指组织首次购买某种产品或服务，由于是第一次购买，组织对新购产品了解不多，因而在做出购买决策前，要收集大量信息，制定购买策略所花时间较长。

2．组织购买决策的参与者

（1）倡议者

倡议者又称发起者，是确认购买需求的人。他们可以是组织内的使用者，也可以是其他人。

（2）使用者

使用者是组织中实际使用产品或服务的成员，例如，生产工人、维修工程师等。使用者也可以在购买过程中扮演其他角色如倡议者或影响者，他们在决定购买是否可行方面具有重要作用。在许多场合，使用者首先提出购买建议并协助确定产品规格。

（3）影响者

影响者是影响决策的人。他们通过提供用于指导对供应商进行评估的信息或指定采购规格，从而影响采购决策。影响者通常是技术人员，如工程师、质量控制专家和研发人员。他们通常协助确定产品规格等购买要求参数，并为评估方案提供信息。

（4）决定者

决定者是最终对产品或服务做出选择的人。他们要做出的决定包括标准、条件、供应商等。决定者可以是高级、中级甚至是初级的管理人员，这取决于他们的职权范围。对于销售人员来说，最难确定的就是决定者的身份。

（5）购买者

购买者是管理与供应商之间的关系，与供应商进行常规谈判的人。购买者可以帮助确定产品规格，还可以对关系问题提出建议，如供应商的可靠性、声誉、清偿能力、竞争能力。

（6）控制者

控制者也称守门者，是指有权阻止销售人员与采购中心成员接触的人。例如不让销售代表与经理通话或见面的电话接线员和接待员、拒绝合作的仲裁人员和检查人员、规避文书工作的行政人员、坚持预定程序的管理人员。

3．组织购买决策过程

（1）预测或认识需求

这一阶段是组织采购过程的开始阶段。需求一般由内部因素与外部因素刺激而产生。内部因素有产品落伍、原有的供应商在某些方面不尽如人意、设备报废或零部件损坏需要更新设备等。有些情况下，一些外部因素的刺激会引发客户对内在需求的认识。例如电信运营商通过新业务演示向客户推广新产品时，可能会激发客户的潜在购买欲望。

（2）确定需求的特征和数量

需求被确认后，采购者需要确定所需项目的总特征和需求的数量。如果是标准项目，总特征的确定相对比较容易。但如果项目设计较复杂，总特征和需求数量的确定需要采购项目的使用人员、工程技术人员共同完成。

（3）描述需求项目的特征和数量

这一阶段主要是对需求项目的特征进行更为详细和准确的描述。这一阶段对以后供应商的选择有着非常关键的影响。一旦需求项目的特征确定，也就意味着只有能够提供完全符合这些需求特征的产品的供应商才可能成为最终的供应商。

（4）寻找供应商

采购者会从多处着手，如咨询商业指导机构、查询计算机信息、观看商业广告、参加展览会等，寻找好的供应商，归纳出一份合格供应商的名单。

（5）征求供应信息

这一阶段，采购者会邀请合格的供应商提交申请书。如果采购的项目是标准项目，需要的信息比较少。但如果采购的是复杂的产品，需要供应商提供详尽的信息、建议，以免信息不全影响组织对供应商的判断导致供应商被提前淘汰。

（6）选择供应商

在这一阶段，组织的采购中心通常根据所规定的要求，对各潜在供应商的建议进行评估，从而选择最终供应商。

（7）发出正式订单

确定了供应商，组织的采购人员就可以向确定的供应商发出订单，准确地列出需求量、产品技术说明、交货时间、交货地点、付款方式、退货政策等。

（8）供应商执行情况反馈与评价

在此阶段，采购者对供应商的绩效进行评估。反馈与评价的结果好坏对供应商能否继续向组织供货有较大的影响。在这一过程中，供应商要加强与组织的沟通、交流。

知识检测　↓

一、选择题

1. 对消费者的购买行为具有最广泛、最深远影响的因素是（　　　）。

　A. 文化因素　　B. 社会因素　　C. 个人因素　　D. 心理因素

2. 在消费者市场中，首先提出要购买某一产品或服务的人是（　　　）。

　A. 倡议者　　　B. 使用者　　　C. 决策者　　　D. 购买者

3. 消费者每次购买的产品数量（　　　），但购买频繁。

　A. 不多　　　　B. 众多　　　　C. 很多　　　　D. 较大

4. 根据参与者的介入程度和品牌间的差异程度，消费者购买汽车的行为属于（　　　）。

　A. 习惯型购买行为　　　　　　B. 变换型购买行为

　C. 协调型购买行为　　　　　　D. 复杂型购买行为

5. 与消费者市场相比，组织市场的特点不包括（　　　）。

　A. 需求是派生的　　　　　　　B. 需求波动较大

　C. 需求弹性较大　　　　　　　D. 购买决策更加理性

二、判断题

1. 消费者的所有购买决策过程必须包括引起需要、收集信息、评价方案、购买决策、购后评价 5 个阶段。　　　　　　　　　　　　　　　　　　　　　　　（　　　）

2. 组织市场具有购买者较少，而单个购买者的购买数量较大的特点。　（　　　）

3. 组织市场的需求是缺乏弹性的需求。　　　　　　　　　　　　　　（　　　）

4. 归属于不同生活方式群体的人，对产品和品牌有着相同的需求。　（　　　）

5. 家庭是影响消费者购买行为的个人因素。　　　　　　　　　　　　（　　　）

三、简答题

1. 影响消费者购买行为的因素有哪些？

2. 消费者购买决策过程中的参与者有哪些？

3. 简述消费者购买决策过程的主要阶段。

4. 组织市场与消费者市场的差异有哪些？

课中实训

实训一　消费者购买行为分析

【实训目标】

学生能够了解消费者购买行为，并分析影响消费者购买行为的因素有哪些。

任务1：消费者购买行为类型及特点

任务描述：选择项目一【实训背景】青源公司的一款产品，分析消费者购买行为类型和购买行为特点；针对购买行为类型，为该产品制定营销策略。将结果记录在表 3-1 中。

表 3-1　消费者购买行为类型及特点

研究内容	研究结果
购买行为类型	
购买行为特点	
营销策略解析	

任务2：影响消费者购买行为的因素

任务描述：针对上述产品，分析哪些因素影响消费者购买行为，营销人员应如何利用这些因素，即采用哪些有效的营销策略引导消费者购买。将结果记录在表 3-2 中。

表 3-2　影响消费者购买行为的因素

研究内容	研究结果
影响消费者购买行为的因素	
可采用的营销策略	

任务3：消费者购买决策的参与者

任务描述：针对上述产品，分析线上和线下购买决策的参与者各有哪些人；针对参与者，分析营销中有哪些注意事项。将结果记录在表 3-3 中。

表3-3　消费者购买决策的参与者

研究内容	研究结果
线上购买决策参与者	
线下购买决策参与者	
营销注意事项	

任务4：消费者购买决策过程及差异分析

任务描述：假如上述产品为A产品，另一价值5 000元左右的产品（如便携式计算机）为B产品，在购买两种产品过程中各会经历哪些决策过程，每一阶段有哪些心理或行为活动，比较两种购买决策过程的差异并分析原因，将结果记录在表3-4中。

表3-4　消费者购买决策过程及差异分析

产品	决策过程解析	心理或行为活动过程	差异原因分析
A产品			
B产品			

实训二　组织购买行为分析

【实训目标】

学生能够了解组织市场的类型和特点，以及掌握组织的购买决策过程。

任务1：组织市场的分类与特点

任务描述：现有C、D、E三家公司均要购买A产品，C公司购买用于深加工后销售，D公司通过低价大批量购买后分批低价销售，E公司购买用于给员工发福利。判断C、D、E三家公司各属于哪种类型的组织市场；任选其中一家公司，分析公司在购买A产品过程中有哪些特点。将结果分别记录在表3-5和表3-6中。

表 3-5 判断组织市场类型

研究内容	研究结果
C 公司	
D 公司	
E 公司	

表 3-6 组织市场特点

研究内容	研究结果
所选公司	
购买过程特点	

任务2：组织购买决策过程

任务描述：分析所选公司在购买过程中会经历哪些决策阶段，每一阶段有哪些行为活动，以及营销人员在各阶段采用何种营销策略影响购买。将结果记录在表 3-7 中。

表 3-7 组织购买决策过程

决策阶段	行为活动	营销策略

实训项目评价 ↓

指导教师根据学生对本项目的知识学习和实践训练成果进行评价，学生根据自己的掌握情况进行自我评价。

学习成果评价表

评价维度	评价指标	评价标准	分值	得分	
				教师评价	学生自评
知识（50%）	消费者购买行为分析	能够简述消费者市场的特点	7		
		能够简述影响消费者购买行为的因素	8		
		能够简述消费者购买决策的过程	10		
	组织购买行为分析	能够列出组织市场的类型和特点	7		
		能够简述影响组织购买行为的因素	8		
		能够详细说明组织市场购买的过程	10		
能力（30%）	综合能力	能够正确分析购买者的类型和特点	6		
		能够识别购买决策的影响者	6		
		能够分析购买决策过程	6		
	职业迁移能力	能够针对某个复杂购买分析购买决策过程	6		
		掌握正确的沟通方法，注意沟通效果	6		
素质（20%）	职业素养	提高学习能力	5		
		积极参与课堂讨论，认真完成实训任务	5		
		能够创造性地解决问题	5		
	学习态度	认真听讲，积极回答问题	5		
评分	教师评价（80%）＋学生自评（20%）		100		

课后提升

📖 **传统文化与营销思想**

看晋商"主顾至上"的经营理念

晋商是指山西商人。在近代经济发展史上，晋商的成就举世瞩目。晋商"主顾至上"的经营理念是其长期商业实践中积累的重要商业伦理之一，这种理念体现了晋商对顾客的高度重视和尊重。

首先，晋商坚持"顾客至上"的原则。晋商非常尊重每一位顾客，将顾客视为商业活动的中心和主体。他们深知，顾客的需求和满意度是企业发展的关键，因此始终将顾客的需求放在首位，认真倾听顾客的声音，关注顾客的体验和反馈。无论是商品的设计、生产还是销售，晋商都会以顾客的需求为导向，确保商品和服务能够满足顾客的期望。

其次，晋商以诚信为本，对待顾客始终如一。晋商在经营活动中非常注重诚信，坚持守信用、重信誉。他们深知，只有赢得顾客的信任，才能在激烈的市场竞争中立于不败之地。因此，晋商在与顾客交往时，总是以诚相待，从不欺诈顾客，确保商品的质量和服务的品质。这种诚信为本的经营理念，使得晋商在顾客中树立了良好的口碑，赢得了广泛的赞誉。

此外，晋商还非常注重与顾客的沟通和互动。他们会主动了解顾客的反馈和建议，及时调整经营策略和服务方式，以更好地满足顾客的需求。晋商认为，与顾客的沟通不仅有助于提高服务质量，还能促进商业活动的长期稳定发展。他们还根据顾客的要求提供个性化的服务，这些服务进一步增强了顾客的满意度和忠诚度。

最后，晋商非常注重与顾客建立长期稳定的合作关系。他们深知，只有与顾客保持长期的合作，才能实现互利共赢。因此，晋商在与顾客交往时，总是注重维护双方的利益，寻求共同发展的机会。他们通过提供优质的产品和服务，赢得顾客的信任和忠诚度，从而建立起长期稳定的合作关系。这种长期合作的理念，使得晋商在商业领域中取得了长足的发展。

"主顾至上"的经营理念对晋商的商业成功和家族长久发展产生了深远的影响。它使晋商在商界中树立了良好的形象和口碑，赢得了广泛的顾客支持和信任。同时，这种理念也促进了晋商之间的合作和交流，形成了独特的商业网络和商业文化。

思考：谈谈晋商"主顾至上"的经营理念对当今营销的借鉴意义。

知识归纳表 ↓

课后提升

知识回顾：

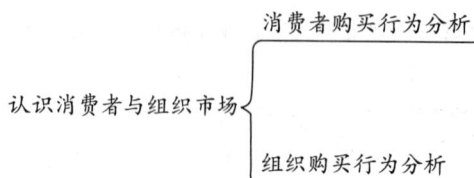

认识消费者与组织市场 {
　　消费者购买行为分析
　　组织购买行为分析
}

思考总结：

心得分享：

项目四
实施市场营销调研

教学目标 ↓

知识目标

1. 了解市场营销调研的类型。
2. 掌握市场营销调研的内容与方法。
3. 掌握市场营销调研的变革与创新。

能力目标

1. 能够分辨市场营销调研的类型。
2. 能够采用适当方法开展市场营销调研。
3. 能够撰写市场营销调研报告。

素养目标

1. 培养团队合作精神。
2. 培养学习能力，与时俱进，掌握新知识。
3. 培养对信息资料的辨别、选择能力。

育人目标

培养严谨务实、实事求是的作风。

扫一扫

思维导图

👤 **引导案例**

我国植物蛋白饮料行业消费者画像与品牌偏好分析

目前我国植物蛋白饮料行业市场集中度仍然较高。随着越来越多参与者入局，竞争格局正在发生变化。头部品牌受新入局品牌的冲击，市场份额已经略有缩减，特别是燕麦基蛋白饮料市场和豆基蛋白饮料市场，头部品牌面临巨大的竞争压力，市场份额下降较快。通过对植物蛋白饮料行业的调研发现，该行业市场呈现以下特征。

从消费者性别分布来看，我国植物蛋白饮料消费者中女性消费者的占比达 75%，远高于男性消费者。

从消费者年龄分布来看，我国植物蛋白饮料消费者中 35 岁以下的消费者占比达 69%，年轻消费者一方面更乐于尝试新饮品，另一方面现在的年轻人相对来说更重视身材管理，对植物蛋白饮料的接受度较高。

从消费者区域分布来看，目前我国植物蛋白饮料的消费者主要分布在三线及以上城市，其中一线城市消费者占比为 18%，二线城市消费者占比为 31%，三线城市消费者占比为 20%，四五线下沉市场发展潜力巨大。

从不同城市消费者价格接受度来看，一二线城市消费者更多分布在 54 ~ 88 元的价格区间，三线及以下城市消费者更多分布在 16 ~ 56 元的价格区间。

（资料来源：快资讯。有删改）

思考：1. 上述资料从哪些方面对植物蛋白饮料行业开展了调研？

2. 该调研结果对植物蛋白饮料企业有什么参考意义？

课前自学

一、市场营销调研的内涵

（一）市场营销调研的定义

市场营销调研是针对企业特定的营销问题，采用科学的研究方法，系统、客观地收集、整理、分析、解释和沟通各方面的信息，为营销管理者制定、评估和改进营销决策提供依据的过程。

（二）市场营销调研的作用

市场营销调研在制订企业营销规划、确定企业营销发展方向、制定企业的市场营销组合策略等方面发挥着极其重要的作用，具体表现在以下 3 个方面。

1．市场营销调研可为企业发现市场机会提供依据

激烈的竞争给企业进入市场带来困难，同时也为企业创造出许多机遇。通过市场营销调研，企业可以确定产品的潜在市场需求和销量的大小，了解消费者的意见、消费倾向、购买行为等，据此进行市场细分，进而确定其目标市场，分析市场的销售形势和竞争态势，作为发现市场机会、确定企业发展方向的依据。

2．市场营销调研为新产品研发提供依据

科技发展使企业加快了产品更新换代的速度。通过市场营销调研，企业可以了解消费者的需求偏好，生产符合消费者需求的新产品，在竞争中取得有利地位。

3．市场营销调研是企业制定营销组合策略的依据

不同消费者对产品有不同需求，对价格敏感度不同，购买渠道也各不相同。通过市场营销调研，企业可以了解目标市场人群的购买特点，生产适销对路的产品，制定有效的营销组合策略。

（三）市场营销调研的类型

按照调研目的的不同，市场营销调研可以分为 4 种类型。

1．探索性调研

探索性调研一般是在调研专题的内容与性质不太明确时，为了了解问题的性质，确定调研的方向与范围而进行的搜集初步资料的调查。通过这种调研，企业可以了解情况，发现问题，从而得到关于调研项目的某些假定或新设想，以供进一步调查研究。

2．描述性调研

描述性调研是对市场上存在的客观情况如实地加以描述和反映，从中找出各种因素的内在联系，即回答"是什么"的问题。描述性调研的特点是对调查的情况通过描述寻找解决问题的答案。市场占有率的调查、推销方法与销售渠道的调查、消费者行为调查、竞争状态调查、产

品调查等都属于描述性调研的范围。

3．因果性调研

因果性调研即对市场营销众多因素的相互因果关系进行调查研究，如产品销量是否与促销费用、价格有因果关系。在确定了这样的关系后，企业就可以在具体销售指标的要求下，正确预算促销费用。

4．预测性调研

预测性调研是在描述性调研和因果性调研的基础上，对企业未来的市场趋势进行估算、预测和推断。它的实质是将市场营销调研的结果应用于市场预测中，帮助企业在竞争激烈的市场环境中做出更好的决策。

二、市场营销调研的内容与方法

（一）市场营销调研的内容

1．市场环境调研

市场环境调研主要包括经济环境、政治环境、社会文化环境、科学环境和自然地理环境等的调研。具体的调研内容可以是市场的购买力水平，经济结构，国家的方针、政策和法律法规，风俗习惯，科学发展动态，气候等各种影响市场营销的因素。

2．市场需求调研

市场需求调研是对市场消费的需求变化所进行的调查和研究。其主要内容包括市场需求量、消费者收入、消费结构、消费者现有和潜在的购买力，同类产品市场占有率的分布，同类商品的品种、花色、规格、包装、价格和服务项目等。市场需求调研的关键问题是社会商品购买力，因为它集中反映着市场商品需求的总量。

3．市场供给调研

市场供给调研包括产品生产能力调研、产品实体调研等，具体为某一产品市场可以提供的产品数量、质量、功能、型号、品牌，生产供应企业的情况等。

4．消费者心理调研

消费者心理调研指对消费者与企业有关的日常活动范围内的行为、需要、态度、动机等的调查和研究。消费者心理调研的内容包括不同消费群体的购买行为心理、消费者对特定产品的偏好程度、产品设计对消费者心理的影响，消费者对价格的接受能力、消费者价格变动的敏感心理，以及消费者对媒体的偏好程度、广告创意对消费心理的影响、广告效果的心理测定等。

5．市场营销因素调研

市场营销因素调研主要包括产品、价格、渠道和促销方式的调研。产品调研包括有关产品性能、特征和消费者对产品的意见和要求的调研，以及产品生命周期的调研等。价格调研包括产品价格的需求弹性调研、新产品价格制定或老产品价格调整所产生的效果调研，以及竞争对手价格变化情况调研等。销售渠道调研包括企业现有产品分销渠道状况，中间商在分销渠道中的作用及各自实力，用户对中间商尤其是代理商、零售商的印象等项内容的调研。促销方式调研包括对人员推销、广告宣传、公共关系等促销方式的实施效果进行分析、对比。

（二）市场营销调研的方法

1．观察法

观察法是市场营销调研的最基本方法。它是由调研人员根据调研的对象，利用眼睛、耳朵等感官以直接观察的方式对其进行考察并搜集资料。例如，调研人员到被访问者的销售场所观察商品的品牌及包装情况。

2．实验法

实验法是由调研人员根据调研的要求，用实验的方法，让调研对象处在特定的环境条件下，对其进行观察以获得相应信息的方法。调研的对象可以是产品的价格、品质、包装等，调研人员在可控制的条件下观察市场现象，揭示在自然条件下不易发生的市场规律。这种方法主要用于市场销售实验和消费者使用实验。

3．访问法

访问法可以分为结构式访问、无结构式访问和集体访问。

① 结构式访问是按照事先设计好的、有一定结构的访问问卷进行的访问。调研人员要按照事先设计好的调研表或访问提纲进行访问，要以相同的提问方式和记录方式进行访问。

② 无结构式访问是没有统一问卷，由调研人员与被访问者自由交谈的访问。它可以根据调研的内容，进行广泛的交流。例如，对商品的价格进行交谈，了解被访问者对价格的看法。

③ 集体访问是通过集体座谈的方式听取被访问者的想法，收集信息资料。集体访问可以分为专家集体访问和消费者集体访问。

4．问卷法

问卷法是由调研者设计调研问卷，让被调研者填写调研问卷以获得相关信息的方法。调研人员将调研的资料设计成问卷后，让被调研者将自己的意见或答案填入问卷中。

5．二手资料调研法

二手资料调研指查询并研究与调研项目有关资料的过程，这些资料是经他人收集、整理的，有些是已经公开发表过的。二手资料主要有以下来源。

① 企业内部资料（包括内部各有关部门的记录、统计表、报告、财务决算、用户来函等）。

② 政府机关、金融机构公布的统计资料。

③ 公开出版的期刊、书籍、研究报告等。

④ 市场研究机构、咨询机构、广告公司公布的资料。

⑤ 行业协会公布的行业资料，竞争企业的产品目录、样本、产品说明书及公开的宣传资料。

⑥ 政府公开发布的有关政策、法规、条例规定及规划、计划等。

⑦ 推销员提供的资料。

⑧ 供应商、分销商等提供的资料。

⑨ 展览会、展销会公开发放的资料。

营销拓展

互联网背景下的市场调研

互联网为消费者发表意见、彼此交流沟通提供了平台，成为重要的舆论场地，这就为互联网调研提供了有利条件。在互联网背景下，市场调研呈现出新的特点。

在调研渠道上，互联网技术的发展让在线收集数据信息成为可能。在线调查、网上问卷调查、发送电子邮件、社交工具互动、智能搜索、大数据抓取信息等方式极大地拓宽了信息收集渠道，缩短了调研时长，提高了调研的便捷性、经济性和准确性。

在调研范围上，互联网调研可以跨区域、跨群体进行调研，调查人员可以收集来自各个地域的信息，调研决策更加科学、规范。

在调研形态上，互联网调研可以从多渠道获取相关信息，对于相关议题，可以综合网民论坛、微信微博言论，以文字、图片、视频等各种形式，运用大数据技术对各个渠道、各种形式的信息进行系统性整合，形成全维立体化的调研成果。

在调研时间上，长时段调研得以实施，调研的幅度大大延展。现实社会，人们对于许多问题的观察、认识往往并非一次性调研就可以得出结论，而是需要做连续、动态的调研。互联网技术可以通过程序设置，对网络空间进行长时段、动态调研，从而增强了调研的连续性。

（资料来源：学习时报。作者：贾立政。有删改）

三、市场营销调研的变革与创新

随着市场环境的变化和技术的进步，市场营销调研面临着创新与变革的需求。市场环境趋向于多元化和动态化，不确定性和复杂性逐步增加，消费者的需求、偏好、行为和心理的多样化和个性化日益凸显。市场营销调研在技术、方法等方面面临变革。

（一）市场营销调研的技术变革

随着科技的进步和创新，市场营销调研的技术不断发展变化，呈现出以下趋势。

1．人工智能的应用

人工智能是指通过计算机系统或其他智能设备，模拟和扩展人类的智能，实现人类的认知、学习、推理、决策等功能的技术。通过人工智能，企业可以实现更快速、更准确、更全面的数据收集；还可以实现更高效、更深入、更多维的数据处理和分析，提取有价值的信息和洞察，发现数据的规律和问题。人工智能有利于实现更生动、更直观、更个性化的数据呈现，可以将数据以更有吸引力和影响力的方式展示给客户和用户。

2．大数据的利用

通过大数据，企业可以获取更全面、更细致、更真实的市场数据，可以进行更精准、更有效、更创新的市场分析，还可以从大数据中发现市场的趋势和问题，提出市场的洞察和建议，支持市场的决策和行动。大数据在市场营销调研中的应用可以帮助企业拓展数据的来源和类型，提高数据的质量和量，增加数据的洞察和创新，从而提升市场营销调研的价值和竞争力。

3．社交媒体的利用

社交媒体在市场营销调研中的应用主要包括数据获取、数据分析和数据利用几个方面。数据获取指通过网络爬虫、API、SDK等技术，将用户在社交媒体上发布的内容（如文字、图片、视频、音频等）作为数据进行获取，从而提高数据的真实性和时效性。数据分析指通过文本分析、图像分析、视频分析、音频分析等技术，对获取的数据进行有效的分析，从而提高数据的多维性和多样性。数据利用指通过内容创作、内容推荐、内容传播等技术，对分析的数据进行有效的利用，从而提高数据的互动性和影响力。

4．移动设备的利用

移动设备在市场营销调研中的应用主要包括数据采集、数据处理和数据呈现几个方面。首先，移动设备通过 GPS、蓝牙、NFC 等技术，将用户在移动设备上的位置、行为和环境等信息作为数据进行采集，从而提高数据的精确性和实时性。其次，移动设备可以通过云计算、边缘计算、物联网等技术，对采集的数据进行有效的处理，从而提高数据的可靠性和可扩展性。最后，移动设备通过触摸屏、语音、手势等技术，对处理的数据进行有效的呈现，从而提高数据的可感知性和可交互性。

（二）市场营销调研的方法创新

随着市场的变化和发展，市场营销调研的方法不断创新和改进，呈现出一系列新的特点。

1．混合化调研

混合化调研指在市场营销调研中，企业综合运用定量调研和定性调研的方法和技巧，从不同的角度和层次，对市场进行全面和深入的分析和评估。通过混合式的调研，企业可以克服定量调研和定性调研各自的局限和缺陷，提高市场营销调研的效率和效果，也可以根据市场营销调研的结果和反馈，及时地调整和优化调研的方法和技巧，以提高调研的效率。

2．协作式调研

协作式调研是指在市场营销调研中，通过与客户、用户、合作伙伴、竞争对手等市场相关的各方，进行沟通、交流、协商、合作，共同参与和完成市场营销调研的调研方式。通过协作式调研，企业可以获取更多、更真实、更有效的市场数据和信息；同时，这些数据和信息也更真实和有效，因为它们来自市场的实际参与者和利益相关者，而不是通过第三方或间接的方式获取的。

3．社交媒体与在线调研的创新应用

社交媒体和在线平台已经成为市场营销调研的重要渠道。除了传统的在线问卷、调查等形式，现在还有社交媒体监测、用户行为追踪、在线社区讨论等多种创新方式。这些方式可以收集到更广泛、更真实的用户反馈，有助于企业实时监测市场动态，及时调整营销策略。

4．结合神经科学和心理学的调研方法

近年来，神经营销学、情感分析等结合神经科学和心理学的调研方法逐渐兴起。这些方法通过测量消费者的神经活动、情感反应等，可以更深入地揭示消费者的购买决策过程和品牌态度，为企业提供更精准的市场洞察。

5．参与式与体验式调研

传统的调研方式往往以问卷、访谈等形式为主，而现在越来越多的企业开始尝试参与式与体验式调研。这种方式让消费者直接参与产品或服务的体验过程，通过实际操作、感受等方式收集反馈。这种方式不仅可以收集到更真实、更深入的用户反馈，还可以增强消费者的参与感和忠诚度。

6．跨渠道与跨平台的整合调研

随着消费者使用渠道的多样化，市场营销调研也需要进行跨渠道、跨平台的整合。企业需要结合线上线下的多种渠道和平台，收集和分析消费者的行为数据、购买偏好等信息，以制定

更全面的市场策略。

这些创新的市场营销调研方法不仅提高了调研的效率和准确性，还为企业提供了更全面、更深入的市场洞察。企业需要不断创新和完善调研方法，以适应市场变化和消费者需求的变化。

🖋 岗课对接

市场调查岗位的任职要求

市场调查岗位的任职要求可能因企业、行业、职位级别的不同而有所差异，常见的任职要求如下。

① 知识技能：熟悉市场调查和研究的方法和工具，了解数据分析、统计学和市场趋势分析的基本原理；具备良好的市场敏感度和商业洞察力，能够识别和理解市场趋势和消费者需求。

② 工作经验：具备一定的市场调查或相关领域的工作经验，熟悉市场调查流程，能够独立或协助完成市场调查项目。

③ 沟通能力：能够清晰地表达想法和观点，与团队成员和客户进行有效的沟通和协作。

④ 数据分析能力：能够运用各种数据分析工具（如 Excel、SPSS 等）对市场调查数据进行处理和分析，提取有价值的商业信息。

⑤ 报告撰写能力：能够撰写清晰、准确、有逻辑的市场调查报告和分析报告，将分析结果和建议以易于理解的方式呈现给管理层或客户。

四、市场营销调研实施

（一）市场营销调研过程

市场营销调研的基本过程包括 3 个阶段，共 6 个步骤，如图 4-1 所示。

1. 明确调研目的

调研目的是指特定的调研课题所要解决的问题，即为何要调研、要了解和解决什么问题，调研结果有什么用处。进行市场营销调研，首先要明确调研目的，按照不同目的，选择不同的调研内容和调研方法，保证市场调研具有针对性。

图4-1 市场营销调研的基本过程

2. 设计调研方案

调研方案是根据调研目的和调研对象的性质，在进行实际调研之前，对调研工作的各个方面和各个阶段任务的通盘考虑和安排，是整个调研活动的指导文件。只有对整个调研项目进行统一考虑和安排，才能保证调研有秩序、有步骤地顺利进行。一个完整的市场营销调研方案一般包括以下几个方面内容：调研目的和要求、调研对象、调研内容、调研地区、样本的抽取、资料的收集和整理方法、经费预算等。

3. 制订调研工作计划

调研工作计划包括如下内容。

（1）组织领导及人员配备

企业应建立市场营销调研项目的组织领导机构（可以由企业的市场部或企划部负责），针对调研项目成立市场营销调研小组，负责项目的具体组织和实施工作。

（2）访问员的招聘及培训

访问员可以从高校经济管理类专业的大学生中招聘。企业应根据调研项目中完成全部问卷实地访问的时间来确定每个访问员1天可以完成的问卷数量，核定需要招聘访问员的人数。企业应对访问员进行必要的培训，培训内容包括访问调研的基本方法和技巧、调研产品的基本情况、调研中可能遇到的问题及解决方法等。

（3）工作进度安排

企业将市场营销调研项目整个进行过程安排一个时间表，确定各阶段的工作内容及所需时间。市场营销调研包括调研工作的准备阶段、实地调研阶段、调研资料的整理和分析阶段、调研报告撰写阶段。

4．组织实地调研

市场营销调研的各项准备工作完成后，企业就开始进行问卷的实地调研工作。企业组织实地调研要做好以下两方面工作。

（1）做好实地调研的组织领导工作

实地调研是一项较为复杂烦琐的工作。调研组织人员要按照事先划定的调研区域确定每个区域调研样本的数量、访问员的人数、每位访问员应访问样本的数量及访问路线，每个调研区域配备一名督导人员；明确调研人员及访问员的工作任务和工作职责，做到工作任务落实到位，工作目标、责任明确。

（2）做好实地调研的协调、控制工作

调研组织人员要及时掌握实地调研的工作完成情况，协调好各个访问员间的工作进度；要及时了解访问员在访问中遇到的问题并帮助协调解决，对于调研中遇到的共性问题，提出统一的解决办法。每天调研访问结束后，访问员首先应对填写的问卷进行自查，然后督导员对问卷进行检查，找出存在的问题，以便在后面的调研中及时改进。

5．整理和分析调研资料

实地调研结束后，即进入调研资料的整理和分析阶段。企业收集好已填写的调研资料，由调研人员对调研资料进行逐份检查，剔除不合格的调研资料，利用统计分析软件等系统进行数据统计，针对调研内容进行全面的分析。

6．撰写调研报告

撰写调研报告是市场营销调研的最后一项工作内容，市场营销调研工作的成果将体现在最后的调研报告中。调研报告将提交企业决策者，作为管理者制定市场营销策略的依据。

📋 **立德树人**

市场调研中要坚持实事求是

实事求是在市场调研中具有重要意义。实事求是在市场调研中的重要性体现在以下4个方面。

① 保证数据的真实性：实事求是要求我们在市场调研中收集到的数据和信息必须是真实可靠的，而不是被操纵或误解的。只有真实的数据才能反映出市场的真实情况，为企业的决策提供准确的依据。

---

② 确保研究的可靠性：如果数据不真实，那么研究结果就不能被信任，这可能会影响到整个研究的可靠性。实事求是能够确保我们得出的结论是基于真实的市场情况，而非虚假的数据。

③ 提高研究的可信度和可接受性：实事求是的市场调研能够让其他人更容易接受研究结果，并将其应用于实践中。这有助于提高研究的可信度和可接受性，为企业赢得更多的信任和支持。

④ 帮助企业做出正确决策：基于实事求是的市场调研，企业可以更加准确地了解市场需求和竞争态势，从而制定出更加科学、合理的市场策略，为企业的发展提供有力的支持。

（二）撰写市场营销调研报告

市场营销调研报告是根据前期的市场营销调研方案，采用科学系统的方法进行调研，对调研结果进行分析整理，得出恰当的结论，并形成内容翔实、分析全面的书面报告。市场营销调研报告为决策者制定营销策略、实施营销活动提供依据。

市场营销调研报告分为封面、目录、摘要、正文和附录 5 个部分。

1．封面

封面一般要求设计精致，内容简洁，排版美观。封面内容主要包括标题、调研机构或调研负责人、调研报告完成日期。标题写作要具有概括性，能准确揭示调查报告的主题思想。标题可以采用"发文主题"加"文种"的格式，如"奶茶饮品标杆企业及竞争对手调研报告"。

2．目录

目录起到提纲挈领的作用，让阅读者快速了解市场营销调研报告的整体内容及结构，调研报告目录一般可以列出二级或三级目录，标注各级目录的标题和页码，方便阅读者查找和有针对性地阅读。

3．摘要

摘要部分用简明扼要的文字写出调研报告撰写的依据、调研报告的研究目的或主旨、调研范围、调研时间、调研过程及结果，方便阅读者迅速、明确地了解报告全貌。

4．正文

正文部分是报告的主体，它主要包括 6 部分内容。

① 调研目的。调研报告中的调研目的要和计划阶段的调研目的保持一致，明确调研为了解决什么问题。

② 调研内容。该部分要说明调研了哪些内容，如行业竞争状况、产品知名度、消费者购买行为习惯的变化、消费者对价格的敏感性等。

③ 调研实施过程。这一部分要列出调研的时间及安排、调研地点、调研人群及数量等。

④ 调研方法。列出资料收集的方法。例如，商场顾客流量和购物调研，采用系统抽样调查的组织方式，即按日历顺序等距抽取若干营业日调研顾客流量和购物情况，搜集资料的方法主要有顾客流量的人工计数或仪器计数、问卷测试、现场观察、顾客访问、焦点座谈。

⑤ 调研结果。调研结果可以用文字、图表、数字等形式进行说明。该部分是报告中篇幅最

长和最重要的部分，调研结果要详尽而准确，为结论和对策提供依据。

⑥ 调研结论和建议。该部分通过对资料的分析研究，得出针对调研目的的结论，或者预测市场未来的发展、变化趋势，为准备采取的市场对策提出建议或看法。为了条理清楚，这一部分往往分为若干条叙述，或列出小标题。

5．附录

有些内容和正文相关但不适合在正文中呈现，可以作为附录保存。例如有关调研的原始统计图表、调研问卷、相关资料的出处、参考文献等。

知识检测 ↓

一、选择题

1．以下不属于市场营销调研作用的是（　　　）。
    A．为企业发现市场机会提供依据　　　B．为新产品研发提供依据
    C．是企业制定市场营销组合策略的依据　　D．直接提高企业利润

2．以下不属于一手资料调研方法的是（　　　）。
    A．问卷法　　　　　　　　　　　　　B．观察法
    C．图书馆资料搜集法　　　　　　　　D．实验法

3．以下资料不属于二手资料的是（　　　）。
    A．地方政府统计年鉴　　　　　　　　B．报纸杂志
    C．客户投诉电话录音　　　　　　　　D．图书资料

4．如果市场调研人员对所要解决的问题尚无足够的了解，不能有效推进调研项目的进展，就有必要开展（　　　）
    A．因果性调研　　　　　　　　　　　B．探索性调研
    C．描述性调研　　　　　　　　　　　D．预测性调研

二、判断题

1．市场营销调研可以帮助企业发现市场营销机会。　　　　　　　　　　（　　　）

2．实验法是由调研人员根据调研的要求，用实验的方法，将调研对象控制在特定的环境条件下，对其进行观察以获得相应信息的方法。　　　　　　　　　　　　　　（　　　）

3．市场调研是市场营销工作的一个组成部分。　　　　　　　　　　　　（　　　）

4．市场调研一般没有时间要求。　　　　　　　　　　　　　　　　　　（　　　）

5．调研人员按照事先设计好的调研表或访问提纲进行访问，以相同的提问方式和记录方式进行访问属于无结构式访问。　　　　　　　　　　　　　　　　　　　　　　（　　　）

三、简答题

1．简述市场营销调研的过程。
2．简述市场营销调研报告的基本结构。
3．简述市场营销调研的方法。

课中实训

实训一 市场营销调研的内容与方法

【实训目标】

学生掌握市场营销调研的内容,能根据企业实际选择恰当的调研内容,并选择合适的调研方法。

任务1: 市场营销调研的内容

任务描述:针对青源公司的产品开展一项调研,确定调研内容,说明调研目的,列出具体调研项目,判断该调研所属类型,将结果记录在表 4-1 中。

表 4-1 市场营销调研的内容

研究内容	研究结果
调研内容	
调研目的	
具体调研项目	
调研类型	

任务2: 市场营销调研的方法

任务描述:针对上述调研选择恰当的调研方法,说明该方法的具体实施过程,将结果记录在表 4-2 中。

表 4-2 市场营销调研的方法

研究内容	研究结果
调研方法	
方法实施过程	

实训二 市场营销调研实施

【实训目标】

学生掌握市场营销调研过程,能够制定市场营销调研方案,开展市场营销调研活动,对调研结果进行分析,提出营销建议。

任务1：制定市场营销调研方案

任务描述：根据上述调研内容，制定调研方案，列出调研方案概要（具体调研方案可另附纸张完成），将结果记录在表 4-3 中。

表 4–3 市场营销调研方案

研究内容	研究结果
调研方案概要	调研的目的和要求： 调研对象： 调研内容： 调研地区： 样本的抽取： 资料的收集和整理方法： 经费预算：

任务2：制订市场营销调研计划

任务描述：根据调研方案，制订调研计划，明确团队分工，列出工作进度安排，分析可能遇到的问题及解决方法，并实施调研，将结果记录在表 4-4 中。

表 4–4 市场营销调研计划

研究内容	研究结果
团队分工	
工作进度安排	
遇到的问题及解决办法	

任务3：撰写市场调研报告

任务描述：根据调研结果，撰写市场调研报告，写出报告标题，列出报告摘要（详细报告可另附纸张完成），将结果记录在表 4-5 中。

表 4–5 市场营销调研报告

研究内容	研究结果
标题	
摘要	

实训项目评价 ↓

指导教师根据学生对本项目的知识学习和实践训练成果进行评价，学生根据自己的掌握情况进行自我评价。

学习成果评价表

评价维度	评价指标	评价标准	分值	得分	
				教师评价	学生自评
知识（50%）	市场营销调研的内涵	能够简述市场营销调研的定义	4		
		能够说明市场营销调研的作用	4		
		能够分析市场营销调研的类型	6		
	市场营销调研的内容与方法	能够简述市场营销调研的内容	6		
		能够熟练列出市场营销调研的方法	6		
	市场营销调研的变革与创新	能够识别市场营销调研的技术变革	6		
		能够识别市场营销调研的方法创新	5		
	市场营销调研实施	能够简述市场营销调研过程	7		
		能够说出市场营销调研报告的结构	6		
能力（30%）	综合能力	能够合理地确定市场营销调研的内容	5		
		能够选择恰当的市场营销调研方法	5		
		能够运用新技术开展市场营销调研	5		
	学习能力	能够不断学习，了解市场营销调研的新方法和新技术	5		
	职业迁移能力	能够根据某个主题实施市场营销调研	5		
		根据调研结果撰写市场营销调研报告	5		
素质（20%）	职业素养	能够创造性地解决问题	5		
		积极参与课堂讨论，认真完成实训任务	5		
		坚持实事求是的调查态度	5		
	学习态度	认真听讲，积极回答问题	5		
评分	教师评价（80%）＋学生自评（20%）		100		

课中实训

课后提升

传统文化与营销思想

秦商任氏储粮的故事

在古代，商人们是非常注意市场供需变化的，他们往往结合经验，经过观察，预测近期或将要出现的供需情况，根据预测来决定他们目前应买进什么、贮存什么，以备将来所需。

《史记·货殖列传》记录了这样一个故事。秦末战乱的时候，有钱人开始争着抢购、贮存金银珠宝，而有一位姓任的督道仓吏却只购买粮食贮存于自己的窖中，很多人不得其解。后来，楚汉在荥阳相争，相持在鸿沟，不分胜负，中原广大的地区成为两军厮杀的战场。于是，农民无法耕种田地，粮食奇缺。这时，任氏把他贮存的粮食拿出来销售，那些曾抢购金银珠宝的人也不得不用金银珠宝来换取粮食。任氏成了贩卖粮食的大商人，粮价每石涨到一万钱，大量的金银珠宝尽归任氏手中，他由此而大富。

任氏不仅洞察了当前的市场需求，还准确地预测了未来的市场趋势。他预见在持续战乱的情况下，粮食将变得越来越稀缺，价格也会不断上涨。因此，他果断地决定贮存粮食，以待时机出售。这种对未来趋势的准确预测，是古代市场调查中不可或缺的一部分。

从任氏储粮的故事中，我们可以得到以下启示。

① 敏锐捕捉市场需求。任氏在秦末乱世中，敏锐地捕捉到粮食作为基本生存需求的重要性，这是对市场需求的深刻洞察。现代市场调查同样需要关注消费者的真实需求，通过问卷、访谈、数据分析等手段，深入了解目标市场的需求和偏好。

② 预测市场趋势。任氏不仅关注当前的市场需求，还准确预测了未来的市场趋势，即战乱期间粮食将变得更加稀缺和昂贵。现代市场调查也应具备预测市场趋势的能力，通过分析宏观经济环境、政策变化、消费者行为等因素，预测市场的未来走向，为企业制定长期战略提供依据。

③ 灵活应对市场变化。任氏在粮食价格飞涨时，果断将贮存的粮食出售，实现了财富的积累。这体现了现代市场调查需要具有高度的灵活性和反应速度，能够迅速捕捉到市场的变化，并为企业制定应对策略。

思考：1. 结合上述资料，谈谈古人了解市场的方法。

2. 这些方法对当今企业开展市场调研有哪些借鉴意义？

知识归纳表 ↓

课后提升

知识回顾：

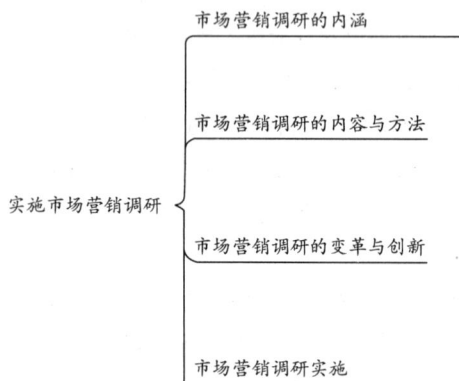

实施市场营销调研
市场营销调研的内涵
市场营销调研的内容与方法
市场营销调研的变革与创新
市场营销调研实施

思考总结：

心得分享：

项目五

选择目标市场

教学目标

✈ 知识目标

1. 了解市场细分的标准。
2. 掌握目标市场选择策略。
3. 掌握市场定位策略。

✈ 能力目标

1. 能够有效地进行市场细分。
2. 能够合理地选择目标市场。
3. 能够针对企业进行市场定位。

✈ 素养目标

1. 培养探索创新能力和团队合作精神。
2. 培养学习能力，运用正确的方法掌握新知识。
3. 培养独立思考能力，根据相关知识完成实训任务。

✈ 育人目标

1. 培养企业家精神。
2. 了解中华传统文化元素，培养文化自信。

扫一扫

思维导图

👤 引导案例

润本股份：差异定位打造"大品牌、小品类"

润本股份深耕"驱蚊＋婴童护理"行业十余年，公司旗下"润本"品牌持续稳健发展，是"驱蚊＋婴童护理"细分市场龙头，秉持"大品牌、小品类"独特经营战略并依托"研产销一体化"构筑经营壁垒，有望在家庭日用消费品市场中持续探索并拓展高成长性的小品类。

在驱蚊产品领域，我国市场规模约为百亿元，且需求稳定，行业集中度较高。预计随着户外便携、温和安全型产品的需求增加，该行业将迎来进一步的增长。婴童护理市场则呈现出更大的成长潜力。尽管有观点担忧新生人口下降可能会对行业形成压力，但分析指出，中大童产品的需求将为市场提供充足的发展空间，且随着精细化育儿理念的普及，行业的增长将得到进一步的推动。此外，国内母婴护理市场的竞争格局相对分散，线上平台的崛起为国内品牌提供了超越竞争对手的机会。

思考：1. 润本股份对市场进行了怎样的细分？

2. 润本股份采用了什么样的定位策略？

课前自学

菲利普·科特勒认为：当代战略营销的核心可被定义为 STP。S 指 Segmenting，即市场细分（Market Segmenting）；T 指 Targeting，即目标市场选择（Market Targeting）；P 为 Positioning，即市场定位（Market Positioning）。正因为如此，目标市场营销又称 STP 营销或 STP 三部曲。

一、市场细分

（一）消费者市场细分的标准

市场细分指企业按照某种标准将市场上的消费者划分成若干个消费群体，每一个消费群体构成一个子市场，不同子市场的需求存在着明显差别。市场细分是选择目标市场的基础工作。

1．地理变量细分标准

地理变量细分标准指按照消费者所处的地理位置、自然环境来细分市场。例如，根据国家、地区、城市规模、气候、人口密度、地形地貌等方面的差异将整体市场分为不同的小市场。地理变量之所以可作为市场细分的依据，是因为处在不同地理环境下的消费者对同一类产品往往有不同的需求与偏好，他们对企业采取的营销策略与措施会有不同的反应。

2．人口变量细分标准

人口变量细分标准即以人口统计变量，如年龄、性别、家庭结构、家庭生命周期、收入、职业、受教育程度、宗教、国籍等为基础细分市场。

由于生理上的差别，男性与女性在产品需求与偏好上有很大不同，例如，在服饰、发型、生活必需品等方面均有差别。不同年龄的消费者有不同的需求特点，例如，青年人对服饰的需求与老年人对服饰的需求就有差异，青年人需要鲜艳、时髦的服饰，老年人则需要端庄、素雅的服饰。低收入和高收入消费者在产品选择、休闲时间的安排、社会交际与交往等方面都会有所不同。

3．心理变量细分标准

心理变量细分标准即根据消费者所处的社会阶层、生活方式、个性特点等心理因素细分市场。

处于同一阶层的成员具有类似的价值观、兴趣爱好和行为方式，而处在不同阶层的成员对所需的产品也各不相同。人们追求的生活方式的不同也会影响他们对产品的选择。例如，有的追求新潮、时髦，有的追求恬静、简朴，有的追求刺激、冒险，有的追求稳定、安逸。个性指一个人比较稳定的心理倾向与心理特征。个性会通过自信、自主、支配、顺从等性格特征表现出来。个性可以按这些性格特征进行分类，为企业细分市场提供依据。在某些国家，对诸如化妆品、啤酒、保险之类的产品，一些企业以个性特征为基础进行市场细分并取得了成功。

4．行为变量细分标准

行为变量细分标准即根据消费者对产品的使用频率、使用场合、使用时间、使用数量、追求的利益等将他们划分成不同的群体。很多人认为，行为变量能更直接地反映消费者的需求差异，因而成为市场细分的最佳起点。例如，春节期间，走亲访友频次明显增多，针对该部分人群推出礼盒装产品，能有效地增加销量。又如，同样购买手表，有的人追求经济实惠、价格低廉，有的人追求耐用可靠和使用维修的方便，还有的人偏向于通过手表显示出社会地位等。

消费者市场细分标准如表 5-1 所示。

表 5-1　消费者市场细分标准

细分标准	具体变量
地理变量	国家、地区、城市规模、气候、人口密度、地形地貌
人口变量	年龄、性别、家庭结构、家庭生命周期、收入、职业、受教育程度、宗教、国籍
心理变量	社会阶层、生活方式、个性特点、兴趣偏好、对各种营销要素的敏感程度
行为变量	使用频率、使用场合、使用时间、使用数量、追求的利益、对品牌与商标的信赖程度

学以致用

以服装为例，说明具体细分变量有哪些。

（二）组织市场细分的标准

有些细分消费者市场的标准同样可用于细分组织市场。例如，根据地理因素、追求的利益和使用频率等变量加以细分。由于组织机构与消费者在购买动机与行为上存在差别，除了运用消费者市场细分的标准外，还可用一些新的标准来细分组织市场。

1．消费者规模

在组织市场中，有的消费者购买量很大，而另外一些消费者的购买量则很小。企业应当根据消费者规模大小来细分市场，并根据消费者规模不同，制定不同的营销组合方案。例如，对于大客户，宜于直接联系、直接供应，在价格、信用等方面给予更多优惠；而对于众多的小客户，则宜于让产品进入商业渠道，由批发商或零售商组织供应。

2．产品的最终用途

产品的最终用途也是组织市场细分的标准之一。例如，工业品消费者购买产品，一般用于再加工，对所购产品通常都有特定的要求。

3．组织购买状况

以组织购买状况为细分标准即根据组织购买方式来细分市场。组织购买的主要方式包括直接重购、修订重购及全新采购。根据不同的购买方式，整体市场可细分为不同的小市场群。

（三）市场细分的方法与步骤

1．市场细分的方法

（1）单一因素细分法

单一因素细分法指根据一个因素对市场进行细分，例如，按性别细分化妆品市场，按年龄细分服装市场等。这种方法简便易行，但难以反映复杂多变的消费者需求。

（2）双因素细分法

双因素细分法即用影响消费需求的两种因素进行综合细分。例如，用性别和年龄两个因素将服装市场划分为不同的细分市场。

（3）多层次细分法

如果细分市场所涉及的因素是多项的，就需要用 3 个或 3 个以上的变量，由粗到细、由浅入深，逐步进行细分。多层次细分法适用于影响市场需求的因素较多，企业需要逐层逐级分析并寻找适宜目标市场的情况。

学以致用

对玩具市场进行细分，可以采用哪种细分方法？请说明理由。

2．市场细分的步骤

市场细分作为一个比较、分类、选择的过程，应该按照一定的程序来进行，通常有相互衔接的 5 个步骤。

（1）正确选择市场范围

企业根据自身的经营条件和经营能力确定进入市场的范围，例如，进入什么行业，生产什么产品，提供什么服务。

（2）列出市场范围内所有潜在消费者的需求情况

根据细分标准，企业全面地列出潜在消费者的基本需求，作为以后深入研究的基本资料和依据。

（3）分析潜在消费者的不同需求，初步划分市场

企业针对所列出的各种需求，通过抽样调查进一步搜集有关市场信息与消费者背景资料，然后初步划分出一些差异较大的细分市场，至少从中选出 3 个细分市场。

（4）筛选细分市场

根据有效市场细分的条件，企业对所有细分市场进行分析研究，剔除不符合要求、无用的细分市场。为便于操作，企业还可结合各细分市场上消费者的特点，用形象化、直观化的方法为细分市场命名，如某旅游市场将细分市场分为商人型、舒适型、好奇型、冒险型、享受型、经常外出型等。

（5）对细分后的市场进行评估

企业对细分后的子市场进一步进行调查研究，充分认识各个细分市场的特点及本企业所开发的细分市场的规模、潜在需求，还需要对某些特点进一步分析研究等。企业可以在各子市场中选择与本企业经营优势和特色一致的子市场作为目标市场。

（四）有效市场细分的标志

并不是所有市场细分都是有效的。例如，某冰箱品牌曾推出一款儿童冰箱，专门针对儿童群体设计，但是因为大多数孩子对冷饮的自控力较弱，父母并不希望孩子能自主控制冰箱，所以该产品的销量很不理想，这种市场细分就是无效的。有效市场细分具有以下几个标志。

1．可衡量性

细分标准和细分后的市场是可以识别和衡量的，即有明显的区别，有合理的范围。例如，以性别为细分标准划分服装市场，范围比较明确，容易识别；但是以性格为标准划分服装市场，市场范围就难以确定。

2．可进入性

企业能够进入所选定的细分市场，能开展有效的促销和分销活动。可进入性一方面指企业能够通过广告媒体把产品的信息传递给该市场中的消费者，另一方面指产品能通过一定的销售渠道抵达该市场。

3．可盈利性

细分市场的规模要大到能够使企业足够获利。如果细分市场过小，没有足够的需求，市场细分就失去了意义。

4．差异性

与整体市场相比，细分市场确实存在购买与消费行为上的明显差异。

5．相对稳定性

细分后的市场应在一定时间内保持相对稳定。细分后的市场能否在一定时间内保持相对稳定，直接关系企业的生产营销能否稳定。特别是大中型企业及投资周期长、转产慢的企业，更容易造成经营困难，严重影响企业的经营效益。

二、目标市场选择

扫一扫，看微课

目标市场覆盖方式

市场细分之后，企业需要选定其中的某个或某些市场，综合运用各种市场策略为该类市场提供产品或服务，该类市场即为目标市场。

（一）目标市场覆盖方式

1．市场集中化

市场集中化即企业采用有针对性的产品、价格、渠道和促销策略，集中力量为单一细分市场服务，在该市场获得强有力的市场地位和良好声誉。市场集中化使企业深刻了解该细分市场的需求特点，有针对性地开展营销，但由于市场过于集中，隐含较大的经营风险。初创企业或较小的企业常采用市场集中化经营方式。

2．产品专业化

产品专业化即企业集中生产一种产品，并向所有消费者销售这种产品。例如，服装厂商向青年、中年和老年消费者销售高档服装，为不同的消费者提供不同种类的高档服装产品或服务，而不生产消费者需要的其他档次的服装。产品专业化可以使企业在某领域树立较高的声誉，但若消费者流行偏好转移，企业将面临巨大的风险。

3．市场专业化

市场专业化即企业专门服务于某一特定群体，尽力满足他们的各种需求。例如，企业专门为老年消费者提供各种档次的服装。企业专门为某个消费群体服务，能在该群体中建立良好的声誉。但消费群体的需求突然发生变化，企业要承担较大风险。

4．有选择的专业化

有选择的专业化即企业选择几个细分市场，向不同市场提供不同的产品或服务。但各细分市场彼此之间相关性较小。这种策略能分散企业的经营风险，即使其中某个细分市场失去了吸引力，企业还能在其他细分市场实现盈利。

5．完全市场覆盖

完全市场覆盖即企业试图用各种产品满足各种消费群体的需求——以所有的细分市场作为目标市场。一般只有实力强大的企业才能采用这种策略。例如，海尔公司在电器市场开发众多的产品，满足各种消费需求。

目标市场覆盖方式如图 5-1 所示。

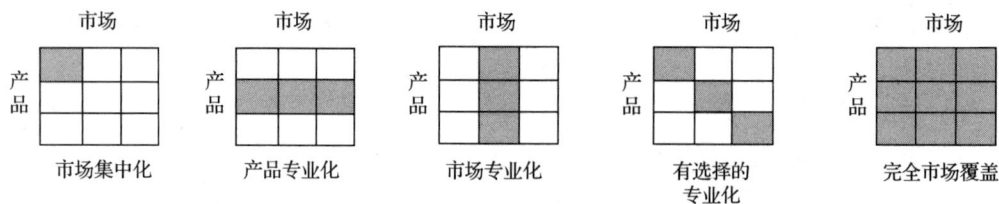

图5-1　目标市场覆盖方式

（二）目标市场营销策略

1．无差异市场营销策略

无差异市场营销策略是企业把整个市场作为自己的目标市场，只考虑市场需求的共性，而不考虑其差异性，运用一种产品、一种价格、一种推销方法，吸引尽可能多的消费者。企业采用产品专业化的目标市场覆盖方式时，可以采用无差异市场营销策略。

无差异市场营销策略的优点是产品单一，容易保证质量，能大批量生产，降低生产和销售成本。但如果同类企业也采用这种策略，必然会形成激烈竞争。

2．差异性市场营销策略

差异性市场营销策略是把整个市场细分为若干子市场，针对不同的子市场，设计不同的产品，制定不同的营销策略，满足不同的消费需求。

这种策略的优点是能满足不同消费者的不同需求，有利于扩大销售、占领市场、赢得企业声誉。其缺点是由于产品差异化、促销方式差异化，增加了管理难度，增加了生产和销售费用。企业采用市场专业化、有选择的专业化、完全市场覆盖的目标市场覆盖方式时，可以采用这种营销策略。

3．集中性市场营销策略

集中性市场营销策略是在细分后的市场上，选择一个或少数几个细分市场作为目标市场，实行专业化生产和销售。采用这种策略的企业对目标市场有较深的了解，是大部分中小型企业常采用的策略。采用市场集中化的目标市场覆盖方式的企业常采用这种营销策略。

采用集中性市场营销策略，能集中优势力量，有利于产品适销对路，降低成本，提高企业和产品的知名度。但这种策略有较大的经营风险，它的目标市场范围小，品种单一，如果目标市场的消费者需求和爱好发生变化，企业可能因应变不及时而陷入困境。

📂 **营销案例**

从喜茶等茶饮品牌的定位看茶饮店的经营策略

近几年，茶饮业成了国内消费经济的重要板块，品牌之间的竞争从未间断。除了产品、价格外，品牌定位也不可或缺。

1. 喜茶

喜茶的受众群体主要集中在一、二线城市。喜茶抓住年轻消费者的社交需求，聚焦"灵感之茶"，强调分享是一种很酷的喝茶体验，对品牌进行了差异化定位。

芝士奶盖茶一直是喜茶的主打产品，深受年轻消费者的喜爱。在新品研发上，喜茶强调与众不同的锐利感，例如，将咸芝士与天然茶香融合，推出原创芝士茗茶系列。

2. 蜜雪冰城

蜜雪冰城率先成为首个万店茶饮品牌。纵观整个菜单，个位数的奶茶占十分之九，客单价平均为6元，其性价比非常高。

当喜茶在一、二线城市开疆拓土时，蜜雪冰城瞄准了各大高校和各中小城市，在多年的市场沉淀中积累了大量"粮草"。

思考：查阅相关资料，分析不同茶饮品牌的市场细分标准及目标市场营销策略。

（三）影响目标市场选择的因素

1. 产品的同质性

产品的同质性指产品在性能、特点等方面的差异性的大小，是企业选择目标市场时必须考虑的因素之一。一般对于同质性高的产品，产品差异不大，宜实行无差异市场营销策略；对于同质性低或异质性产品，采用差异性市场营销策略或集中性市场营销策略比较恰当。

2. 市场的同质性

如果消费者对某产品的需求偏好、购买行为相似，则将这种产品的市场称为同质市场，宜采用无差异市场营销策略；反之，市场为异质市场，采用差异性市场营销策略或集中性市场营销策略更合适。

3. 产品生命周期阶段

对于引入期和成长期的新产品，营销重点是启发和巩固消费者的偏好，最好实行无差异市场营销策略或针对某一特定子市场实行集中性市场营销策略；当产品进入成熟期时，市场竞争激烈，消费者需求日益多样化，企业可改用差异性市场营销策略以开拓新市场，满足新需求，从而延长产品生命周期。

4. 企业规模与实力

如果企业规模较小，实力较弱，适合采用无差异市场营销策略或集中性市场营销策略；如果企业资源雄厚，可以采用差异性市场营销策略。

5. 竞争者的策略

企业可与竞争者选择不同的目标市场营销策略。例如，竞争者采用无差异市场营销策略时，自身选用差异性市场营销策略或集中性市场营销策略更容易发挥优势。

三、市场定位

市场定位指企业根据竞争者现有产品在市场上所处的位置，针对消费者对该类产品某些特征或属性的重视程度，为企业产品塑造与众不同的、使人印象深刻的形象，并将这种形象生动地传递给消费者，从而使该产品在市场上确定适当的位置。简而言之，市场定位就是在目标消费者心目中树立产品独特的形象。

（一）市场定位策略

1．避强定位

避强定位指企业避免与实力最强或较强的企业直接发生竞争，而将自己的产品定位于另一市场区域内，使自己的产品在某些特征或属性方面与最强或较强的竞争对手有比较显著的区别。

避强定位的优点是可以避开竞争对手的关注，能够迅速在市场上站稳脚跟，并能在消费者心目中迅速树立企业形象，风险相对较小。其缺点是避强往往意味着企业必须放弃某个最佳的市场位置，很可能导致企业处于较差的市场位置。

2．迎头定位

迎头定位指企业根据自身的实力，为占据较佳的市场位置，不惜与市场上占支配地位的、实力最强或较强的竞争对手正面竞争，而使自己的产品进入与竞争对手相同的市场位置。迎头定位策略往往要求企业设法抢占市场的制高点，因而企业必须具备以下条件。

- 企业的产品要有明显的优点，即要有独到的特色和良好的信誉。
- 企业要有足够的实力，能承担竞争带来的各种后果。
- 企业必须以大面积的市场范围为目标，市场太小会得不偿失。

3．抢先定位

抢先定位是指企业在进行定位时，力争使自己的产品品牌第一个进入消费者心智，并由此抢占市场第一的位置。杰克·特劳特发现，随着竞争的加剧，消费者心智中只能给两个品牌留下空间，这就是定位理论中著名的"二元法则"。经验证明，第一个进入消费者心智的品牌比第二个进入的品牌在长期市场占有率方面要高很多，而且此种关系是不易改变的。一般来说，第一个进入消费者心智的品牌给消费者印象比较深刻，例如，凉茶中的加多宝等。

🏭 营销拓展

二元法则

"二元法则"是艾·里斯及杰克·特劳特提出的著名商业理论。该理论认为，在一个成熟的市场上，营销的竞争最终会成为"两匹马的竞争"。通常，一方是信用可靠的老品牌，另一方则是新兴的后起之秀，二者相互对立。长期而言，每个市场都会形成双雄争霸的局面。在刚开始的时候，一个新的产品类别会拥有很多层的阶梯，但是，随着时间的推移，阶梯会逐渐减少到只剩下两层。例如，可乐中的可口可乐、百事可乐，牙膏中的高露洁、佳洁士等。长远来说，如果品牌无法在同一品类中做到数一数二，就必须重新考虑营销策略。

4．比附定位

比附定位又称关联定位，是通过与竞争品牌的比较来确定自身市场位置的一种定位策略，其本质是一种借势定位或反应式定位。企业通过各种方法和同行中的品牌建立一种内在联系，使自己的品牌迅速进入消费者的心智，牢固地占领一个位置，借竞争者之势，衬托自身的品牌形象。在比附定位中，参照对象的选择是一个重要问题。一般来说，只有与知名度、美誉度高的品牌比较，才能借势抬高自己的身价。

5．重新定位

重新定位是企业对销路少、市场反应差的产品进行二次定位。初次定位后，如果由于消费者的需求偏好发生转移，市场对此企业产品的需求减少，或者由于新的竞争者进入市场，选择与企业相近的市场位置，这时，企业就需要对其产品进行重新定位。一般来说，重新定位是企业摆脱经营困境、寻求新的活力的有效途径。此外，企业发现新的产品市场范围时，也可以重新进行市场定位。

学以致用

查阅资料，谈谈豆奶是如何进行重新定位的。

6．创新定位

创新定位是企业寻找新的尚未被占领但有潜在市场需求的位置，填补市场上的空缺，生产市场上没有的、具备某种特色的产品。采用这种定位方式时，企业应明确创新定位所需的产品在技术上、经济上是否可行，有无足够的市场容量，能否为企业带来合理而持续的盈利。

营销案例

长城汽车的品牌定位策略

长城汽车是我国规模较大的民营汽车制造企业，旗下的风骏皮卡、哈弗SUV（Sport Utility Vehicle，运动型多功能汽车）均成为相应细分市场的领导者。长城汽车的成功离不开其成功的品牌定位策略。

长城汽车在创立之初主要是从事汽车零部件制造的，1985年才开始进入整车制造领域。20世纪90年代长城汽车聚焦皮卡，创立"风骏"品牌作为旗下专业做皮卡的子品牌，成为全球三大皮卡品牌之一。品牌的聚焦使得风骏皮卡在消费者心中占据了一个特殊的位置，当人们看到皮卡时就会想到风骏。

单一的产品线难以满足企业发展壮大的需求，2000年后长城汽车开始尝试进入新的领域。在找准经济型SUV的市场空白后，长城汽车推出了"赛弗"系列产品探路，在销路打开并有了一定的知名度后创立了聚焦经济型SUV的品牌——哈弗。同样是对品类、对市场、对消费者的聚焦，使得哈弗在消费者心中占据了一席之地，成为国产SUV的领导者。

2016年之后，长城汽车进入多品牌时期。目前长城汽车旗下已拥有欧拉、WEY、长城皮卡、哈弗SUV等品牌，每个品牌都有自己专注的领域。

（资料来源：《现代交际》。作者：李宝林、李炎炎。有删改）

思考：长城汽车采用了哪些定位策略，这些策略各有哪些特点？

（二）市场定位步骤

1．潜在竞争优势分析

在潜在竞争优势分析阶段，企业市场营销人员通过市场调研，了解竞争对手的产品是如何定位的；竞争对手的定位满足了目标市场的哪些需求，还有哪些需求未被满足；针对未被满足的消费者需求，企业能够做什么。通过系统收集资料，分析并报告相关研究结果，企业可以分析自己的潜在竞争优势是什么。

2．核心竞争优势定位

核心竞争优势指企业能够胜过竞争对手的能力。这种能力可以是现有的，也可以是潜在的。通过分析、比较企业与竞争者在经营管理、技术开发、采购、生产、市场营销、财务和产品等方面的表现，确定哪些是本企业的强项，哪些是弱项，选出最适合本企业的优势项目，以初步确定企业在目标市场上所处的位置。

3．战略制定

战略制定阶段的主要任务是企业通过一系列宣传促销活动，将独特的竞争优势准确地传播给潜在消费者，并在目标消费者心目中留下深刻印象。为此，企业首先应使目标消费者了解、知道、熟悉、认同、喜欢和偏爱本企业的市场定位，在目标消费者心目中建立与该定位一致的形象。其次，企业通过各种努力强化目标消费者对企业的印象，加深目标消费者对企业的了解，稳定目标消费者的态度和加深目标消费者对企业的感情，来巩固与市场一致的形象。最后，企业应注意目标消费者对其市场定位理解出现的偏差或企业市场定位宣传上的失误而造成的目标消费者模糊、混乱和误会，及时纠正与市场定位不一致的形象。

知识检测 ↓

一、选择题

1．市场细分中的"市场"是指（   ）。

    A．场所　　　　B．商品交换关系　　　　C．人口　　　　D．商品

2．市场细分是根据（   ）差异对市场进行的划分。

    A．买方　　　　B．卖方　　　　C．产品　　　　D．中间商

3．在普通食盐市场上，消费者所表现的需求、欲望、购买行为以及对企业营销策略的反应都相似，这类产品的市场被称为（   ）。

    A．同质市场　　　　　　　　　　B．异质市场

    C．消费者市场　　　　　　　　　D．目标市场

4．经营资源有限的中小企业要想打入新市场，适宜用（   ）。

    A．无差异市场营销策略　　　　　B．差异性市场营销策略

    C．整合市场营销策略　　　　　　D．集中性市场营销策略

5．集中性市场营销策略是（   ）。

    A．对整体市场设计并生产销售一种产品

    B．对某一个或少数几个细分市场进行专业化生产和销售

C. 对不同细分市场全面进入

D. 对整体市场中的大部分市场采取分割营销

二、判断题

1. 市场细分是目标市场营销的基础工作。　　　　　　　　　　　　　　（　　）

2. 在同类产品市场上，同一细分市场的消费者需求具有较多的共性。　（　　）

3. 如果产品在需求上共性较少，则企业应采取无差异市场营销策略。　（　　）

4. 细分市场是由相类似的企业组成的。　　　　　　　　　　　　　　　（　　）

5. 市场定位指把企业产品在地理位置上确定一个恰当的地位。　　　　（　　）

三、简答题

1. 简述市场细分对企业的意义。

2. 有效市场细分的标志有哪些？

3. 目标市场营销策略有哪几种？

4. 简述市场定位的步骤。

课中实训

实训一　市场细分

【实训目标】

学生掌握市场细分的标准，能有效开展市场细分。

任务：市场细分的方法与步骤

任务描述：选择项目一【实训背景】青源公司的某一产品进行市场细分，列出可能的细分变量；选择一种恰当的细分方法进行市场细分，说明选择该种方法的原因；简要写出针对该产品进行市场细分的步骤。将结果记录在表 5-2 中。

表 5-2　市场细分的方法与步骤

研究内容	研究结果
可能的细分变量	
细分方法选择及原因概述	
市场细分步骤	

实训二　目标市场选择

【实训目标】

学生掌握目标市场覆盖方式，了解影响目标市场选择的因素。

任务1：目标市场覆盖方式

任务描述：针对项目一【实训背景】中的青源公司，为该公司寻找目标客户群体，策划目标市场覆盖方式，并说明选择这种方式的原因。将结果记录在表 5-3 中。

表 5-3　目标市场覆盖方式

研究内容	研究结果
目标客户群体	
目标市场覆盖方式	
选择原因解析	

任务2：目标市场营销策略

任务描述：分析青源公司应选择哪种目标市场营销策略，阐述营销策略实施情况。将结果记录在表5-4中。

表5-4　目标市场营销策略

研究内容	研究结果
目标市场营销策略	
营销策略实施情况解析	

实训三　市场定位

【实训目标】

学生掌握市场定位策略，能针对不同产品和企业实施恰当的定位策略。

任务：市场定位策略

任务描述：请为青源公司策划市场定位策略，分析实施该种定位策略的可行性，并写出定位实施过程，将结果记录在表5-5中。

表5-5　市场定位策略

研究内容	研究结果
市场定位策略	
可行性分析	
定位实施过程	

实训项目评价 ↓

指导教师根据学生对本项目的知识学习和实践训练成果进行评价，学生根据自己的掌握情况进行自我评价。

学习成果评价表

评价维度	评价指标	评价标准	分值	得分	
				教师评价	学生自评
知识（50%）	市场细分	能够准确表述市场细分的概念	3		
		能够熟练列出市场细分的标准	5		
		能够简述市场细分的步骤	5		
		能够详细列出有效市场细分的标志	6		
	目标市场选择	能够熟练列出目标市场覆盖方式	6		
		能够熟练列出目标市场营销策略	6		
		能够列举影响目标市场选择的因素	6		
	市场定位	能够熟练列出市场定位策略	7		
		能够简述市场定位的步骤	6		
能力（30%）	综合能力	能够正确识别细分市场	5		
		能够开展有效的市场细分	5		
		能够识别企业目标市场营销策略	5		
		能够分析相关产品的市场定位策略	5		
	职业迁移能力	发现市场空白，开辟细分市场	5		
		针对产品实施有效定位	5		
素质（20%）	职业素养	积极思考，善于总结	5		
		积极参与课堂讨论，认真完成实训任务	5		
		能够创造性地解决问题	5		
	学习态度	认真听讲，积极回答问题	5		
评分	教师评价（80%）＋学生自评（20%）		100		

课中实训

课后提升

---📖 传统文化与营销思想---

宋代商人的市场细分策略

宋代是我国历史上经济繁荣、商业兴盛的一个时期。在这个时期，商人们展现出了卓越的经济头脑，他们深入了解消费者的需求，通过细分市场来满足不同人群的需求。

1. 基于商品类型的细分

盐、茶等专卖商品：宋代商人通过向官府购买盐引、茶引，获得买卖盐茶的权利。这些商品因为官府制定的专卖政策，具有特殊的市场地位。商人会针对盐、茶等商品的特点，制定专门的销售策略，如通过长途贩运赚取差价，或利用行会组织控制销售市场和价格。

日常生活用品：宋代城市规模扩大，人口数量增加，对粮食、蔬菜、食盐等日常生活用品的需求量大增。商人会根据市场需求，调整商品的进货量和销售价格，以满足消费者的日常需求。

奢侈品和特殊商品：如珠宝、丝绸等奢侈品，以及药材、香料等特殊商品，宋代商人也会根据这些商品的特点进行市场细分。他们会通过设立专卖店或在高档市场进行销售，以吸引有购买力的消费者。

2. 基于地域和市场的细分

城市市场与乡村市场：宋代城市商业繁荣发展，市场交易更加频繁，商品的流通过程更加复杂。商人会根据城市市场的特点，制定适合的销售策略，如开设店铺、进行批发和零售等。在乡村市场，商人可能会通过设立流动摊位或定期集市进行销售，以满足乡村消费者的需求。

北方市场与南方市场：宋代形成了北方市场、东南市场、川蜀市场和西北市场等区域市场。商人会根据不同市场的特点和需求，调整商品的种类和销售策略。例如，在北方市场可能会销售耐寒作物和冬季用品，而在南方市场则销售热带水果和夏季用品。

3. 基于消费者群体的细分

富裕阶层与平民阶层：宋代社会阶层分化明显，富裕阶层和平民阶层在消费能力和消费习惯上存在显著差异。商人会根据不同阶层的消费者需求，制定不同的销售策略。例如，为富裕阶层提供高品质、高附加值的商品和服务，而为平民阶层提供经济实惠、性价比高的商品。

不同行业的消费者：宋代城市经济网络密度加大，出现了各种专业性行业的市场区域，如马市、药市等。商人会根据不同行业的消费者需求，提供针对性的商品和服务。例如，为马市提供马匹、饲料等商品，为药市提供药材、医疗器械等商品。

思考：结合上述资料，谈谈宋代商人的市场细分标准。

知识归纳表 ↓

课后提升

知识回顾：

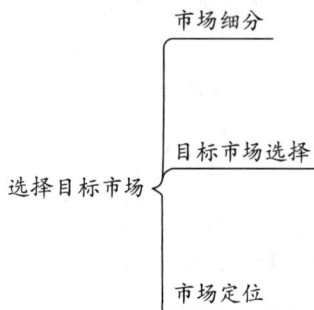

市场细分

目标市场选择

选择目标市场

市场定位

思考总结：

心得分享：

项目六

战略计划与竞争战略

教学目标 ↓

知识目标

1. 了解战略类型。
2. 掌握战略计划过程。
3. 了解竞争者分类。
4. 明确基本竞争战略。
5. 掌握不同市场地位下企业竞争战略选择。

能力目标

1. 能够制订战略计划。
2. 能够识别不同类型的竞争者。
3. 能够设计企业竞争战略。
4. 能够根据市场地位采取恰当的竞争战略。

素养目标

1. 培养判断与决策能力。
2. 培养沟通协作能力。
3. 培养逻辑思维能力与全局意识。

育人目标

1. 具有诚实守信、依法竞争的意识。
2. 树立自立自强的民族意识。
3. 了解传统文化中的竞争思想，古为今用。

扫一扫

思维导图

引导案例

美的集团的业务构成

美的是一家覆盖智能家居、工业技术、楼宇科技、机器人与自动化和创新型业务五大业务板块的全球化科技集团，目前有美的、小天鹅、华凌等多个品牌组合，每年为各领域的重要客户与战略合作伙伴提供满意的产品和服务。

美的智能家居，承担面向 C 端用户的智能化场景搭建、用户运营和数据价值发掘，致力于为 C 端用户提供最佳体验的全屋智能家居及服务。

美的工业技术，以科技驱动万物为愿景，聚合"绿色能源"与"工业核心部件"领域核心科技力量，为全球泛工业客户提供绿色、高效、智慧的产品和技术解决方案，为终端用户创造美好生活。

美的楼宇科技，着力于掌握关键核心科技及制造能力，致力于为楼宇及公共设施提供能源、暖通、电梯、楼宇控制等产品及全套解决方案，并积极探索新的商业模式和类型。

美的机器人及自动化技术，机器人及自动化事业部主要围绕未来工厂相关领域，包括工业机器人、物流自动化系统及传输系统提供解决方案，也包括医疗、娱乐、新消费等领域。

美的创新型业务是美的集团在商业模式变革中孵化的新型业务，包括为企业数字化转型提供软件服务、无人零售解决方案和生产性服务等。

（资料来源：美的官网。有删改）

思考：美的集团如此设置业务板块，有哪些优缺点？

课前自学

企业战略要解决的是企业的整个经营范围和企业资源在不同经营单位之间的分配事项。企业战略是企业为实现预定目标而进行的全盘考虑和统筹安排。市场营销要服从企业整体战略规划，了解企业战略是企业制定营销目标和营销策略的前提和基础。

由于需求的复杂性、层次性、易变性，技术的快速发展和演进，以及产业的发展使得市场竞争中的企业面临复杂的竞争形势，企业可能会被新出现的竞争对手打败，或者由于需求的变化和新技术的出现而被淘汰。企业必须密切关注竞争环境的变化，确定自身的竞争地位，制定竞争战略，以求在竞争中取胜。

一、战略选择

（一）战略类型

1．稳定型战略

稳定型战略不是不发展或不增长，而是稳定地、非快速地发展。稳定型战略具有以下特征。

① 企业满足于过去的效益，继续寻求与过去相同或相似的战略目标。

② 期望取得的成就每年按大体相同的百分数增长。

③ 企业继续以基本相同的产品或服务来满足客户需求。

一些企业采用稳定型战略可能有多种原因，例如，管理层不愿意承担改变现行战略所带来的风险，战略改变需要的资源配置不足，企业的力量可能跟不上市场的变化，企业不了解影响其产品和市场的因素等。

一般说来，奉行稳定型战略的企业都集中于单一产品或服务。稳定型战略风险比较小，对处于稳定增长中的行业或稳定环境中的企业来说，它是非常有效的战略。公用事业、运输、银行和保险等部门的企业大多采取稳定型战略。事实上，对许多企业来说，稳定型战略可能是最合逻辑、最适宜和最有效的战略。

2．发展型战略

发展型战略也称为增长型战略，指企业在现有的战略水平上，采用具有一定进攻性的手段，向更高一级目标发展的战略。采用发展型战略的企业常以发展作为自己的核心向导，不断开发新产品，开拓新市场，采用新的管理方式、生产方式，扩大企业的产销规模，增强企业的竞争实力。在实践中，发展型战略分为密集型发展战略、一体化发展战略、多元化发展战略等多种类型。

（1）密集型发展战略

密集型发展战略是指企业充分利用现有产品或服务的潜力，在现有的生产领域内集中力量改进现有产品或服务，以扩大市场范围，强化现有产品或服务的竞争地位。密集型发展战略的实现可以通过市场渗透、市场开发和产品开发3种方式实现。

市场渗透是企业在原有产品和市场的基础上，通过改善产品或服务、提高品牌知名度、树立良好企业形象、开展促销活动等营销手段和方法，逐步扩大销售，以提高产品、服务在现有市场的份额。

市场开发是指企业将现有产品投放到新的市场，以扩大市场范围。这是当老产品进入成熟期和衰退期后，已经无法在原有市场上进一步渗透时所采取的战略。实施市场开发战略的主要途径包括在现有市场区域里寻找新的销售渠道、开发新的细分市场、开辟其他区域市场等。

产品开发是通过改进老产品或开发新产品的办法来扩大市场范围。其基本方法是增加产品的花色品种、规格、型号等，或者增加产品的新功能、新用途，以满足不同消费者的需求。实施产品开发战略通常需要大量的研究和开发费用。

（2）一体化发展战略

一体化发展战略指企业利用自己在产品、技术、市场上的优势，向企业外部扩展的战略。采用这一战略有利于稳定企业的产销，扩大企业生产规模，提高经济效益。一体化发展战略包括后向一体化、前向一体化和水平一体化3种战略。

后向一体化指生产企业通过建立、购买、联合那些原材料或初级产品的供应企业，向后控制供应商，使供应和生产一体化，实现供产结合。

前向一体化指生产企业通过建立、购买、联合那些使用或销售本企业产品的企业，向前控制分销系统，使生产和销售一体化，实现产销结合。例如，木材企业附设家具厂，自己生产家具等。采用这一战略，有利于企业扩大生产，增加销售。

水平一体化指生产企业通过建立、收买、合并或联合同行业竞争者的方式来扩大生产规模。

（3）多元化发展战略

多元化发展战略也称多样化或多角化发展战略，是指企业利用现有业务范围外的领域出现的市场机会，增加产品种类。跨行业生产经营，扩大企业的生产范围和市场范围，充分发挥企业特长，充分利用人、财物等资源，从而提高经营效益的一种战略。实现多元化发展战略的主要方式有同心多元化、水平多元化和综合多元化3种。

同心多元化指企业利用原有的技术、特长、经验等发展新产品，增加产品种类，从同一圆心向外扩大业务经营范围。例如，生产空调的企业研发冰箱、洗衣机等家电产品。

水平多元化指企业利用原有市场，采用不同的技术来发展新产品，增加产品种类。例如，某矿泉水企业为了满足市场需求，增加了饮料、饼干等食品饮料的生产与销售。

综合多元化指大企业收购、兼并其他行业的企业，或者在其他行业投资，把业务扩展到其他行业中去，新产品、新业务与企业的现有产品技术、市场毫无关系。例如，美的从家电开始，逐步把业务扩展到楼宇科技、工业技术等领域。

3.防御型战略

防御型战略的目的与发展型战略相反，它不寻求企业规模的扩张，而是通过调整，逐步缩减企业的经营规模。防御型战略也是一个整体战略概念，它一般包括收获战略、调整战略、放弃战略和清算战略等。

（1）收获战略

收获战略指减少企业在某一特定领域内的投资。这个特定领域可以是一个战略经营单位、产品线，或是特定的产品或牌号。采取这种战略的目的是削减费用支出和改善企业总的现金流量，然后，把通过这种战略获得的资金投入到企业中更需要资金的新的或发展中的领域。执行这一战略时，这个特定领域的销售额和市场占有率一般会下降，但这种损失可以由削减费用去补偿。

（2）调整战略

调整战略的目的是扭转企业财务状况欠佳的局面，提高运营效率，使企业度过危机，等情况好转时再采用新的战略。实施调整战略时，可采取的措施和行动包括更换高层和较低层的管理人员，削减资本支出，减少新人员的录用，减少广告和促销支出等。

（3）放弃战略

当收获战略或调整战略失效时，通常采用放弃战略。放弃战略是指卖掉企业的一个主要部门，它可能是一个战略经营单位、一条生产线，或者一个事业部。实施放弃战略对任何企业的管理人员来说都是一个困难的决策。企业决策过程的某些方面可能会阻止放弃一个不盈利的业务，这些阻碍包括：放弃对管理人员的荣耀是一种打击；放弃在外界看来是失败的象征；放弃威胁管理人员的前途；放弃与社会目标相冲突；对管理人员的激励体制与放弃某一业务背道而驰。

（4）清算战略

清算战略是通过拍卖资产或停止全部经营业务来结束企业的存在。对任何企业的管理人员来说，清算是最无吸引力的战略，只有当其他所有的战略全部失灵后才加以采用。然而，及早地进行清算较之追求无法挽回的事业对企业来说可能是更适宜的战略。

学以致用

结合所学知识并查阅相关资料，谈谈腾讯公司采用的竞争战略类型。

（二）战略计划过程

战略计划是企业根据外部营销环境和内部资源条件而制订的涉及企业管理各方面（包括生产管理、营销管理、财务管理、人力资源管理等）的带有全局性的重大计划。战略计划过程是指通过规定企业使命、确定企业目标、安排业务组合和制订新业务计划，在企业的目标和资源与迅速变化的环境之间发展和保持一种切实可行的战略适应的管理过程。

1. 规定企业使命

企业使命是管理者为企业确定的较长时期生产经营的总方向、总目标、总特征和总的指导思想。它反映企业管理者的价值观和企业力图为自己树立的形象，揭示本企业与同行业其他企业在目标上的差异，界定企业的主要产品和服务范围，以及企业试图满足的顾客的基本需求。企业的使命一旦被规定，在未来的一二十年内就成为企业努力的焦点。然而，有时也会在短短几年之内企业就需改写其使命报告书，因为它不再有效，或者它不能为企业规定一个最好的行动方向。一般来说，环境变化越快，企业就越需要经常检查其使命的规定和表述是否适当。

2. 确定企业目标

企业管理者规定了企业的使命之后，还要把企业的使命具体化为一系列各级组织层次的目标。企业的常用目标有投资收益增加、销售增长、市场占有率提高及产品创新等。

为了使企业的目标切实可行，所确定的目标必须符合以下要求。

（1）层次化。企业（尤其是大企业）通常有许多目标，但是这些目标的重要性不一样。企业应当按照重要性来排列各种目标，以显示出哪些是主要目标，哪些是派生目标。

（2）数量化。企业要以数量来表示企业的目标，以便于管理计划、执行和控制过程。

（3）现实性。企业应当根据对市场机会和资源条件的调查研究和分析来规定适当的目标水平。

（4）一致性。企业的各种目标必须相互一致，而不是自相矛盾，以免失去指导作用。

3．安排业务组合

安排业务组合是战略计划过程的第3个主要步骤。大企业一般有许多业务部门，有各种产品大类、产品、品牌等。任何企业的资源都是有限的，各个业务单位的增长机会、经营效益也大不相同。因此，企业必须对现有的各种业务加以分析、评价，看看哪些应当发展，哪些应当维持，哪些应当减少，哪些应当淘汰。这就是说，企业必须安排业务组合，把有限的资金用于经营效益最高的业务。这是企业战略计划工作的一个主要任务。

（1）战略业务单位的分类

企业在安排业务组合时，首先要把所有业务分成若干战略业务单位。一个战略业务单位常具有如下特征：它是单独的业务或一组有关的业务；它有不同的任务；它有竞争者；它有认真负责的经理；它掌握一定的资源；它能从战略计划中得到好处；它可以独立计划其他业务。

（2）战略业务单位的评价

企业在安排业务组合的过程中还要对各个战略业务单位的经营效益加以分析、评价，以便确定哪些单位应当发展、维持、减少或淘汰。

常用的分类和评价方法是波士顿咨询集团法。波士顿咨询集团法又称波士顿矩阵，是用"市场增长率 - 相对市场占有率"矩阵对企业的战略业务单位加以分类和评价，如图6-1所示。

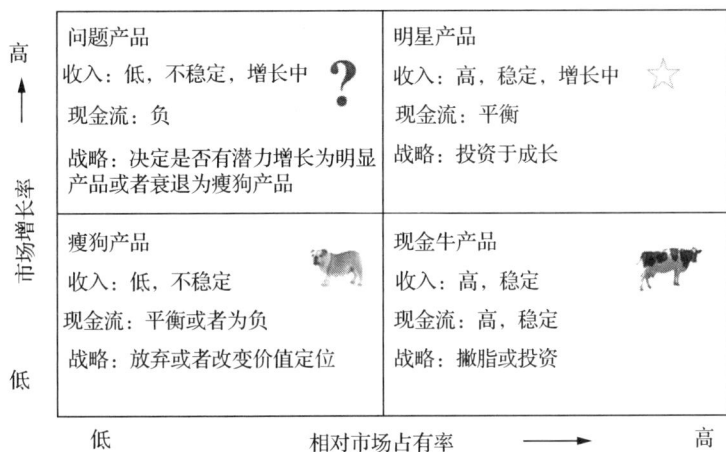

图6-1　波士顿矩阵

整个矩阵划分为4个象限，企业的战略业务单位可以分为以下4种不同类型。

一是问题类。高市场增长率和低相对市场占有率是大多数战略业务单位的最初状态。这类战略业务单位需要大量资金，用于增添厂房、设备或引进技术、人才，以适应迅速增长的市场，防止其转变为瘦狗类战略业务单位。企业要慎重考虑这类战略业务单位是否合算，如果不合算，就应淘汰。

二是明星类。问题类战略业务单位如经营成功，就会转入明星类。这类战略业务单位拥有高市场增长率和高相对市场占有率。因增长迅速，同时要击退竞争对手的进攻，所以需要投入大量现金，因而是使用现金较多的战略业务单位。由于任何产品都有其生命周期，这类战略业务单位的增长速度会逐渐降低，最后就会转入现金牛类。

三是现金牛类。明星类战略业务单位的市场增长率下降到10%以下，就转入现金牛类战略业务单位。这类战略业务单位有着低市场增长率和高相对市场占有率。因为相对市场占有率高，需要投入的现金少，但取得的现金收入多，能够源源不断地给企业带来生存发展所必需的现金。企业可以用这些现金来支付账单，支援需要现金的问题类、明星类和瘦狗类单位。

四是瘦狗类。瘦狗类战略业务单位是低市场增长率和低相对市场占有率的单位，盈利少或者亏损。这类战略业务单位可能是开发失败的产品，也可能是处于衰退阶段的产品。对这类战略业务单位，企业应果断地予以淘汰。

上述4类战略业务单位在波士顿矩阵中的位置不是固定不变的，随着时间的推移会不断发生变化。企业应针对不同的战略业务单位采取相应的投资决策。可供选择的策略有以下4种。

一是发展。目标是提高战略业务单位的相对市场占有率，巩固其现有的领先地位。该策略较适用于明星类战略业务单位。对于问题类战略业务单位，如加大投资能够有较大的增长机会和盈利空间，也可采用发展策略，使其发展成明星类战略业务单位。

二是维持。目标是维持战略业务单位的相对市场占有率。该策略较适用于现金牛类战略业务单位。企业应通过一些营销措施，尽量延长其市场寿命，保持其相对优势，以获取更多利润。

三是收割。目标是增加战略业务单位的短期现金流，而不顾长期效益。该策略较适用于相对弱小的现金牛类战略业务单位、问题类战略业务单位和瘦狗类战略业务单位。企业采取这种策略，要逐渐减少对于战略业务单位的投资，压缩产品的数量和品种，缩减市场渠道和网点等。

四是放弃。目标是清理、变卖某些战略业务单位，以便把有限的资源用于经营效益较好的战略业务单位，从而增加盈利。这种策略特别适用于那些没有前途或妨碍企业增加盈利的问题类战略业务单位和瘦狗类战略业务单位。

4．制订新业务计划

企业的最高管理层在安排了业务组合之后，还应对未来的业务发展方向做出战略计划，即制订企业的新业务计划。企业通过内外部环境分析，在了解自身优劣势和外部面临的机会和威胁的基础上，选择战略类型，确定未来发展方向。

二、竞争战略

（一）竞争者分类

1．从消费者需求的角度分类

（1）品牌竞争者

企业把同一行业中以相似的价格向相同的消费者提供类似产品或服务的其他企业称为品牌竞争者。如家用空调市场中，生产美的空调、海尔空调、海信空调的厂家之间互为品牌竞争者。

品牌竞争者之间的产品相互替代性较高，因而竞争非常激烈，各企业均以培养消费者品牌忠诚度作为争夺消费者的重要手段。

（2）行业竞争者

行业竞争者又称产品形式竞争者。企业把提供同种或同类产品，但规格、型号、款式不同的其他企业称为行业竞争者。所有同行业的企业之间存在彼此争夺市场的竞争关系。如家用空调与中央空调的厂家、生产高档汽车与生产中档汽车的厂家之间的关系。

（3）需要竞争者

提供不同种类的产品，但满足和实现消费者同种需要的企业称为需要竞争者，又称平行竞争者。如航空公司、铁路客运公司、长途汽车客运公司都可以满足消费者外出旅行的需要，相互之间争夺满足消费者的同一需要，当火车票价上涨时，乘飞机、坐汽车的旅客就可能增加。

（4）愿望竞争者

提供不同产品，满足消费者的不同愿望，但目标消费者相同的企业称为愿望竞争者。如很多消费者收入水平提高后，可以把钱用于旅游，用于购买汽车，或者用于购置房产。这时，旅游、汽车、房产企业间存在相互争夺消费者购买力的竞争关系，消费支出结构的变化对企业的竞争有很大影响。

学以致用

判断下列竞争者类型。

伊利金典纯牛奶和蒙牛特仑苏纯牛奶

自行车和电动车

华为笔记本和小米手机

2．按竞争地位分类

（1）市场领导者

在某一行业的产品市场中占有最大市场份额的企业称为市场领导者。一般来说，大多数行业都存在一家或几家市场领导者，其一举一动都直接影响到同行业其他企业的市场份额，它们的营销战略成为其他企业挑战、仿效或回避的对象。市场领导者的地位是在竞争中形成的，但不是固定不变的。

（2）市场挑战者

市场挑战者指在行业中处于次要地位（第二、第三甚至更低地位）但又具备向市场领导者发动全面或局部攻击的企业。市场挑战者往往试图通过主动竞争扩大市场份额，提高市场地位。

（3）市场追随者

市场追随者指在行业中居于次要地位，并安于次要地位，在战略上追随市场领导者的企业。现实市场中存在大量的追随者。市场追随者的最主要特点是追随。在技术方面，它不做新技术的开拓者和率先使用者，而是做学习者和改进者。在营销方面，它不做市场培育的开路者，而是"搭便车"，以减少风险和降低成本。市场追随者通过观察、学习、借鉴、模仿市场领导者的行为，不断提高自身技能，不断发展壮大。

（4）市场补缺者

市场补缺者多是行业中相对较弱小的一些中小企业，它们专注于市场上被大企业忽略的某些细小部分，在这些小市场上通过专业化经营来获取最大限度的收益，在大企业的夹缝中求得生存和发展，对满足消费者需求起到拾遗补阙、填补空白的作用。市场补缺者通过生产和提供某种具有特色的产品和服务，赢得发展的空间，甚至可能发展成为"小市场中的巨人"。

营销拓展

五力模型

五力模型是由美国战略管理学家迈克尔·波特提出的，它认为行业中存在着决定竞争规模和程度的五种力量，这五种力量综合起来影响着产业的吸引力。它是用来分析企业所在行业竞争特征的一种有效的工具。在该模型中涉及的五种力量包括新的竞争对手入侵、替代品的威胁、买方议价能力，卖方议价能力及现存竞争者之间的竞争。

通过分析这五个关键要素，企业可以了解行业的竞争力和吸引力，以制定相应的战略来应对竞争和提高自身的竞争优势。例如，当竞争对手很多且竞争激烈时，企业可能需要通过差异化产品、提供更好的价值或降低成本来脱颖而出。当供应商具有较高的议价能力时，企业可以考虑与多个供应商建立合作关系，以降低对单一供应商的依赖。

波特的五力模型被广泛运用于战略规划和行业分析中，以帮助企业了解市场竞争环境，并制定适当的竞争策略。然而，该模型并不是万能的，它只提供了一种框架，企业还需要结合其他因素和具体情况进行综合分析和判断。

学以致用

调查在国产手机中，市场的领导者、挑战者、追随者、补缺者各有哪些品牌。

（二）评估竞争者

评估竞争者一般有以下 6 个步骤。

（1）识别企业的竞争者

识别企业竞争者必须从市场和行业两个方面分析；既要认识现有竞争者，也要识别潜在竞争者，既要分析行业内竞争者，还要分析行业外的需要竞争者和愿望竞争者。

（2）识别竞争者的策略

确认竞争者后，企业需要分析竞争者所采用的策略有哪些，这些策略取得了什么效果，在哪些方面存在不足，有没有薄弱环节等。

（3）判断竞争者目标

竞争者虽然无一例外关心利润，但往往并不把利润作为唯一的或首要的目标。在利润目标的背后，竞争者有一系列目标组合。所以，企业应该了解竞争者对盈利的可能性、市场占有率的增长、资金流动、技术领先、服务领先和其他目标所给予的重要性权数。

（4）评估竞争者的优势和劣势

在市场竞争中，企业需要分析竞争者的优势与劣势，做到知己知彼，才能有针对性地制定正确的市场竞争战略，以避其锋芒、攻其弱点、出其不意，利用竞争者的劣势来争取市场竞争的优势，实现企业营销目标。

（5）确定竞争者的战略

各企业采取的战略越相似，他们之间的竞争就越激烈。在多数行业中，根据所采取的主要战略不同，竞争者可划分为不同的战略群体。分析竞争者的现行战略有利于企业做出正确的战略决策。

（6）判断竞争者的反应模式

竞争者的反应模式有 4 种类型，如表 6-1 所示。

表 6-1 竞争者的反应模式

反应模式类型	采取的行动
从容型竞争者	对某一特定竞争者的行动没有迅速反应或反应不强烈
选择型竞争者	只对某些类型的攻击做出反应，而对其他类型的攻击无动于衷
凶狠型竞争者	对向其所在领域发动的任何进攻都会做出迅速而强烈的反应
随机型竞争者	不表露可以预知的反应模式

（三）基本竞争战略

基本竞争战略是由迈克尔·波特提出的，分别为成本领先战略、差异化战略、集中化战略。企业竞争战略要解决的核心问题是，如何通过确定消费者需求、竞争者产品及本企业产品三者之间的关系，来奠定本企业产品在市场上的特定地位并维持这一地位。

1．成本领先战略

成本领先战略也叫低成本战略，是指通过有效途径，使总成本降低，以建立一种不败的竞争优势。这种战略要求企业努力取得规模经济，严格控制生产成本和间接费用，以使产品总成本降低到最低水平。处于低成本地位的战略经营单位能够防御竞争对手的进攻，因为较低的成本可使其通过削价仍然能够获得盈利，从而在市场竞争中站住脚跟。

📄 **营销案例**

春秋航空的成本领先战略实施

春秋航空是我国首个民营资本独资经营的低成本航空公司，也是首家由旅行社起家的廉价航空公司，是春秋国旅的子公司，主要经营国内客货运输服务，国内低成本航空公司的先行者和领跑者。春秋航空的盈利得益于战略成本管理的有效实施。

春秋航空的成本控制主要从以下几方面入手。

1．采用单一机型和单一舱位，降低了采购费用

春秋航空的客机全部采用A320系列机型。A320系列的油耗、排放和噪声都是同级别飞机中最低的，飞机机型的选择有效地降低了燃油的消耗成本。和其他公司的两舱设计不同，春秋航空的客机全部采用经济舱配置，不设置头等舱。春秋航空在购置座位及其零部件时，可以压缩采购成本，降低采购费用。

2．自主研发系统，降低营销费用

通过销售代理平台销售机票，每年都要花费大量的营销费用。为了节省下这笔营销费用，春秋航空投资近2000万元研发了自己的销售系统，鼓励乘客从该直销网站购票，虽然由

此导致春秋航空的购票渠道相对单一，但是直销网站会经常进行特价机票的促销活动，吸引乘客的眼光。

3. 提供多种个性化服务，优化乘客飞行体验

机票价格低是春秋航空的一大特征。春秋航空的机票相比于国内的其他全服务航空公司，价格要低30%左右。为了吸引目标客户群，增加客户的忠诚度和满意度，春秋航空还推出了"99系列特价机票"，最低价格低至99元，极大地吸引了对价格敏感的商旅人士和年轻白领的目光。

4. 设计巧妙的飞行航线，提高飞机利用率

春秋航空的航线设计十分巧妙，针对它的目标客户群来设定。春秋航空的目标客户主要是旅游客户、商旅客户和年轻的都市白领，大多不需要长途出行，因此春秋航空的航班大多为短距离、高密度飞行，航线设计为点对点航线，航行时间大多控制在5小时以内。

5. 减少免费服务，降低成本

春秋航空通过取消机上免费餐饮服务、降低免费行李托运额度等措施，加上之前的全经济舱配置带来的效果，每班航班座位增加到了180座左右，相比于其他航空公司的同机型，座位多出了50个左右；减少餐饮设备降低飞机承重，减少燃油消耗，服务减少使人工费用也得以降低。

（资料来源：《管理会计研究》作者：王雪莹，王满。有删改）

2. 差异化战略

差异化战略也称特色优势战略，是指企业力求在消费者普遍重视的某些方面，在该行业内独树一帜。它选择许多消费者重视的一种或多种特质，并赋予其独特的地位以满足消费者的需求。差异化战略可以从 4 个方面实施，如表 6-2 所示。

表 6-2　差异化的表现

差异类别	具体表现
产品差异化	产品质量、特征、工作性能、一致性、耐用性、可靠性、易修理性、式样、设计
服务差异化	送货、安装、培训、咨询服务
人事差异化	胜任、礼貌、可信、可靠、反应敏捷、善于交流
形象差异化	标识、标语、环境、活动、价值观

3. 集中化战略

集中化战略又称专一化战略，是指将企业的经营活动集中于某一特定的购买群体、产品线的某一部分或某一地域性市场，通过为这个小市场的购买者提供比竞争对手更好、更有效的服务来建立竞争优势的一种战略。

成本领先战略与差异化战略面向全行业，在整个行业的范围内进行活动。而集中型战略则是围绕一个特定的目标进行密集型的生产经营活动，要求能够比竞争对手提供更为有效的服务。企业一旦选择了目标市场，便可以通过产品差异化或成本领先的方法，形成集中型战略。

学以致用

你知道哪些采用了集中化战略的企业，这些企业是如何实施集中化战略的？

（四）市场地位与竞争战略

1．市场领导者的竞争战略

市场领导者为了维护自己的优势，保持自己的领导地位，通常采取 3 种策略：扩大市场需求；保护现有的市场占有率；扩大市场占有率。

（1）扩大市场需求

① 吸引新使用者。每类产品都有吸引新使用者的潜能。这些购买者可能因目前不知道此项产品，或因其价格不当或因其无法提供某种性能、型号而拒绝购买该产品。企业可以针对这些不同情况采取措施，解决潜在购买问题，将其转化为新的实际购买者。

② 开发新用途。开发新用途即发现并推广现有产品的新用途。例如，杜邦公司通过不断开发尼龙的新用途而实现市场扩张。尼龙首先用于制作降落伞的合成纤维，之后杜邦公司将其作为制作女袜、服装、汽车轮胎、沙发椅套、地毯的原料。

③ 鼓励更多地使用。鼓励更多地使用即说服人们在每个使用场合较多使用产品或更频繁地更换产品。例如，牙刷销售商建议每 3 个月更换一次牙刷，有的甚至建议每月更换一次牙刷。

学以致用

商家鼓励消费者更多地使用产品的方法有哪些？

（2）保护现有的市场占有率

① 阵地防御。企业在它目前的经营领域周围采取防范措施，像军事阵地周围的防御工事一样，以此抵御对手的攻击。不过，单纯依靠"防御工事"来作战很少能取得胜利。

② 侧翼防御。在全面防卫整个"阵地"时，市场领导者应特别注意其侧翼的薄弱环节。明智的竞争者总是针对企业的弱点发起进攻的。

③ 先发制人的防御。市场领导者可以采取一种更为积极的先发制人的防御战略。例如，企业对某个市场占有率正接近并危及自己的竞争者发动攻击。这种以攻为守的战略出发点是预防胜于治疗，防患于未然将收到事半功倍的效果。

④ 反攻性防御。当市场领导者采用了侧翼防御或先发制人的防御战略后仍受到攻击时，可采用反攻性防御战略。组织反击时要了解进攻者的弱点，做到有的放矢，提高反击效果。例如，当富士不断攻击柯达时，柯达反过来也通过增加促销和推广几种革新产品向富士发起进攻。

⑤ 机动防御。市场领导者不但要积极地防守现有阵地，还要扩展到可作为未来防御和进攻中心的新阵地，使企业在战略上有较多的回旋余地。例如，某企业将其经营范围从"地板材料"扩展到"房间装饰材料"，这就使企业的业务扩展到相邻的行业。这有助于企业综合发展并提高自卫能力。

⑥ 缩减式防御。缩减式防御也称为战略性撤退。一些大企业因资源过于分散，竞争力减弱，致使竞争者进一步吞食本企业的市场，此时企业放弃一些已失去竞争力的市场，而集中资源在本企业具备较强竞争力的领域进行经营。

（3）扩大市场占有率

① 提高产品质量。企业通过提供优质产品，获得质量溢价，保持质量优异的品牌形象，吸引更多消费者购买。

② 广告宣传和强力促销。企业通过大量广告和促销活动来促使消费者经常保持对自己品牌形象的认知，增加其对品牌的熟悉程度并产生偏好。

③ 采取多品牌策略。企业在销路较大的产品项目中，扩大同种产品的品牌系列，采用多品牌营销。

2．市场挑战者的竞争战略

市场挑战者通常采用进攻战略，常用的进攻战略有 5 种。

（1）正面进攻

正面进攻就是集中全力向对手的主要市场阵地正面发动进攻，即针对对手的强项而不是弱项。这种进攻风险很大，但又具有很大的吸引力。正面进攻需要企业投入大量的资源和成本，所以企业需要慎重选择。

（2）侧翼进攻

侧翼进攻就是寻找和攻击对手的弱点。有时可采取声东击西的战略，佯攻正面，实攻侧面或背面。侧翼进攻可以分为两种：一种是地理性的侧翼进攻，即在全国或全世界寻找对手力量薄弱的地区，在这些地区发动进攻；另一种是细分性的侧翼进攻，即寻找领先企业尚未为之服务的子市场，在这些小市场中迅速填补空缺。

（3）包围进攻

这是一种全方位、大规模的进攻战略。市场挑战者只有在拥有优于对手的资源，并确信围堵计划的完成足以打垮对手时，才可采用这种战略。

（4）迂回进攻

这是一种最间接的进攻战略，企业完全避开对手的现有阵地迂回进攻，它主要适用于规模一般、力量较弱的企业。具体做法有 3 种：一是发展无关的产品，实行产品多角化；二是以现有产品进入新地区的市场，实行市场多角化；三是发展新技术、新产品以取代现有产品。

（5）游击进攻

规模较小、力量较弱的企业通常采用这种战略。游击进攻的目的在于向对手有关领域发动小规模、断断续续的进攻，逐渐削弱对手，使自己最终夺取永久性的市场领域。其主要方法是在某一局部市场上有选择地降价，开展短暂的密集促销，以及向对方采取相应的法律行动等。

📑 **营销案例**

抢占东南亚市场，比亚迪拼"关系"

报道称，比亚迪占据东南亚地区电动汽车销量的四分之一以上，超越特斯拉等竞争对手。乘用车市场信息联席会2023年8月海外市场零售数据也显示，比亚迪汽车在东南亚逐步领军。

2023年上半年，比亚迪连续5个月位居泰国纯电动汽车的销量冠军，市场占有率达到

38.6%。在新加坡也屡屡夺得电动汽车销量冠军,不仅销量高,单车售价也不低,甚至一辆车能卖到接近100万元的高价。比亚迪占领东南亚市场,一大优势是极具吸引力的产品价格。另外,比亚迪与当地大型企业集团构建的经销商模式也发挥了积极的作用。在这种合作模式下,比亚迪能够更好地应对当地复杂的政府法规;借助本土成熟的分销渠道,以更快的方式触达消费者,了解消费者偏好;由当地知名经销商提供售后保障,也便于消除用户顾虑。

（资料来源：易车网。作者：车市睿见,有删改）

思考：比亚迪在海外市场拓展中采用了哪种竞争战略,实施该战略应注意哪些方面?

3．市场追随者的竞争战略

（1）紧密追随

紧密追随战略突出"仿效"和"低调"。企业在各个细分市场和市场营销组合方面尽可能仿效市场领导者,以至于有时会使人感到这种市场追随者好像是市场挑战者,但是它从不激进地冒犯市场领导者的领地,在刺激市场方面保持"低调",避免与市场领导者发生直接冲突。有些甚至被看成是靠拾取市场领导者的残余谋生的寄生者。

（2）距离追随

距离追随战略突出"合适地保持距离"。企业在市场的主要方面,如目标市场、产品创新与开发、价格水平和分销渠道等方面都追随市场领导者,但仍与市场领导者保持若干差异,以形成明显的距离。这样对市场领导者既不构成威胁,又因市场追随者各自占有很小的市场份额而使市场领导者免受独占之指责。采取距离追随策略的企业,可以通过兼并同行业中的一些小企业而发展自己的实力。

（3）选择追随

选择追随战略突出选择"追随和创新并举"。市场追随者在某些方面紧跟市场领导者,而在另一些方面又别出心裁。这类企业不是盲目追随,而是择优追随,在对自己有明显利益时追随市场领导者,在追随的同时还不断地发挥自己的创造性,但一般不与市场领导者进行直接竞争。采取这类战略的市场追随者有些可能会发展为市场挑战者。

⚖ 法治护航

某加油站顶棚、路边广告牌、加油机使用的标识与中国石油化工集团公司（以下简称中石化）的注册商标相似度极高,且路边广告牌整体外观造型、加油机外观、便利店的门头牌匾外观装潢设计与中石化的外观装潢设计相似度极高,极易引人误认或产生混淆。该加油站经营者主要从事汽油、柴油、煤油零售。在建设加油站时曾与中石化有过交涉,中石化有收购其加油站的意向,故该加油站经营者在加油站外观设计装潢时采用了与中石化外观装潢设计近似的方案,以便于收购谈成时更换门头招牌,后收购未达成,形成外观装潢造型与中石化高度相似的现状。

（资料来源：最蚌埠。有删改）

4．市场补缺者的竞争战略

市场补缺又称市场补白，是指选择某一特定较小之区隔市场为目标，提供专业化的服务，并以此为经营战略的企业。理想的补缺基点有如下特点：有足够的市场潜力和购买力，有利润增长潜力，对主要竞争者不具有吸引力，企业具备占有理想补缺基点所需的资源、能力和足以对抗竞争者的信誉。

市场补缺者的主要竞争战略是专业化市场营销。企业可以从以下方面开展专业化。

- 专门致力于为某类最终用户服务的最终用户专业化。
- 专门致力于分销渠道中的某些层面的垂直层面专业化。
- 专门为那些被大企业忽略的小客户服务的顾客规模专业化。
- 只对一个或几个主要客户服务的特定顾客专业化。
- 专为国内外某一地区或地点服务的地理区域专业化。
- 只生产某一种产品某一类产品的产品或产品线专业化。
- 专门按客户订单生产预订的产品的客户订单专业化。
- 专门生产经营某种质量和价格的产品的质量和价格专业化。

📋 **立德树人**

商业环境中的公平竞争

公平竞争是商业环境中的基本原则。它鼓励创新和进步，同时保护消费者的利益。在公平竞争的环境中，企业必须通过不断提高产品和服务的质量来吸引消费者，而不是通过不公平的手段来获取竞争优势。这种竞争能够激发企业的创造力和创新能力，推动经济的发展。

公平竞争还有助于保护消费者的利益。在公平竞争的环境中，企业必须遵守法律法规和行业标准，确保产品和服务的质量和安全。消费者可以有更多的选择，同时也可以获得更好的产品和服务。

公平竞争对于企业和消费者都非常重要。在公平竞争的环境中，企业必须通过提高产品和服务的质量来吸引消费者，同时保护消费者的利益。在商业环境中实践公平竞争需要企业遵守法律法规和行业标准，尽可能地公开透明，尊重知识产权，遵守商业道德等基本原则。通过这些努力，我们可以创造一个更加公平、透明和有竞争力的商业环境。

（资料来源：百度。作者：阿甘生。有删减）

知识检测 ↓

一、选择题

1．生产企业通过建立、购买、联合那些原材料或初级产品的供应企业，控制供应商，使供应和生产一体化，实现供产结合的战略方式是（　　）。

    A．前向一体化　　　　B．后向一体化

    C．综合一体化　　　　D．水平一体化

2. 某奶制品生产企业的一些竞争者总是对其降价竞销进行强烈反击，但对其增加广告预算、加强促销活动等却不予理会，那么这类竞争者属于（　　　）。

  A. 从容型竞争者   B. 凶猛型竞争者

  C. 选择型竞争者   D. 随机型竞争者

3. 只对一个或几个主要客户服务，如美国有些企业专门为西尔斯公司或通用汽车公司供货，这种专业化方案属于（　　　）。

  A. 最终用户专业化 B. 特定顾客专业化

  C. 服务项目专业化 D. 顾客规模专业化

4. 市场挑战者集中优势力量攻击对手的弱点，佯攻正面，实攻侧面或背面的策略属于（　　　）。

  A. 正面进攻   B. 侧翼进攻

  C. 包围进攻   D. 迂回进攻

5. 市场追随者在竞争战略上应当（　　　）。

  A. 攻击市场领导者 B. 挑战市场领导者

  C. 追随市场领导者 D. 不做出任何竞争反应

6. 凡士林最初问世时用作机器润滑油，之后人们发现它可用作润肤脂、药膏和发胶，这种扩大市场需求总量的方法是（　　　）。

  A. 吸引新使用者   B. 鼓励更多地使用

  C. 保持市场占有率 D. 开发新用途

7. 生产原材料或初级产品的企业实行深加工时常采用的战略是（　　　）。

  A. 前向一体化   B. 后向一体化

  C. 综合一体化   D. 水平一体化

二、判断题

1. 如果某个行业具有较高的利润吸引力，其他企业会设法进入。   （　　　）

2. 市场补缺者竞争战略的特点是进行包围进攻。   （　　　）

3. 市场需求扩大，市场领导者往往受益最多。   （　　　）

4. 市场领导者要保护市场份额，就必须正面攻击市场挑战者。   （　　　）

5. 竞争者是那些满足相同市场需要或服务于同一目标市场的企业。 （　　　）

6. 企业利用原有的技术、特长、经验等发展新产品，增加产品种类，从同一圆心向外扩大业务经营范围的战略是同心多元化。   （　　　）

三、简答题

1. 简述评估竞争者的步骤。

2. 简述扩大市场需求的方法。

3. 简述市场追随者的竞争战略。

4. 简述市场补缺者的专业化类型。

5. 简述实现多元化发展战略的主要方式。

课中实训

实训一　战略选择

【实训目标】

学生能够分辨战略类型，根据企业特点确定有效战略类型。

任务：战略类型识别

任务描述：查阅资料，确定项目一【实训背景】中的青源公司在经营过程中可以采用哪种战略类型，将结果记录在表 6-3 中。

表 6-3　战略类型识别

研究内容	研究结果
战略类型	
战略类型解析	

实训二　竞争者分析

【实训目标】

学生能够识别竞争者，分辨不同竞争者类型，根据竞争者类型制定有效营销策略。

任务1：竞争者识别

任务描述：查阅资料，从消费者需求的角度，识别青源公司在经营过程中有哪些竞争者，将结果记录在表 6-4 中。

表 6-4　竞争者类型

研究内容	研究结果
品牌竞争者	
行业竞争者	
需要竞争者	
愿望竞争者	

任务2：竞争策略分析

任务描述：按照青源公司所处市场地位，判断其类型，解析其所能采用的营销策略，将结果记录在表 6-5 中。

课中实训

表 6-5　竞争策略分析

研究内容	研究结果
竞争者类型	
营销策略解析	

实训三　竞争战略分析

【实训目标】

学生能够分辨竞争战略类型，策划实施不同竞争战略。

任务1：成本领先战略策划

任务描述:假如青源公司想要实施成本领先战略，以提高竞争力，请帮其策划成本控制内容，设计成本控制的方法，将结果记录在表6-6中。

表 6-6　成本领先战略策划

成本控制内容	成本控制方法

任务2：差异化战略策划

任务描述：假如青源公司想要实施差异化战略以提高竞争力，请帮其策划差异类别，设计差异实施方法，将结果记录在表6-7中。

表 6-7　差异化战略策划

差异类别	差异实施方法

任务3：集中化战略策划

任务描述：假如青源公司想要实施集中化战略以提高竞争力，请帮其策划合适的集中领域，设计营销活动过程，将结果记录在表6-8中。

表6-8　集中化战略策划

集中领域	营销活动过程

实训项目评价 ↓

指导教师根据学生对本项目的知识学习和实践训练成果进行评价，学生根据自己的掌握情况进行自我评价。

学习成果评价表

评价维度	评价指标	评价标准	分值	得分	
				教师评价	学生自评
知识（50%）	战略选择	能够熟练列举战略类型	5		
		能够简述战略计划过程	7		
	竞争战略	能够熟练进行竞争者分类	8		
		能够说明评估竞争者的步骤	10		
		能够简述基本竞争战略	10		
		能够说出不同市场地位下的竞争战略	10		
能力（30%）	应用能力	能够识别企业战略类型	5		
		能够为企业制订战略计划	5		
		能够正确分析企业竞争者	5		
		能够区分竞争战略类型，策划竞争战略	5		
	职业迁移能力	能够为企业制订战略计划	5		
		团结合作，共同完成任务	5		
素质（20%）	职业素养	积极思考，善于总结	5		
		积极参与课堂讨论，认真完成实训任务	5		
		能够创造性地解决问题	5		
	学习态度	认真听讲，积极回答问题	5		
评分	教师评价（80%）+学生自评（20%）		100		

课后提升

📖 **传统文化与营销思想**

不同思想流派的战略思维

在古代，虽然没有现代意义上的"市场竞争"概念，但各种思想流派和文献中蕴含着丰富的战略思维，这些思维对于理解市场竞争中的策略与智慧具有重要的启示作用。

儒家思想强调"中庸之道"，在竞争中寻求平衡和谐。儒家认为，竞争是不可避免的，但应当是有序的、有道德的。人们应尊重规则、尊重对手，以诚信为本，不使用欺骗手段。这种思想体现了儒家对于社会和谐与道德规范的重视，也暗示了我们在市场竞争中应遵守道德规范，以诚信赢得竞争。

道家思想则提倡"无为而治"，强调顺其自然、不争而争。道家认为，在竞争中应保持谦虚和低调，避免过度炫耀和争斗。这种思想体现了道家对于自然规律和宇宙和谐的领悟，也启示我们在市场竞争中应保持平和的心态，不盲目追求短期利益，而要注重长远发展。

兵家思想是关于战争和策略的重要思想流派，其中也包含了对于竞争的理解。兵家认为，在战争中应积极寻求制胜之道，注重策略和智慧。这种思想可以引申到市场竞争中，企业需要深入了解消费者需求、偏好和购买行为，同时关注竞争对手的策略和动态，以便制定针对性的营销策略。

墨家思想主张"兼爱非攻"，提倡普遍的爱与和平。墨家认为，竞争是一种不道德的行为，会导致社会的不和谐与矛盾。因此，墨家主张消除竞争，提倡相互帮助、共同进步。虽然这种思想在一定程度上与市场竞争相悖，但也提醒我们在市场竞争中应关注社会和谐与公平，避免过度竞争带来的负面影响。

法家思想则主张以法治国，强调法律和制度的重要性。在市场营销中，这可以转化为对规则和制度的尊重与遵守。企业需要制定明确的营销策略和规章制度，确保员工和合作伙伴在营销活动中遵循这些规则。同时，企业还应注重法律风险的防范，确保营销活动合法合规，避免陷入法律纠纷。

在现代市场竞争中，我们可以借鉴古代的思想智慧，在竞争中注重诚信、策略、和谐，以实现可持续发展和共赢的局面。

思考：结合上述资料，谈谈不同思想流派战略思维的异同。

知识归纳表 ↓

知识回顾：

战略计划与竞争战略 ⟨ 战略选择

竞争战略

思考总结：

心得分享：

项目七

开发产品策略

✈ 知识目标

1. 了解产品的整体概念及产品组合策略。
2. 明确产品生命周期阶段的特点及营销策略。
3. 掌握新产品的开发程序。
4. 明确品牌策略与包装策略的类型。

✈ 能力目标

1. 能够分析产品组合策略。
2. 能够判断产品生命周期阶段及其营销策略。
3. 能够设计品牌策略和包装策略。

✈ 素养目标

1. 培养创新意识和开拓精神。
2. 树立品牌意识。
3. 培养独立思考和团结合作的能力。

✈ 育人目标

1. 具有诚实守信、依法生产的意识。
2. 具有创新精神，依法设计产品、品牌。
3. 提高中国品牌的认知度，增强民族自豪感。

扫一扫

思维导图

👤 引导案例

智慧出行"遥遥领先"问界 M9 上市

近年来，全球汽车产业风起云涌，新态势层出不穷。其中一个全新变化是随着中国经济的不断发展，中国汽车产业也在全球舞台上崭露头角，中国正迅速成为全球最大的汽车制造国之一。从数据层面看，目前中国超越传统汽车强国日本、德国，成为世界第一大汽车出口国。这也佐证着，中国新能源汽车的崛起在改变全球汽车产业格局。

2023 年 12 月，华为深度赋能的豪华科技旗舰 SUV 问界 M9 正式上市，上市后仅两天就获得了两万辆的订单数据，成为中国豪华旗舰 SUV 的新标杆。问界 M9 是智能化时代的里程碑式产品，华为最好的智能汽车黑科技全部上车，在消费者想到的、想不到的方方面面，都带来了领先一代的卓越体验，重新定义了智能汽车标准。

以创新科技，带来智能化层面超越极致想象的体验，让问界 M9 充分展现"你没有的我还有"优势，并能够在高端旗舰市场大有作为、大展拳脚。问界 M9 的上市也证明通过关键核心技术的掌握和突破，中国新能源汽车有着更为璀璨的未来。

洞见未来，当浪潮退去，喧嚣回归于平静，新能源汽车的发展规律将回归到本质。相信在华为等中国企业的持续努力下，中国新能源汽车将迎来更为高光的表现。

（资料来源：搜狐网。作者：科技圈泛观察。有删改）

思考：1. 购买汽车这种产品时，消费者关注哪些方面？

2. 新能源汽车属于新产品吗，谈谈你对新产品的理解。

课前自学

一、产品与产品组合

（一）产品的整体概念

菲利普·科特勒认为，产品的整体概念包含 5 个层次，分别是核心产品、有形产品、期望产品、附加产品和潜在产品。产品整体概念的 5 个层次如图 7-1 所示。

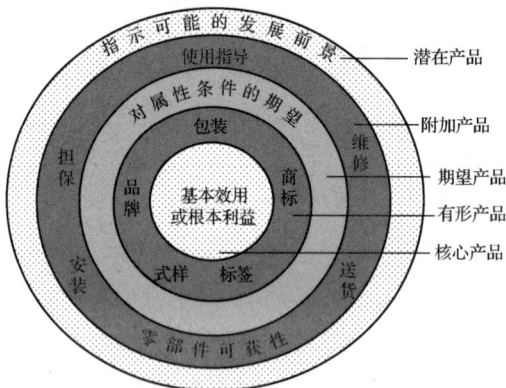

图7-1　产品整体概念的5个层次

1．核心产品

核心产品也称实质产品或核心利益，是指消费者购买某种产品时所追求的基本效用或根本利益。核心产品是产品整体概念中最基本、最主要的部分。例如，羽绒服的基本效用是保暖御寒。

2．有形产品

有形产品也称形式产品，是核心产品借以实现的形式，即向市场提供的实体和服务的形象。核心产品通过一定的形式表现出来，例如，羽绒服的质量水平、款式、包装、品牌、颜色等，就是它的有形产品层次。

3．期望产品

期望产品指消费者在购买产品时期望解决某一问题或者期望得到某些条件。例如，消费者对羽绒服的期望可以是保暖性能好，或者款式时尚。

4．附加产品

附加产品是消费者购买有形产品时所获得的全部附加服务和利益，包括免费送货、安装、售后保障、提供信贷等。在有形产品类似的情况下，竞争主要集中在附加产品层次上。正如美国学者西奥多·莱维特曾经指出的，新的竞争不是发生在各个企业的工厂生产什么产品，而是发生在其产品能提供何种附加利益。

5．潜在产品

潜在产品指现有产品在未来所有可能的演变趋势和前景。企业在这一层次中寻找新的方式来满足消费者，并使自身产品与其他产品实现差异化。

课前自学

学以致用

手机是我们生活的必备物品，请根据上述知识，指出手机作为产品所包含的 5 个层次。

（二）产品的分类

根据产品的特征或购买方式，产品可以分为不同的类别。每个类别都有一个最合适的营销组合策略。

1．以购买习惯分类

（1）便利品

便利品指购买方便、使用频繁的产品。例如香皂、牙膏、杂志等。便利品又可以分为日用品、冲动品和应急品三大类。日用品指供消费者日常使用、规律性购买的产品；冲动品是事先没有计划，也不用费力寻找而购买的产品；应急品是在急需的情况下购买的产品。

（2）选购品

选购品指购买不太频繁，消费者通过对产品的质量、款式、功能等进行有针对性的比较，进而做出选择的产品。家具家电、服装都属于选购品。

（3）特殊品

特殊品指价格昂贵、购买次数较少、购买风险较高的产品。产品具有独特的品牌或标志，消费者以理性购买为主，愿意为之付出购买努力。品牌汽车、珠宝、房产属于特殊品。

（4）非渴求品

非渴求品指消费者不知道的物品，或者虽然知道却没有兴趣购买的物品，如人参、人寿保险等。

学以致用

对于非渴求品，如何做到不夸大，不欺骗，诚信营销？

2．以耐用性和有形性分类

（1）耐用品

耐用品指可以长期使用并且有形的物品，如家用电器、家具、生产设备和服装等。耐用品需要更多的人员推销和服务，获取的利润较高，在营销中应提供更多卖方保障。

（2）易耗品

易耗品也称非耐用品，是有形物品，通常有一种或几种用途，流动性大，容易损耗，需要经常购买。易耗品的营销策略是卖点多，购买方便，薄利多销，并通过广告宣传建立品牌偏好。

（3）服务

服务指无形的、不能存储的、不可分割的产品。例如，美容美发、心理咨询和设备维修等。服务不可触摸，更需要提供质量控制和提供者的信誉。

学以致用

根据上述知识，列举每种类别的产品 3 ～ 5 个。

（三）产品组合的概念与要素

企业很少只生产单一产品，大部分企业会提供不同规格、不同形式的产品，以满足消费者不同的需要，这就是产品组合。好的产品组合可以扩大销售、分散风险和增加利润。如果产品组合不当，就可能造成产品滞销积压，甚至导致企业亏损。

1．产品组合的相关概念

（1）产品线

产品线指一组相关的产品，这组产品可能功能相似，销售给同一消费群体，或者经过相同的销售途径，或者在同一价格范围内销售。例如，某乳业公司有纯牛奶、酸奶、奶粉、含乳饮料这4条产品线。

（2）产品项目

产品项目指在同一产品线中，由不同的尺码、价格、外观、品牌等来区分的具体产品。例如，某乳业公司的酸奶产品线中有每日活菌、纯享、老酸奶、风味酸奶等产品项目。

2．产品组合的要素

产品组合包括4个要素，分别为产品组合的宽度、长度、深度和关联度，如表7-1所示。

表7-1　产品组合要素

产品组合宽度	产品组合长度	产品组合深度	产品组合关联度
企业产品线总数	企业产品项目总数	产品线中每一产品项目品种数	各产品线在最终用途、生产条件、分销渠道方面的关联程度

（四）产品组合策略

市场环境千变万化，企业应针对市场的变化，调整现有产品结构，保持产品结构最优化，这就是产品组合策略。常见的产品组合策略有以下几种。

1．扩大产品组合策略

扩大产品组合策略指开拓产品组合的宽度和加强产品组合的深度。开拓产品组合的宽度是指增添一条或几条产品线，扩展产品经营范围；加强产品组合的深度是指在原有产品线内增加新的产品项目。具体方式如下。

① 在维持原产品品质和价格的前提下，增加同一产品的规格、型号和款式。

② 增加不同品质和不同价格的同一种产品。

③ 增加与原产品相似的产品。

④ 增加与原产品毫不相关的产品。

2．缩减产品组合策略

缩减产品组合策略指削减产品线或产品项目，特别是取消获利小的产品，集中力量经营获利大的产品线和产品项目。缩减产品组合可以采用减少产品线数量的方式，也可以采用削减产品线下的某些产品项目的方式。

3．产品线延伸策略

产品线延伸策略指在现有产品线的基础上，通过增加高档或低档的产品项目，扩大产品经营的策略。产品线延伸策略可以分为向上延伸策略和向下延伸策略。

向上延伸策略也称高档产品策略，是在原有的产品线内增加高档次、高价格的产品项目。

向下延伸策略也称低档产品策略，是在原有的产品线中增加低档次、低价格的产品项目。

营销案例

娃哈哈的产品组合

杭州娃哈哈集团有限公司（以下简称"娃哈哈"）创建于1987年，在全国29个省（市、区）建有80个生产基地、180多家子公司，拥有员工近3万人，企业规模和效益连续20年处于行业领先地位，位居中国企业500强、中国制造企业500强、中国民营企业500强前列。

娃哈哈的产品主要涵盖蛋白饮料、包装饮用水、碳酸饮料、茶饮料、果蔬汁饮料、咖啡饮料、植物饮料、特殊用途饮料、罐头食品、乳制品、医药保健食品等10余类200多个品种。除食品饮料研发、制造外，娃哈哈还是食品饮料行业少有的具备自主研发、自行设计、自行制造模具及饮料生产装备和工业机器人能力的企业。近年来，娃哈哈大力发展智能制造等高新技术，推动制造行业从"中国制造"迈向"中国创造"。

（资料来源：娃哈哈官方网站。有删改）

思考：1. 查阅相关资料，分析娃哈哈产品线、产品项目及产品组合类型。

2. 调查娃哈哈在发展过程中曾采用的产品组合策略，并分析这些策略对其发展有何影响。

二、产品生命周期

（一）产品生命周期阶段

产品和人一样，都是有生命的，要经历引入、成长、成熟、衰退几个阶段。产品生命周期指产品的市场寿命，即一种新产品从开始进入市场到被市场淘汰的整个过程。典型的产品生命周期一般可以分成4个阶段，分别为引入期、成长期、成熟期和衰退期。

扫一扫，看微课

特殊产品生命周期

1. 引入期

新产品投入市场，便进入引入期。此时消费者对产品还不了解，除了少数追求新奇的消费者外，几乎没有人实际购买该产品。在此阶段产品生产批量小，制造成本高，广告费用大，产品销售价格偏高，销量极为有限，企业通常不能获利。

2. 成长期

当产品在引入期，销售取得成功之后，便进入了成长期。这一阶段消费者对产品已经熟悉，大量消费者开始购买该产品，产品需求量和销售额迅速上升，生产成本大幅度下降，利润迅速增长。

3. 成熟期

经过成长期之后，随着购买产品的人数增多，市场需求趋于饱和，产品便进入了成熟期。此时，销售增长速度缓慢直至转为下降，竞争的加剧导致广告费用再度提高，利润下降。

4．衰退期

随着科技的发展、新产品和替代品的出现以及消费习惯的改变，产品的销量和利润持续下降，产品便进入衰退期。产品的需求量和销量迅速下降，同时市场上出现新产品和替代品，使消费者的消费习惯发生改变。此时成本较高的企业就会由于无利可图而陆续停止生产，该类产品的生命周期也就陆续结束，以致最后该产品完全撤出市场。

（二）产品生命周期不同阶段的营销策略

1．引入期的营销策略

产品进入引入期，企业可以选择以下 4 种营销策略。

（1）快速撇脂策略

快速撇脂策略是指以高价、高促销费用推出新产品。实行高价策略可以在每单位销售额中获取最大利润，尽快收回投资；实行高促销费用策略能够快速建立知名度，占领市场。

（2）缓慢撇脂策略

缓慢撇脂策略指以高价、低促销费用推出新产品，目的是以尽可能少的费用开支求得更多的利润。

（3）快速渗透策略

快速渗透策略指以低价、高促销费用推出新产品。实行该策略的目的在于先发制人，以最快的速度打入市场，取得尽可能高的市场占有率。然后再随着销量和产量的提高，使单位成本降低，取得规模效益。

（4）缓慢渗透策略

缓慢渗透策略指以低价、低促销费用推出新产品。实行低价策略可以扩大销售，实行低促销费用策略可以降低营销成本，增加利润。

2．成长期的营销策略

产品进入成长期，企业可以使用的具体策略有以下几种。

① 改进产品质量，增加产品新特色。

② 积极开拓新的市场，开发新的消费者。

③ 增加新的流通渠道，扩大产品销售面。

④ 适当降低价格，以增强竞争力。

⑤ 改变促销重点，从介绍产品转为树立形象，提高产品知名度。

3．成熟期的营销策略

产品进入成熟期，企业可以采取以下 3 种策略。

（1）市场改进策略

企业通过努力开发新市场，来保持和扩大自己的产品市场份额。采用的方法可以是进行市场细分，努力打入新市场；也可以是通过宣传推广，增加现有消费者的购买量。

（2）产品改良策略

企业可以通过产品特征的改良，来提高销量。例如，改良产品品质，增加产品的功能性效果；改良产品特性，增加产品的新特性；改良式样，增加产品的美感。企业可以通过产品改良，扩大或保持市场销售份额。

（3）营销组合调整策略

企业通过调整营销组合中的某一因素或多个因素，以刺激销售。这种调整可以是价格调整，即通过降低售价来增强竞争力；可以是销售渠道调整，改进服务方式；还可以是采用多种促销方式引发消费者兴趣。

4．衰退期的营销策略

产品进入衰退期，企业通常有以下4种策略可供选择。

（1）维持策略

企业在目标市场、价格、销售渠道、促销等方面维持现状。由于衰退期很多企业会先行退出市场，因此，对一些有条件的企业来说，销量和利润并不一定会减少。采用这一策略的企业可配以延长产品寿命的策略。企业延长产品生命周期的途径有很多，最主要的是以下几种。

①降低产品成本，进而降低产品价格。

②增加产品功能，开辟新的用途。

③重新定位产品，开拓新的市场。

④改进产品设计，以改良产品的性能、质量、包装、外观等，从而使产品生命周期不断实现再循环。

（2）集中策略

集中策略即把企业能力和资源集中在最有利的细分市场和分销渠道上，从中获取利润。这样既有利于缩短产品退出市场的时间，又能为企业创造更多利润。

（3）收缩策略

收缩策略指企业放弃无希望的消费群体，大幅度降低促销水平，尽量减少促销费用，以增加利润。这样可能导致产品在市场上的衰退加速，但也能从忠实于这种产品的消费者中得到利润。

（4）放弃策略

放弃策略指企业对迅速衰退的产品，当机立断，放弃经营。采用该策略时企业可以采取完全放弃的方式，如把产品完全转移出去或立即停止生产；也可以采取逐步放弃的方式，使占用的资源逐步转向其他产品。

📋 **营销案例**

百年同仁堂开始卖咖啡，老字号跨界年轻新势力

你能想象，在一家中药店里喝枸杞咖啡、吃调理面包，在一家咖啡店里调理亚健康……而且，这其实还是一家咖啡店。这家中药味的咖啡店既时髦又老派，既"朋克"又养生。

同仁堂将这些功能集中在了同一个空间里，且毫无违和感。创建于1669年的同仁堂赶上了"国潮"的列车，打造了一个叫"知嘛健康"的综合体验空间。

"知嘛健康"已经在北京开出"零号店"与"壹号店"，而且计划未来要开300家店。总体上看，"知嘛健康"更倾向于"休闲餐饮店"与"养生馆"之间的一种特殊存在，迎合了注重养生，同时又追求新鲜体验的年轻"养生朋克"一族。

事实上，随着技术和商业模式的更新迭代，老字号面临的难题归根结底就是需求侧和供给侧的错位。这正是老字号开始跨界，积极和年轻人打成一片的原因。

　　当然，老字号品牌的年轻化需要借助数字化智能工具，由内而外，变得更加年轻有活力。同样以同仁堂为例，"知嘛健康"展示了同仁堂旗下的商品组合，引进亚洲首台24小时自助售药机，由机器人抓药，这在中药店里可是独特的体验。对于门店来说，这也解决了传统人工抓药的低效率问题。

　　思考：同仁堂养生咖啡采用了何种营销策略？谈谈你对该产品营销的看法。

三、新产品开发

（一）新产品的类型

　　市场营销学认为，只要产品在功能或形态上发生改变，与原来的产品产生差异，或者给消费者提供新的利益或新的效用就可以视为新产品。基于新产品的含义，新产品可以分为以下5种类型。

1．全新产品

　　全新产品指应用新原理、新技术、新材料，具有新结构、新功能的产品。该新产品在全世界首先开发，能开创全新市场。例如，第一列火车、第一辆汽车都属于全新产品。

2．换代型新产品

　　换代型新产品也称部分新产品，指在原有产品基础上部分采用新技术、新材料制成的，性能显著高于原有产品的新产品。例如，变速自行车属于换代型新产品。

3．改进型新产品

　　改进型新产品指在原有产品的基础上进行改进，使产品在结构、功能、品质、花色、款式及包装上具有新的特点和新的突破的产品。例如，某饮料由瓶装改为罐装，属于改进型新产品。

4．模仿型新产品

　　模仿型新产品也称仿制型新产品，是企业对国内外市场上已有的产品进行模仿生产的产品，也称为本企业的新产品。

5．重新定位型新产品

　　重新定位型新产品指企业进入新市场的原有产品，该产品被称为该市场的新产品。

（二）新产品的开发程序

　　新产品开发要有一套科学的程序。新产品的开发程序一般可分为6个阶段，如图7-2所示。

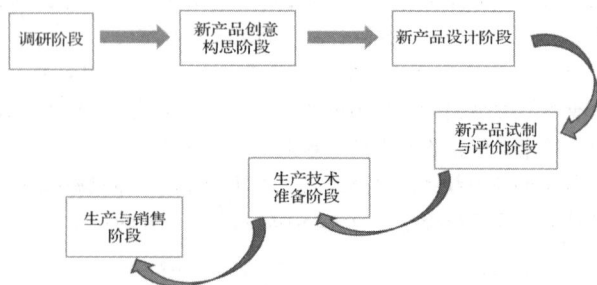

图7-2　新产品的开发程序

1．调研阶段

消费者需求是新产品开发选择决策的主要依据，为此企业必须认真做好调查研究工作。调研阶段主要是提出新产品构思，以及新产品的原理、结构、功能、材料和工艺方面的开发设想和总体方案。

2．新产品创意构思阶段

新产品开发是一种创新活动，产品创意是开发新产品的关键。在新产品创意构思阶段，要根据社会调查掌握的市场需求情况及企业自身条件，充分考虑消费者的使用要求和竞争对手的动向，有针对性地提出开发新产品的设想和构思。

3．新产品设计阶段

新产品设计是指从确定产品设计任务书起到确定产品结构为止的一系列技术工作的准备和管理，是新产品开发的重要环节，是新产品生产过程的开始。

4．新产品试制与评价阶段

新产品试制后，必须进行鉴定，对新产品从技术、经济等方面进行综合评价，然后才能得出全面定型结论，将新产品投入正式生产。

5．生产技术准备阶段

在生产技术准备阶段，应完成全部工作图的设计，确定各种零部件的技术要求。

6．生产与销售阶段

在生产与销售阶段，不仅需要做好生产计划、劳动组织、物资供应、设备管理等一系列工作，还要考虑如何把新产品引入市场，如研究产品的促销宣传方式、价格策略、销售渠道和提供服务等方面。

四、品牌策略

（一）品牌的概述

1．品牌的概念

品牌包含两个层次的含义：一是指产品的名称、术语、标志、符号、设计等方面的组合体；二是代表有关产品的一系列附加值，包含功能和心理两个方面的利益点，如产品所能代表的效用、功能、品位、形式、价格、便利、服务等。品牌由品牌名称、品牌标志和商标 3 个部分构成。

品牌名称是指品牌中可以读出的部分——词语、字母、数字等的组合，如华为、海尔、小米等。

品牌标志是指品牌中不可以发声的部分，包括符号、图案或明显的色彩或字体，如华为的八瓣花瓣造型、海尔的拼音造型等，如图 7-3 所示。

图7-3 品牌标志

商标是受到法律保护的整个品牌、品牌标志或者各要素的组合。商标在使用时，要用"R"或"注"明示，意指注册商标，如图 7-4 所示。

图7-4 商标

2．品牌的整体含义

品牌实质上代表着卖者对交付给买者的产品特征、利益和服务的一贯性的承诺。最佳品牌就是质量的保证。但品牌还是一个更复杂的象征。品牌的整体含义可分成 6 个层次。

① 属性。品牌首先使人们想到某种属性。

② 利益。品牌不只意味着一整套属性。消费者不是在买属性，他们买的是利益。属性需要转化为功能性或情感性的利益。

③ 价值。品牌体现了产品带给消费者的一定的价值。针对企业，品牌是一笔无形的资产。

④ 文化。品牌代表着一种文化，即与此品牌相关的独特信念、价值观、仪式、规范的综合。例如，百雀羚蕴含了中国本草、东方之美的文化内涵。

⑤ 个性。品牌反映了一定的个性联想。例如老乡鸡品牌，品牌名称突出了绿色、健康的乡土个性，具有很高的辨别度。

⑥ 使用者。品牌暗示着购买或使用产品的消费者类型。同一功能产品的不同品牌，反映出消费者的年龄、收入、性别、生活方式等差异。

3．品牌的作用

（1）品牌对消费者的作用

品牌对消费者的作用体现在 5 个方面。

① 简化购买决策。

② 建立信任和情感联系。

③ 提供附加价值。

④ 表达个人身份和价值观。

⑤ 降低风险。

（2）品牌对生产经营者的作用

品牌对生产经营者的作用体现在 5 个方面。

① 有助于产品的销售和占领市场。

② 有助于稳定产品的价格，减少价格弹性。

③ 有助于市场细分，进而进行市场定位。

④ 有助于新产品开发，节约新产品市场投入成本。

⑤ 有助于抵御竞争者的攻击，保持竞争优势。

（二）品牌策略决策

1．品牌有无策略

品牌有无策略指企业做出的有品牌或无品牌的决策，即存在两种情况：使用品牌和不使用品牌。使用品牌有利于占领市场，增强竞争力，但企业要付出相应的费用（包括包装费、宣传费、法律保护费等），增加企业运营总成本。一些初创型的小微企业为了节约包装、广告等费用，降低价格，吸引低收入人群购买，常采用无品牌策略。

2．品牌使用者策略

企业作为品牌使用者，有 3 种可供选择的策略。

① 生产企业使用自己的品牌，即生产者品牌（制造商品牌）。

② 生产企业将其产品销售给中间商，由中间商使用自己的品牌将产品转卖出去，即中间商品牌。

③ 租用第三者的品牌（即贴牌）。例如，一些大型超市和中小生产商合作，中小生产商提供产品，使用超市的品牌进行销售。

3．品牌统分策略

如果企业决定产品使用自己的品牌，就要确定其产品是分别使用不同的品牌，还是统一使用一个或几个品牌。在这个问题上企业有 4 种可供选择的策略。

① 个别品牌，即企业各种不同的产品分别使用不同的品牌。

② 统一品牌，即企业所有的产品都统一使用一个品牌名称。

③ 分类品牌，指各类产品分别命名，一类产品使用一个品牌。

④ 企业名称加个别品牌，指企业对其各种不同的产品分别使用不同的品牌，但需在各种产品的品牌前面冠以企业名称。

学以致用

你认为上述 4 种品牌统分策略各有什么优缺点。

4．品牌扩展策略

当企业推出新产品或要进入新市场时，还涉及品牌扩展策略，即新产品或新市场是否需要使用现在的品牌。

（1）产品线扩展策略

产品线扩展策略是指企业现有的产品线使用同一品牌，当增加该产品线的产品时，仍沿用原有的品牌。增加的新产品往往是现有产品的局部改进，如增加新的功能、包装、式样和风格等。通常厂家会在这些商品的包装上标明不同的规格、不同的功能特色或不同的使用者。例如，白象食品股份有限公司主营方便面、挂面等面制品，均以"白象"为品牌。

（2）多品牌策略

在相同的产品类别中引进多个品牌的策略称为多品牌策略。企业建立品牌组合，实施多品牌策略，往往这种品牌组合的各个品牌形象相互之间是既有差别又有联系的，组合的概念蕴含着整体大于个别的意义。例如，海尔集团旗下有海尔、卡萨帝、统帅、AQUA 等品牌。

（3）品牌延伸策略

品牌延伸策略是指一个现有的品牌名称使用到一个新类别的产品上。品牌延伸并非只借用表面上的品牌名称，而是对整个品牌资产的策略性使用。品牌延伸一方面在新产品上实现了品牌资产的转移，另一方面又以新产品形象延续了品牌寿命。例如，娃哈哈品牌从儿童营养口服液起家，逐步延伸到果奶、八宝粥、纯净水等。

学以致用

某公司以胃药起家，通过营销宣传，品牌知名度很高，市场评价良好。后来该公司开始生产啤酒，并冠以同样的品牌名称。虽然啤酒仅在部分地区销售，全国其他地方极少有人知道，并且取得了不错的销售业绩，但从长远来看，至少在局部地区对品牌造成了伤害。而该品牌延伸到其他药品如皮炎平、感冒灵等，则对树立其专业的药品品牌形象大有帮助。

根据上述资料，分析该公司采用的品牌策略，讨论这一策略在应用中有哪些注意事项。

采用的品牌策略：_____

注意事项：_____

_____

_____

（4）新品牌策略

为新产品设计新品牌的策略称为新品牌策略。当企业在新产品类别中推出一个产品时，它可能发现原有的品牌名称不适合于新推出的产品，或是对新产品来说有更好、更合适的品牌名称，因此企业需要设计新品牌。例如，海尔集团除了家电产品，还有一个自建的物流品牌——日日顺，该品牌更符合物流企业每天顺利送达的寓意。

（5）合作品牌策略

合作品牌策略是一种复合品牌策略，指两家企业的品牌同时出现在一个产品上，这是一种伴随着激烈市场竞争而出现的新型品牌策略，它体现了企业间的相互合作。一种产品同时使用企业合作的品牌是现代市场竞争的结果，也是企业品牌相互扩张的结果。这种品牌策略现在很常见，例如一汽大众等。

营销案例

比亚迪旗下汽车品牌调查

比亚迪有5个汽车品牌：王朝、海洋、腾势、仰望、方程豹。各个品牌定位不同，面对不同的消费群体和消费者需求。

王朝品牌以汉、唐、元、秦、宋系列车型为主，售价覆盖从10万至30万元区间，车型风格偏传统稳重，满足家用、商务等人群的需求。

海洋品牌包括海豚、海豹、海鸥等海洋系列车型，以及驱逐舰05、护卫舰07等军舰系列车型。海洋的车型风格更偏年轻运动，更偏向于追求时尚运动和操控性能的年轻群体。

腾势品牌目前在售的车型有腾势D9（高端MPV）、腾势N7、腾势N8，整体售价在30万以上，面向群体为中高端消费者。

仰望汽车定位是比亚迪旗下最高端的品牌，首款新能源越野车仰望U8上市时售价为109.8万元，是自主品牌第一款百万级豪车，可以说仰望汽车的诞生对于比亚迪甚至是自主品牌来说，都有着里程碑式的意义。

方程豹是一个新品牌，专注于专业化和个性化市场，首款产品为中型硬派越野车，预售价在30万至40万元，主要满足消费者的个性化需求。

思考：1. 比亚迪采用了哪种品牌策略？

　　　 2. 谈谈该品牌策略的优缺点。

（三）品牌传播

品牌传播是指企业告知消费者品牌信息、劝说购买品牌以及维持品牌记忆的各种直接或间接的方法。传播是品牌力塑造的主要途径。品牌传播是企业满足消费者需要，培养消费者忠诚度的有效手段。品牌传播的方式有以下4种。

1．广告传播

广告作为一种主要的品牌传播手段，是指品牌所有者以付费方式，委托广告经营部门通过传播媒介，以策划为主体，以创意为中心，对目标受众所进行的以品牌名称、品牌标志、品牌定位、品牌个性等为主要内容的宣传活动。

2．公关传播

公关是公共关系的简称，是企业形象、品牌、文化、技术等传播的一种有效解决方案，包含投资者关系、员工传播、事件管理以及其他非付费传播等内容。作为品牌传播的一种手段，公关能利用第三方认证，为品牌提供有利信息，从而教育和引导消费者。

3．促销传播

促销传播是指通过鼓励对产品或服务进行尝试或促进销售等活动而进行品牌传播的一种方式，其主要工具有赠券、赠品、抽奖等。尽管促销传播有着很长的历史，但是长期以来，它并没有被人们重视，直到近20年，许多品牌才开始采用这种手段进行品牌传播。

4．人际传播

人际传播是人与人之间直接进行沟通，主要是通过企业人员的讲解、示范操作、服务等，使公众了解和认识企业，并形成对企业的印象和评价，这种评价将直接影响企业形象。人际传播是形成品牌美誉度的重要途径，在品牌传播的方式中，人际传播容易被消费者接受。不过，人际传播要想取得一个好的效果，就必须提高传播人员的素质，只有这样才能发挥其积极作用。

目前，新媒体成为信息传播的主流媒体。在此背景下，整合化、多维度、立体化的传播方式是时代发展的必然趋势。因此，品牌传播过程中应该对品牌内涵进行充分的挖掘，增强与消费者的沟通和互动；加强消费者体验，在营销过程中充分发挥社交媒体的重要作用。

五、包装策略

（一）包装的含义与功能

包装指在流通过程中为保护产品、方便储运、促进销售，按一定的技术方法采用的容器、材料和辅助物等的总体名称，也指为达到上述目的在采用容器、材料和辅助物的过程中施加一定技术方法等的操作活动。产品的包装通常有3个层次，分别是内包装、中包装和外包装。内包装也称销售包装，是产品的直接容器；中包装指介于外包装和内包装之间的一种包装形态，一般是为了运输或销售方便而进行的包装；外包装也称运输包装，是为保护产品数量、品质和便于运输、储存而进行的外层包装。

包装的功能主要体现在以下3个方面。

1．保护产品

产品包装的保护性是产品包装最基本，同时也是最重要的功能，即包装能够保护产品不受损害。

2．方便储运

一个好的包装应该以"人"为本，站在消费者的角度考虑，这样会拉近产品与消费者之间的距离，增加消费者的购买欲和对产品的信任度，也能够促进消费者与企业之间的沟通。

3．促进销售

精美的包装能够吸引消费者的目光，唤起消费者的消费欲望，从而促进销售。同时，包装可以用来对产品做介绍、宣传，便于消费者了解产品，成为产品无声的促销员。

学以致用

选择某一产品，说明该产品的内包装、中包装和外包装各有什么作用。

（二）包装策略类型

在发挥包装的营销作用方面，企业需要掌握以下策略。

1．类似包装策略

类似包装策略即企业所有产品的包装，在图案、色彩等方面，均采用相同或相似的形式。采用类似包装策略可以降低包装的成本，扩大企业的影响，特别是在推出新产品时，可以利用企业的声誉，使消费者首先能够从包装上辨认出产品，以便企业迅速打开市场。类似包装策略如图 7-5 所示。

图7-5　类似包装策略

2．组合包装策略

组合包装策略即把若干有关联的产品包装在同一容器中。例如，化妆品的组合包装、节日礼品盒包装等都属于这种包装方法。组合包装不仅能够促进消费者的购买，还有利于企业推销产品。特别是在推销新产品时，企业可将其与老产品组合出售，创造条件使消费者接受、试用。组合包装策略如图 7-6 所示。

3．附赠品包装策略

附赠品包装策略的主要方法是在包装中附赠一些物品，从而引起消费者的购买兴趣，这种方法有时还能够引发消费者重复购买的意愿。附赠品包装策略如图 7-7 所示。

图7-6　组合包装策略　　图7-7　附赠品包装策略

124

4．再使用包装策略

包装在产品使用完后，还可以有其他用处。这样消费者可以得到一种额外的满足，从而激发其购买产品的欲望。例如，对于设计精巧的果酱瓶，消费者在吃完果酱后可以将其作为茶杯。再使用包装策略如图7-8所示。

图7-8　再使用包装策略

5．分组包装策略

分组包装策略即对同一种产品，可以根据消费者的不同需要，采用不同级别的包装。产品如用作礼品，则可以精致包装；若自己使用，则可以简单包装。此外，对不同等级的产品，也可以采用不同包装。高档产品，包装精致些，表示产品的等级较高；中低档产品，包装简略些，以减少产品成本。

6．改变包装策略

当某种原因使产品销量下降，市场声誉跌落时，企业可以在改进产品质量的同时，改变包装的形式，从而以新的产品形象出现在市场中，改变产品在消费者心目中的不良地位。这种做法有利于迅速恢复企业声誉，重新扩大市场份额。

📑 营销案例

洽洽小黄袋的环保营销

品牌做环保，沟通先行。环保议题的沟通至少需要具备两个前提：一是有获得感；二是有感知力。获得感是一股催化剂，在于激励人们的行为；感知力则是一种认知价值，体现品牌的号召。在今天这样一个万物皆可环保的背景下，制造惊喜不易，提供感知价值更是难上加难。而洽洽却通过推出一款有新意更有创意的小黄袋碳中和每日坚果，成功地破了这个难题。

首先，这款产品已完成了"碳中和"相关认证，并获得了SGS官方证书。要知道，在生产过程中温室气体净排放量为零才能得到该认证。实验室数据显示，30日装的一盒"洽洽小黄袋每日坚果0碳版"，大约中和了2.286kg的碳排放，即1平方米绿草150天的碳吸收值。其次，小黄袋碳中和每日坚果的包装设计更加清爽简洁优雅。在"小黄袋"的经典设计上褪去了原来"小黄袋"70%面积的黄色，减少了黄色油墨印刷，更环保。值得一提的是，洽洽还在每盒"0碳版"每日坚果的外盒侧面，随机附赠了"种子卡"。洽洽的初衷是"希望能让每一位消费者都能收获种子，种出一片春天"，而这种引导大家助力环保、共建绿色地球的举动，融入了开盲盒般的惊喜，既有创意又很公益。

作为首款"碳中和"每日坚果，洽洽实现了环保理念传达的叠加效应：消费者收到的不只是商品，更是一种公益行动，一种可持续的价值观。所以，它不仅仅可以辅助洽洽推动坚果行业进入"0碳时代"，更是洽洽进行环保理念沟通、提供感知价值的新载体。

（资料来源：品牌营销报。作者：老罗。有删改）

思考：1. 结合恰恰小黄袋包装策略，谈谈包装在品牌推广中的作用。

2. 关于绿色环保包装，你还有哪些创意？

知识检测 ↓

一、选择题

1. 企业所拥有的不同产品线的数目是产品组合的（   ）。

A. 深度　　　　B. 长度　　　　C. 宽度　　　　D. 相关性

2. 设计精美的酒瓶可用作花瓶或凉水瓶，这种包装策略是（   ）。

A. 配套包装策略　　　　　　B. 附赠品包装策略

C. 分档包装策略　　　　　　D. 再使用包装策略

3. 宝洁公司在市场销售的洗发水有飘柔、潘婷、海飞丝等品牌，这种做法属于（   ）。

A. 品牌延伸策略　　　　　　B. 统一品牌策略

C. 品牌重新定位策略　　　　D. 多品牌策略

4. 在普通牙膏中加入不同物质制成的各种功能的牙膏，属于（   ）。

A. 全新产品　　　　　　　　B. 改进型新产品

C. 换代型新产品　　　　　　D. 重新定位型新产品

5. 处于市场不景气或原料、能源供应紧张时期，（   ）产品线反而能使总利润上升。

A. 缩减　　　B. 扩充　　　C. 延伸　　　D. 增加

二、判断题

1. 任何产品都会经历产品生命周期的4个阶段。　　　　　　　　　　（　　）

2. 不同产品采用不同品牌比所有产品采用同一品牌风险要大。　　　　（　　）

3. 在产品生命周期4个阶段中，引入期利润可能为负。　　　　　　　（　　）

4. 第一台上市的电视机是全新产品。　　　　　　　　　　　　　　　（　　）

5. 在产品引入期，采用快速撇脂策略是为了薄利多销，便于企业长期占领市场。（　　）

三、简答题

1. 简述产品包装的功能。

2. 简述产品生命周期的4个阶段。

3. 简述产品整体概念的5个层次。

课中实训

实训一　产品与产品组合

【实训目标】

学生能掌握产品的整体概念与分类，能根据产品组合的要素，正确判断产品组合的宽度、长度、深度和关联度，最终能按照市场需求选择恰当的产品组合策略。

任务1：产品的整体概念

任务描述：学生以小组为单位，选择项目一【实训背景】中青源公司的任一产品，指出该产品的 5 个层次，并将结果记录在表 7-2 中。

表 7-2　产品整体概念

产品名称	核心产品	有形产品	期望产品	附加产品	潜在产品

任务2：产品的分类

任务描述：根据项目一【实训背景】，分析青源公司的产品属于哪种产品类型，应采用何种营销策略，将结果记录在表 7-3 中。

表 7-3　产品类型

研究内容		研究结果
以购买习惯分类	产品类型	
	营销策略	
以耐用性和有形性分类	产品类型	
	营销策略	

课中实训

任务3：产品组合策略

任务描述：分析青源公司产品组合的现状及优劣势，帮助其规划新的产品组合策略，并将结果记录在表7-4中。

表7-4　产品组合策略

研究内容	研究结果
产品组合现状分析	
产品组合策略规划解析	

课中实训

实训二　产品生命周期

【实训目标】

掌握产品生命周期阶段，明确各阶段的特征，并制定相应的营销策略。

任务1：产品生命周期不同阶段的特点

根据所学内容，总结归纳产品生命周期不同阶段的特点，完成表7-5。

表7-5　产品生命周期不同阶段的特点

特点	阶段			
	引入期	成长期	成熟期	衰退期
销量				
利润				
消费者				
竞争状况				

任务2：产品生命周期不同阶段的营销策略

任务描述：学生以小组为单位，选择项目一【实训背景】中青源公司的两款产品，调查产品所处的生命周期阶段，制定相应的营销策略，并将结果记录在表7-6中。

表 7–6　产品生命周期不同阶段的营销策略

产品名称	所处生命周期阶段	阶段特征	营销策略分析

实训三　新产品开发

【实训目标】

了解新产品的类型，掌握新产品的创意构思和设计过程。

任务：新产品开发

任务描述：学生以小组为单位，以项目一【实训背景】中青源公司的某款产品为原材料，设计一种新产品，分析新产品的市场需求情况（如市场定位、潜在消费者等），并将结果记录在表 7-7 中。

表 7–7　新产品开发

研究内容	研究结果
原材料选择	
新产品名称	
新产品所属类型	
新产品市场需求情况分析	

实训四　品牌策略

【实训目标】

了解品牌构成，掌握品牌策略，能够根据产品特点选择品牌传播的方法。

任务1：品牌创意构思

任务描述：为实训三中设计的新产品设计品牌名称与品牌标志，解析品牌创意构思，并将结果记录在表 7-8 中。

课中实训

表 7-8　品牌创意构思

研究内容	研究结果
品牌名称	
品牌标志	
品牌创意构思解析	

任务2：品牌传播

任务描述：针对设计的新产品品牌，选择恰当的品牌传播方式，解析品牌传播过程，并将结果记录在表7-9中。

表 7-9　品牌传播

研究内容	研究结果
品牌传播方式	
品牌传播过程解析	

实训五　包装策略

【实训目标】

了解包装的作用，掌握包装策略，能够根据产品特点选择创意性包装。

任务：包装设计与包装策略

任务描述：为新产品设计包装，选择包装策略，并将结果记录在表7-10中。

表 7-10　包装设计与包装策略

研究内容	研究结果
包装设计解析	
包装策略	
包装策略解析	

实训项目评价 ↓

指导教师根据学生对本项目的知识学习和实践训练成果进行评价，学生根据自己的掌握情况进行自我评价。

学习成果评价表

评价维度	评价指标	评价标准	分值	得分	
				教师评价	学生自评
知识（50%）	产品与产品组合	能够准确说出产品的整体概念	3		
		能够熟练列出产品的分类	3		
		能够说出产品组合的要素	4		
		能够列举产品组合策略	4		
	产品生命周期	能够简述产品生命周期的阶段	5		
		能够详细说明不同生命周期阶段的营销策略	4		
	新产品开发	能够熟练列出新产品的类型	4		
		能够简述新产品的开发程序	4		
	品牌策略	能够说出品牌的内涵	2		
		能够列举品牌策略类型	5		
		能够说出品牌传播方式	5		
	包装策略	能够说出包装的类型	3		
		能够列举包装策略	4		
能力（30%）	应用能力	能够正确分析产品的 5 个层次	4		
		能够进行产品分类	4		
		能够针对处于不同生命周期阶段的产品制定营销策略	4		
		能够针对产品设计品牌	4		
		能够针对产品设计包装	4		
	创新能力	能够针对一种原材料进行新产品创意构思	4		
	职业迁移能力	积极参与小组讨论，加强团队合作	3		
		保持积极的学习心态，认真解决问题	3		
素质（20%）	职业素养	遵守职业道德，树立正确价值观	5		
		保持严谨认真的工作态度	5		
		能够创造性地解决问题	5		
	学习态度	认真听讲，积极回答问题	5		
评分	教师评价（80%）+ 学生自评（20%）		100		

课后提升

📖 传统文化与营销思想

古人关于产品质量的管理

在古代，产品质量的管理也备受重视。

秦汉时期，官府制定了关于工业产品质量管理的法规，以确保市场上流通的商品质量。这些法规要求官营、民营手工业产品都要题记有关人员的姓名，以示对产品质量负责。例如，在咸阳出土的陶器上就刻有文字，记录了造器人的姓名、住址，这体现了当时官府对产品质量的严格监管。当时的工匠也形成了独特的工匠精神，他们注重产品的质量和工艺细节，追求精益求精的技艺水平。工匠们用自己的双手和智慧创造了许多宝贵的财富和文化遗产。

唐朝时期对产品质量要求严苛。唐朝经济迅速发展，对外贸易繁荣，丝绸、瓷器等成为中华文明的载体，通过丝绸之路抵达欧洲、东南亚、印度等国家和地区。为了维护产品质量，唐朝对制假贩假的惩处进行了进一步细化，如《唐律疏议》规定，对于销售伪劣食品导致他人死亡的，售卖者要被判处绞刑，伪劣食品必须被销毁。这显示了唐朝对产品质量的重视和严格管理。

宋代商品经济繁荣，为了加强市场管理，宋代官府让各类商人组成行会，商铺、手工业和其他服务性行业的相关人员必须加入行会，并按行业登记在册。商品的质量由各个行会把关，行会首领负责评定商品的成色和价格，并充当本行会成员的担保人。这一制度有效约束了商家的行为，提高了商品的质量。例如，官府通过行会对食品质量进行把关，行会首领负责评定食品的成色和价格。同时，法律也规定了对腐败变质商品销售者的严惩措施。这些举措不仅提高了产品的质量和安全性，也推动了相关产业的发展和进步。

明朝时期也有关于重视产品质量的故事。例如，朱元璋在修建南京城墙时，经常到工地视察工程质量。他随机指定城墙的一部分进行拆开检查，以查看是否存在偷工减料、以次充好等问题。如果发现质量问题，相关的质监员、包工头、工匠等都会受到严厉的处罚。这种对质量的严格把关和追责制度确保了南京城墙的坚固和稳定。

这些关于重视产品质量的事迹都体现了对产品质量的高度重视和严格管理。这些故事也给我们提供了启示，即无论时代如何变迁，产品质量始终是企业生存和发展的关键。只有不断提高产品质量，才能赢得消费者的信任和支持，从而在市场竞争中立于不败之地。

思考：古代关于重视产品质量的事迹，为现代企业经营提供了哪些启示？

知识归纳表 ↓

知识回顾：

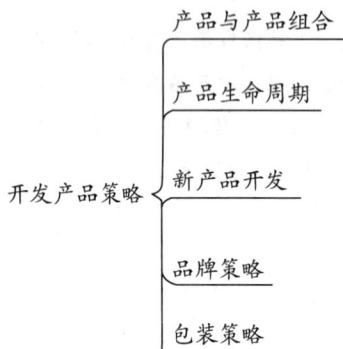

开发产品策略
- 产品与产品组合
- 产品生命周期
- 新产品开发
- 品牌策略
- 包装策略

思考总结：

心得分享：

项目八
制定价格策略

◢ 知识目标

1. 了解影响定价的因素。
2. 掌握定价的方法与策略。
3. 掌握价格调整策略。

◢ 能力目标

1. 能够针对产品分析影响定价的因素。
2. 能够根据定价方法制定价格。
3. 能够针对不同产品采取不同的定价策略。

◢ 素养目标

1. 培养团队精神。
2. 提高营销职业道德水平。

◢ 育人目标

1. 培养诚信经营、合理定价的意识。
2. 培养公平交易的意识。

扫一扫

思维导图

👤 引导案例

一只杯子，到底能卖多少钱

1. 卖产品本身的使用价值，可以卖 3 元 / 只

如果你将它仅仅当一只普通的杯子，放在普通的商店里，用普通的销售方法，也许它最多只能卖 3 元 / 只。

2. 卖产品的组合价值，可以卖 50 元 / 组

如果你将三只杯子全部做成卡通造型，组合成套装杯，包装成温馨、精美的家庭装，起名叫"我爱我家"，一只叫父爱杯，一只叫母爱杯，还有一只叫童心杯，能卖 50 元 / 组。这是产品的组合价值创新。

3. 卖产品的延伸价值，可以卖 80 元 / 只

如果你发现这只杯子竟然是磁性材料做的，那就可以从中挖掘出它的磁疗、保健功能，这样就能卖 80 元 / 只。这是产品的延伸价值创新。

4. 卖产品的细分市场价值，可以卖 188 元 / 对

如果你将具有磁疗、保健功能的杯子印上十二生肖，并且准备好时尚的情侣套装礼盒，取名"成双成对"，针对过生日的情侣，可以卖 188 元 / 对。这是产品的细分市场价值创新。

同样一只杯子，杯子里面的世界——它的功能、结构、作用等依然如故，但随着杯子外面的世界发生变化，它的价值也在不断地发生变化。

（资料来源：搜狐网。有删改）

思考：一只杯子的定价受哪些因素的影响？还可以从哪些方面对其实施价值创新？

课前自学

一、影响定价的因素

影响定价的因素主要分为两类，包括企业内部因素和企业外部因素。

（一）企业内部因素

1．定价目标

定价目标是指企业要达到的定价目的，它从属于企业的经营目标。企业的定价目标是以满足市场需要和实现企业盈利为基础的，只有合理定价，产品才可能被目标市场接受，进而使企业获得利润，维持企业正常运转。不同的企业处于不同的发展阶段，经营不同的产品，有截然不同的目标，因此在制定产品价格时也会有不同的导向。常见的企业定价目标有利润最大化目标、市场占有率最大化目标、维持生存目标、应对竞争目标等。

2．产品成本

成本是影响产品定价最基本的因素之一。一般来说，产品价格只有高于成本，企业才能补偿生产上的耗费，从而获得一定盈利。但这并不排斥在一段时期个别产品价格低于成本。

成本可分为固定成本和变动成本。固定成本是指在一定的范围内不随产品产量或产品流转量变动的那部分成本，如企业管理人员的薪金和保险费、固定资产的折旧和维护费、办公费等；变动成本是指产品生产过程中所消耗的直接材料、直接人工和变动制造费用。企业要实现盈利，产品价格就不能低于成本。

学以致用

产品价格一定不能低于成本吗？产品定价的最低限度是什么？

3．企业整体营销策略

价格策略作为市场营销决策体系的重要组成部分，既要服从于市场营销策略目标的实现，又要配合其他诸如产品策略、渠道策略等各项决策的制定与实施。

（二）企业外部因素

1．市场需求

市场需求是影响产品定价的一个重要因素，企业产品的价格高低直接受供求关系的影响而波动。市场供不应求时，企业可以把产品价格定得高一些，以增强产品的盈利能力；市场供大于求时，应把产品价格定得低一些，以增强产品的竞争能力。另外，定价时还要考虑需求的价格弹性。需求价格弹性高，消费者对价格变动有较高的敏感性，价格下降会引起需求量快速上升，该产品就适合降价销售；需求价格弹性低，消费者对价格变动不敏感，价格变化不会引起需求量大幅度上升，该产品就适合提价销售。

学以致用

结合需求的价格弹性，谈谈薄利是否一定多销。

2．竞争因素

市场竞争也是影响产品定价的重要因素。根据竞争的程度不同，企业定价策略会有所不同。按照市场竞争程度，竞争可以分为完全竞争、不完全竞争与完全垄断 3 种情况。完全竞争与完全垄断是竞争的两个极端，中间状态是不完全竞争。在不完全竞争条件下，竞争强度对企业的价格策略有重要影响，所以企业首先要了解竞争强度。竞争强度主要取决于产品制作技术、专利保护、供求形势及具体的竞争格局。其次，企业要了解竞争对手的价格策略，以及竞争对手的实力。最后，企业还要了解、分析本企业在竞争中的地位。

3．消费者心理和习惯

消费者心理上对价格的制定和变动的反应也会影响产品定价。在现实生活中，很多消费者存在"一分价钱一分货"的观念。面对不太熟悉的产品，消费者常常会从价格上判断产品的好坏，从经验上把价格同产品的使用价值挂钩。消费者心理和习惯上的反应是很复杂的，某些情况下会出现完全相反的反应。例如，在一般情况下，涨价会减少购买，但有时涨价会引起抢购，反而会增加购买。因此，在研究消费者心理对定价的影响时，要持谨慎态度，仔细了解消费者心理及其变化规律。

📇 **营销案例**

喜茶的价格制定

定价策略是市场营销的一项重要决策。特别是在消费者对价格敏感的情况下，一个有竞争力的定价会大大增加营销的市场优势。价格越低，就越具备竞争优势吗？当然不是。定价是与品牌和消费者需求相关的一个复杂、动态的过程，受一系列因素的影响。

以喜茶为例，喜茶的价格在20～30元，定价比普通奶茶稍高，但市场需求非常火爆。

《定位》中有这样一句话：如果在同类产品中，第一个建立高价定位，那么优势尤为明显。但需要注意的是，高价必须有真正的差异化作为支撑。而"热销流行"就是喜茶的差异化。喜茶抓住"高价"空位，以"热销流行"作为差异化建立了环环相扣的配称。

例如，喜茶在传统制作工艺的基础上加上了芝士奶盖、抹茶粉等创新因素，同时还提供低脂低糖品类，推出时令水果茶等新品。此外，喜茶拥有自己的种植基地，在茶叶配比、生产工艺方面不断进行研发探索，保证品牌的独特口感。喜茶通过在上海、北京、杭州等地的一线购物中心快速开店来塑造自己一线品牌的气质，从而迅速占领了消费者心理制高点。为了吸引不同类型的消费者，喜茶还进行了门店的多样化升级。店面的装修风格分为黑金店、PINK店、标准店，目的是在服务好女性消费群体的同时，加强对男性消费群体的吸引。同时，喜茶店铺的位置也非常讲究，都会尽量开在国际品牌店的旁边，以便在消费者心中形成品牌质感，增加品牌的商业价值。

（资料来源：快传号微信公众号。有删改）

思考：1. 喜茶在定价过程中考虑了哪些因素？

　　　2. 企业在定价时还会受哪些因素的影响？

4．国家政策

政府为了维护经济秩序，或出于其他目的，可能通过立法或者其他途径对企业的价格策略进行干预。政府的干预包括规定毛利率，规定最高、最低限价，限制价格的浮动幅度，规定价格变动的审批手续，以及实行价格补贴等。

二、了解定价方法

（一）成本导向定价法

1．成本加成定价法

成本加成定价法是在单位产品成本的基础上，加上一定比例的预期利润作为产品的售价。售价与成本之间的差额即为利润。由于利润的多少是按一定比例反映的，这种比例习惯上称为"几成"，所以这种方法称为成本加成定价法。成本加成定价法计算公式为：

$$单位产品价格＝单位产品成本 × （1+加成率）$$

例如，某企业单位产品成本为 50 元，期望获得 20% 的加成利润，则其产品定价应为 50×（1+20%）=60（元）。

2．目标收益定价法

目标收益定价法又称目标利润定价法、投资收益定价法，是根据产品总成本、目标利润和预计销量确定目标收益，作为核算定价的标准。目标收益定价法计算公式为：

$$单位产品价格＝（产品总成本＋目标利润）÷ 预计销量$$

例如，某企业生产一种产品，每件产品的变动成本为 5 元，企业的年固定成本为 300 万元，当年的计划产量 100 万件，目标利润 600 万。利用目标收益定价法，该产品的定价应为（5×100+300+600）÷100=14（元 / 件）。

3．变动成本定价法

变动成本定价法是以变动成本为基础的一种定价方法。有些企业有出口任务，认为固定成本在国内销售时已被赚回，出口主要是赚取边际利润，这时候可以采用这种方法。变动成本定价法计算公式为：

$$单位价格＝变动成本 × （1+利润率）÷ 产量$$

4．盈亏平衡定价法

在销量既定的条件下，企业产品的价格必须达到一定的水平才能做到盈亏平衡、收支相抵。既定的销量就称为盈亏平衡点，而这种定价方法就称为盈亏平衡定价法。科学地预测销量和已知固定成本、变动成本是应用盈亏平衡定价法的前提。盈亏平衡定价法计算公式为：

$$单位价格＝固定成本 ÷ 收支平衡销量＋单位产品变动成本$$

（二）需求导向定价法

1．认知价值定价法

认知价值定价法是企业根据消费者对产品的认知价值来制定价格的一种方法。随着科技的迅速发展，生产力得到了大幅度的提高，许多产品定价的关键不再只是单纯地考虑产品成本，还要注重消费者对所需产品的价值认知程度。

认知价值定价法的关键是要正确地估计消费者的认知价值。如果估计过高，会导致定价过高，影响产品的销售；如果估计过低，会导致定价过低，产品虽然卖出去了，却不能达到绩效目标。

学以致用

想一想哪些产品适合采用认知价值定价法。影响认知价值的因素有哪些？

2．需求差异定价法

需求差异定价法是指企业按照两种或两种以上不反映成本费用的差异价格销售某种产品或服务的方法。同一产品的价格差异并不是产品成本的不同引起的，而主要是由消费者需求的差异决定的。该方法的具体实施通常有以下 4 种方式。

（1）基于消费者差异的差别定价

基于消费者差异的差别定价根据不同消费者消费性质、消费水平和消费习惯等的差异，制定不同的价格，如会员制下的会员与非会员的价格差别，学生、教师、军人与其他消费者的价格差别，新老消费者的价格差别等。

（2）基于不同位置的差别定价

同一产品在不同地区销售时，可以制定不同的价格。例如，高铁上由于不同舱位对消费者的效用不同而价格不一样；电影院、戏剧院或赛场由于不同位置观看的效果不同而价格不一样。

（3）基于产品差异的差别定价

有些产品虽然质量和规格相同，但企业在定价时，并不依据产品的质量和规格定价，而是按外观和式样来定价。例如，营养保健品中的礼品装、普通装及特惠装 3 种不同的包装，虽然产品内涵和质量一样，但价格往往相差很大。

（4）基于时间差异的差别定价

同一产品在不同时间段里的效用是不同的，消费者的需求强度也是不同的。在需求旺季，产品需求价格弹性较低，可以提高价格；在需求淡季，需求价格弹性较高，可以采取降低价格的方法吸引更多消费者。图 8-1 所示为体育场馆的差别定价。

足篮中心价目表				
区域	**种类**	**定价**	**使用说明**	**运营时间**
足篮中心	五人足球	200元/（时/场）	周一至周五18:00以前	10:00-22:00
		350元/（时/场）	周一至周五18:00以后，周末及节假日	
	笼式足球	100元/（时/场）	周一至周五，周末及节假日	
	户外七人足球	200元/（时/场）	周一至周五18:00以前	
		300元/（时/场）	周一至周五18:00以后，周末及节假日	
	室内篮球	100元/（时/场）	周一至周五18:00以前	
		200元/（时/场）	周一至周五18:00以后，周末及节假日	
	室外篮球	80元/（时/场）	周一至周五18:00以前	
		200元/（时/场）	周一至周五18:00以后，周末及节假日	
	室外半场篮球	50元/（时/场）	周一至周五18:00以前	
		100元/（时/场）	周一至周五18:00以后，周末及节假日	
	室外网球	40元/（时/场）	周一至周五18:00以前	
		80元/（时/场）	周一至周五18:00以后，周末及节假日	

图8-1　体育场馆的差别定价

学以致用

找一找身边有哪些产品采用了需求差异定价法。

3．逆向定价法

逆向定价法又称可销价格倒推法，是指企业根据产品的市场需求状况，通过价格预测、试销和评估，先确定消费者可以接受和理解的零售价格，然后倒推批发价格和出厂价格的定价方法。这种定价方法的依据不是产品的成本，而是市场的需求，力求使价格为消费者所接受。分销渠道中的批发商和零售商多采取这种定价方法。

例如有一家电商网站，在网站上搜索你需要的商品，网站就会显示符合条件的零售商，以及它们各自的报价，到这一步跟普通电商也没什么区别，创新的地方在于网站允许你选择其中一家零售商，输入自己的心理价位，等待回复。一旦零售商接受了你的报价，交易就达成了。

（三）竞争导向定价法

竞争导向定价法是以市场上相互竞争的同类产品或服务的价格为依据的产品定价方法。其目标是促使企业在市场上获得一定的优势地位或谋取一定的生存空间。竞争导向定价法主要包括随行就市定价法、密封投标定价法和竞争价格定价法。

1．随行就市定价法

在垄断竞争和完全竞争的市场结构条件下，任何一家企业都无法凭借自己的实力在市场上取得绝对优势，为了避免竞争特别是价格竞争带来的损失，大多数企业都采用随行就市定价法，即将本企业某产品的价格保持在市场平均价格水平上，利用这样的价格来获得平均报酬。

2．密封投标定价法

许多大宗商品、原材料、成套设备和建筑工程项目的买卖和承包及小型企业的出售等，往往采用发包人招标、承包人投标的方式来选择承包者，并确定最终承包价格。一般来说，招标方只有一个，处于相对垄断地位，而投标方有多个，处于相互竞争地位。标的物的价格由参与投标的各个企业在相互独立的条件下来确定。

3．竞争价格定价法

竞争价格定价法是指根据本企业产品的实际情况及与竞争对手产品的差异程度来确定价格的方法。通常将企业估算价格与市场上竞争者的价格进行比较，分为3个价格层次。

（1）高于竞争者定价。在本企业产品存在明显优势，产品需求价格弹性较小时采用。

（2）等于竞争者定价。在市场竞争激烈，产品不存在差异的情况下采用。

（3）低于竞争者定价。在企业具备较强的资金实力，能应对竞相降价的局面且需求弹性较大时采用。

三、选择定价策略

（一）新产品定价策略

1．撇脂定价策略

撇脂定价策略是指企业在产品生命周期的引入期或成长期，利用消费

扫一扫，看微课

撇脂定价策略

者的求新、求奇心理，抓住激烈竞争尚未出现的有利时机，将价格定得很高，以便在短期内获取尽可能多的利润。

2．渗透定价策略

渗透定价策略又称薄利多销策略，是指企业在产品上市初期，利用消费者求廉的消费心理，有意将价格定得很低，使新产品以物美价廉的形象吸引消费者，从而占领市场，谋取远期的稳定利润。

3．满意价格策略

满意价格策略又称平价销售策略，是介于撇脂定价策略和渗透定价策略之间的一种定价策略。运用该策略时，企业对新产品既不定高价，又不定低价，而是确定一个中间价，这个中间价即为"满意价格"。

学以致用

某服装企业专注于生产销售羊绒制品。羊绒属于稀有的动物纤维，受地理条件的限制，世界上只有少数几个国家和地区生产。一只山羊每年产无毛绒 50 ~ 80g，平均每 5 只山羊的无毛绒才够做一件普通羊绒衫。因此羊绒衫又有"软黄金""钻石纤维"的美称。秋冬将至，该服装企业推出了一系列新款羊绒衫。该服装企业应采用哪种定价策略，请为其制定价格。

（二）心理定价策略

心理定价策略是指企业根据消费者的心理特点，迎合消费者的某些心理需求而采取的一种定价策略。该策略的主要形式有以下几种。

1．尾数定价策略

尾数定价也称零头定价，即给产品定一个零头数结尾的非整数价格。大多数消费者在购买产品时，尤其是购买一般的日用消费品时，乐于接受尾数价格，如 9.9 元、19.8 元等。消费者会认为这种价格经过精确计算，购买不会吃亏，从而产生信任感。同时，价格虽离整数仅相差几分或几角，但给人一种低一位数的感觉，符合消费者求廉的心理需求。这种策略通常适用于基本生活用品。

2．整数定价策略

整数定价与尾数定价正好相反，企业有意将产品价格定为整数，以显示产品具有较高质量。整数定价多用于价格较贵的耐用品或礼品，以及消费者不太了解的产品。对于价格较贵的高档产品，消费者对质量较为重视，往往把价格作为衡量产品质量的标准之一，容易产生"一分价钱一分货"的感觉，从而有利于销售。

3．声望定价策略

声望定价即针对消费者"便宜无好货、价高质必优"的心理，对在消费者心目中享有一定声望、具有较高信誉的产品定高价。不少高级名牌产品和稀缺产品，如豪华轿车、高档手表、名牌时装、名人字画、珠宝古董等，在消费者心目中享有极高的声望价值。购买这些产品的人往往不在乎产品价格，而关心的是产品能否显示其身份和地位，价格越高，其心理满足的程度也就越大。

4．习惯定价策略

有些产品在长期的市场交换过程中已经形成了为消费者所适应的价格，这种价格为习惯价格。企业对这类产品定价时要充分考虑消费者的习惯倾向，采用"习惯成自然"的定价策略。对消费者已经习惯了的价格，不宜轻易变动。降低价格会使消费者怀疑产品质量有问题；提高价格会使消费者产生不满情绪，导致购买转移。

5．招徕定价策略

招徕定价又称特价商品定价，是一种有意将少数产品降价以招徕吸引消费者的定价策略。产品价格低于市场价格，一般都能引起消费者的注意，满足消费者的求廉心理。采用这种策略一般是对部分产品降价，从而带动其他产品的销售。

采用招徕定价策略，应注意以下几个方面。

① 降价产品应是消费者常用的，最好是适合每一个家庭的物品，否则没有吸引力。

② 实行招徕定价的产品，经营的品种要多，以便使消费者有较多的选购机会。

③ 降价产品的降价幅度要大，降后的价格一般应接近成本或低于成本。只有这样，才能引起消费者的注意和兴趣，激起消费者的购买动机。

④ 降价产品的数量要适当，数量太多会造成店铺亏损太大，数量太少不容易引起消费者的兴趣。

⑤ 降价产品应与因残损而削价的产品明显区别开。

学以致用

小李在某居民区开了一家便民超市，主要经营蔬菜水果及副食产品。该居民区房龄较老，住户主要为中老年人，以及刚参加工作不久的年轻人。请你帮小李选择应采用的定价策略。

（三）产品组合定价策略

产品组合定价策略是根据不同组合产品之间的关系和市场表现对其进行灵活定价的策略。该策略包含产品线定价法、任选产品定价法、附属产品定价法、副产品定价法、捆绑定价法。

1．产品线定价法

产品线定价法是指对相同产品线下不同档次的产品制定不同的价格，以吸引不同需求的消费者购买，例如对同一品牌、同一系列、不同规格的电视机制定不同的价格。

2．任选产品定价法

任选产品定价法是指在提供主要产品的同时，还提供任选品或附件与之搭配。例如，顾客去饭店吃饭，除了点餐外，可能还要点饮料等。在这里饭菜是主要产品，饮料等就是任选品。任选产品定价法有两种策略可供选择：一种是为任选品定高价，靠任选品来实现盈利；另一种是为任选品定低价，把它作为吸引顾客的项目，以此招徕顾客。

3．附属产品定价法

附属产品定价法是指以较低价销售主要产品来吸引顾客，以较高价销售备选和附属产品来增加利润。例如，打印机的定价较低，而墨盒的定价较高，顾客购买了打印机以后，就不得不经常为更换墨盒支付费用。

4．副产品定价法

在许多行业中，在生产主产品的过程中，常常会产生副产品。如果这些副产品对某些消费群体具有价值，就可以根据其价值分开定价。例如，鱼头作为鱼身上最有价值的"副产品"，可以和鱼肉分开来定价，如果鱼身价格定得便宜，鱼头价格就可以定得贵些。

5．捆绑定价法

捆绑定价法是指将数种产品组合在一起以低于分别销售时支付总额的价格销售。例如，快餐店里套餐便宜，单品贵。电影院、健身房、电话套餐等都采用捆绑定价法。

（四）折扣定价策略

1．数量折扣

数量折扣是指按购买数量的多少分别给予不同的折扣，购买数量愈多，折扣愈大。其目的是鼓励大量购买，或集中向本企业购买。数量折扣可以分为非累计数量折扣和累计数量折扣两种。

非累计数量折扣是指根据消费者一次性购买数量或金额的多少，按相应的价格折扣或加成率结算货款。其目的在于鼓励消费者加大每份订货单的数量或金额，便于企业进行大批量销售，从而减少组织进货、订货、发货、开票、收款等各项手续费用和管理费用，加速资金周转。

累计数量折扣是指根据消费者在一定时期内累计规模数量或金额的多少，按相应的价格折扣或加成率结算货款。其适用于长期性的交易活动，目的在于稳定消费者，与消费者建立长期的商业关系，便于企业进行销售预测，减少经营风险。

2．现金折扣

现金折扣是指对在规定的时间内提前付款或用现金付款者所给予的一种价格折扣，其目的是鼓励顾客尽早付款，加速资金周转，降低销售费用，减少财务风险。采用现金折扣一般要考虑折扣比例、给予折扣的时间限制、付清全部货款的期限3个因素。

3．功能折扣

功能折扣又称贸易折扣，是企业为了让中间商能够更好地开展宣传推广工作而使用的一种让价方式。中间商在产品分销过程中所处的环节不同，其所承担的功能、责任和风险也不同，企业据此给予的不同折扣称为功能折扣。对生产企业的价格折扣也属于功能折扣。

4．季节折扣

有些产品的生产是连续的，而其消费却具有明显的季节性。为了调节供需矛盾，这些产品的生产企业便采用季节折扣的方式，对在淡季购买产品的顾客给予一定的优惠，使企业的生产和销售在一年四季都能保持相对稳定。

学以致用

生活中我们遇到过哪些采用折扣定价的营销活动？举例说明其如何促进消费者购买。

四、价格调整策略

（一）降价策略

1．企业降价原因

企业降价受企业外部需求及竞争等因素的影响，也受企业内部的战略转变、成本变化等因素影响。

① 企业急需回笼大量现金。此时，企业可以通过对某些需求价格弹性大的产品予以大幅度降价，从而增加销售额，获取现金。

② 市场竞争加剧，迫使企业降价以维持和扩大市场份额。

③ 企业生产能力过剩，产品供过于求，但是企业又无法通过产品改进和加强促销等工作来扩大销售。在这种情况下，企业必须考虑降价。

④ 企业决策者预期降价会扩大销售，由此可望获得更大的生产规模。特别是进入成熟期的产品，降价可以大幅度增进销售，从而在价格和生产规模之间形成良性循环，为企业获取更多的市场份额奠定基础。

⑤ 由于成本降低，费用减少，企业降价成为可能。随着科学技术的进步和企业经营管理水平的提高，许多产品的单位产品成本和费用在不断下降，因此企业有条件适当降价。

⑥ 经济不景气，消费需求减少，降价可以刺激需求。

2．企业降价策略

一般来说，企业降价策略分为以下几种。

① 直接降价。例如，一件毛衣原价 200 元，现价 158 元。

② 折扣降价。通过数量折扣、现金折扣等形式，间接降低产品价格。例如，一件衣服 120 元，两件 200 元。

③ 变相降价。变相降价的方式主要有：通过送样品和优惠券，实行有奖销售；给中间商提取推销奖金；允许顾客分期付款；赊销等。

④ 提高产品质量或增加服务内容。例如，手机增加新功能，虽然价格不变，但在消费者看来价值增加了，这实际上是一种隐性的降价。

（二）提价策略

1．企业提价原因

提价有时候会引起竞争力下降、消费者不满、经销商抱怨等，但提价确实能够增加企业的利润率。提价的原因有以下几种。

① 应付产品成本增加，减少成本压力。成本的增加或者由于原材料价格上涨，或者由于生产或管理费用提高。企业为了保证利润率不因此而降低，便采取提价策略，这是产品价格上涨的主要原因。

② 适应通货膨胀，减少企业损失。在通货膨胀条件下，即使企业仍能维持原价，但随着时间的推移，其利润的实际价值也会呈下降趋势。为了减少损失，企业只好提价，将通货膨胀的压力转嫁给中间商和消费者。

③ 产品供不应求，遏制过度消费。对于某些产品来说，在需求旺盛但生产规模又不能及时

扩大而供不应求的情况下，提价可以遏制需求，同时又可以取得高额利润，在缓解市场压力、使供求趋于平衡的同时，为扩大生产准备条件。

④ 利用消费者心理，创造优质效应。作为一种策略，企业可以利用提价营造品牌形象，使消费者产生价高质优的心理定式，以提高企业知名度和产品声望。对于革新产品、贵重产品、生产规模受限的产品，这种效应表现得尤为明显。

2．企业提价策略

① 直接提价。针对消费者对其价格不敏感的产品，可以采用直接提价的方式。例如，一台冰箱原价 3 500 元，由于成本上涨，企业可以将产品价格直接调到 3 800 元。因为消费者对这类产品并不经常购买，直接提价对他们影响不大。

② 间接提价。间接提价指企业采取一定方法使产品价格表面保持不变但实际隐性上升。间接提价包括以下几种方法。

a．减少免费服务项目或增加收费项目。例如，企业产品价格不变，但是原来提供的免费维修改为收费。

b．原材料成本增加的情况下，企业可以使用便宜的材料或配件，也可以使用低廉的包装材料，或者推销大容量包装的产品，以降低包装的相对成本。

c．提价并同时提高产品质量，树立本企业产品的高品质形象。

一般而言，降价容易，提价难。调高产品价格往往会遭到消费者的反对。因此，企业在使用提价策略时必须慎重，尤其应掌握好提价幅度、提价时机，并注意与消费者及时进行沟通。

⚖ **法治护航**

《价格法》规定的不正当价格行为

《价格法》第十四条规定，经营者不得有下列不正当价格行为：

（一）相互串通，操纵市场价格，损害其他经营者或者消费者的合法权益；

（二）在依法降价处理鲜活商品、季节性商品、积压商品等商品外，为了排挤竞争对手或者独占市场，以低于成本的价格倾销，扰乱正常的生产经营秩序，损害国家利益或者其他经营者的合法权益；

（三）捏造、散布涨价信息，哄抬价格，推动商品价格过高上涨的；

（四）利用虚假的或者使人误解的价格手段，诱骗消费者或者其他经营者与其进行交易；

（五）提供相同商品或者服务，对具有同等交易条件的其他经营者实行价格歧视；

（六）采取抬高等级或者压低等级等手段收购、销售商品或者提供服务，变相提高或者压低价格；

（七）违反法律、法规的规定牟取暴利；

（八）法律、行政法规禁止的其他不正当价格行为。

知识检测 ↓

课前自学

一、选择题

1. 撇脂定价策略和渗透定价策略一般较适宜于产品生命周期的（　　）阶段。

  A. 成熟期   B. 引入期   C. 成长期   D. 衰退期

2. 当消费者对价格比较敏感，且市场的容量较大时，企业为阻止竞争对手进入这一市场，可以考虑采用（　　）策略。

  A. 尾数定价 B. 撇脂定价 C. 领导定价 D. 渗透定价

3. 附属产品定价法适合（　　）的定价。

  A. 替代产品 B. 互补产品 C. 选择性产品 D. 季节性产品

4. 某旅行社"海南双飞六日游"旅游项目在暑假定价为 2 050 元 / 人，在春节期间定价为 2 850 元 / 人，这种折扣定价策略属于（　　）。

  A. 季节折扣 B. 数量折扣 C. 功能折扣 D. 现金折扣

5. 中国服装设计师李艳萍设计的女士服装以典雅、高贵享誉中外，在国际市场上，一件"李艳萍"牌中式旗袍售价高达 1 000 美元，这种定价策略属于（　　）。

  A. 招徕定价策略   B. 基点定价策略

  C. 声望定价策略   D. 需求导向定价策略

二、判断题

1. 单位产品价格越高，越能实现企业利润最大化。   （　　）

2. 尾数定价策略通常适用于高级的奢侈商品。   （　　）

3. 随行就市定价法适用于同质产品。   （　　）

4. 提价会引起消费者、经销商和企业推销人员的不满，因此提价不仅不会使企业的利润增加，反而会导致利润减少。   （　　）

5. 若某商品的需求富有弹性，此时适当降低价格能够增加销量，同时也可能使利润增加。

                         （　　）

三、简答题

1. 某企业产品的单位成本为 10 元，期望获得 30% 的加成利润，产品的定价应为多少元？

2. 假设某零件制造商的单位生产成本为 100 元，预计年销量为 8 000 个，如果企业的年目标利润是 40 万元，出厂定价应为多少元？

3. A 产品单位成本为 60 元，某公司预计下一年度销售该产品 1 万件，希望获得利润 10 万元。试用目标收益定价法确定销售单价。

4. 某产品年固定费用为 500 万元，销售单价为 4 000 元，销售收入 800 万元，结果亏损了 50 万元，试求保本点销量。假如该企业欲获利 100 万元，需销售该产品多少台？

5. 已知变动成本是 100 万元，企业期望相对于变动成本的利润率是 20%，预计产量是 10 万件，请采用变动成本定价法确定产品单价。

课中实训

实训一 了解定价方法

【实训目标】

学生能熟知影响定价的因素，为产品确定合理价格。

任务1：影响定价的因素分析

任务描述：学生以小组为单位，针对项目七实训三中开发的新产品，分析影响该产品定价的企业内外部因素，并将结果记录在表 8-1 中。

表 8-1　影响定价的因素分析

研究内容	研究结果
企业内部因素	
企业外部因素	

任务2：定价方法解析

任务描述：讨论该新产品适合哪种定价方法，选择恰当的方法为其制定价格，将结果记录在表 8-2 中。

表 8-2　定价方法解析

研究内容	研究结果
定价方法及解析	
目标价格	

实训二 选择定价策略

【实训目标】

学生能掌握不同的定价策略，针对不同产品，选择恰当的策略进行定价。

任务1：新产品定价策略

任务描述：讨论该新产品适用的定价策略，制定最终价格，并将结果记录在表8-3中。

表8-3　新产品定价策略

研究内容	研究结果
拟采用的定价策略	
定价策略解析	
最终价格	

任务2：心理定价策略

任务描述：青源公司打算开展一场促销活动，请采用某种心理定价策略为其定价，构思活动如何开展，将结果记录在表8-4中。

表8-4　心理定价策略

研究内容	研究结果
拟采用的心理定价策略	
活动实施情况解析	

课中实训

实训项目评价 ↓

指导教师根据学生对本项目的知识学习和实践训练成果进行评价，学生根据自己的掌握情况进行自我评价。

学习成果评价表

评价维度	评价指标	评价标准	分值	得分	
				教师评价	学生自评
知识（50%）	影响定价的因素	能够熟练列出影响定价的内部因素	4		
		能够熟练列出影响定价的外部因素	4		
	了解定价方法	能够简述成本加成定价法	5		
		能够简述需求导向定价法	5		
		能够简述竞争导向定价法	5		
	选择定价策略	能够熟练说出新产品定价策略	4		
		能够识别心理定价策略	5		
		能够列举产品组合定价策略	5		
		能够识别折扣定价策略	5		
	价格调整策略	能够简述降价策略	4		
		能够简述提价策略	4		
能力（30%）	综合能力	能够正确分析影响定价的因素	5		
		能够为产品选择恰当的定价方法	5		
		能够采用合适的价格策略	5		
		能够制定有效的调价策略	5		
	职业迁移能力	加强团队合作，树立合作共赢的思想	5		
		提高学习能力，与时俱进	5		
素质（20%）	职业素养	树立诚信经营意识，公平定价	5		
		积极参与课堂讨论，认真完成实训任务	5		
		能够创造性地解决问题	5		
	学习态度	认真听讲，积极回答问题	5		
评分	教师评价（80%）＋学生自评（20%）		100		

课中实训

课后提升

📖 **传统文化与营销思想**

贾而好儒话徽商

皖南徽商，萌生于东晋，成长于唐宋，兴盛于明清。其文化底蕴源于程朱理学，《四书集注》普及了儒学思想，形成了理学文化，为商界建立了道德规范，为商人修身齐家治企立范做表，由此培育出一批优秀的古代徽商。

在经营活动中，徽商主张以诚待人，以信立事，以义取利，以德为基。在商品定价方面，徽商也展现了极高的智慧和策略性。这些策略不仅体现了他们的商业才能，还反映了当时市场环境的复杂性。

徽商在制定价格时，首先考虑的是商品的成本，包括原材料、加工费、运输费、税费等。他们会在成本的基础上加上一定的利润百分比，得出最终的售价。这种定价策略不仅确保了商人的基本利润，而且注意了市场接受度和竞争情况。

徽商非常注重市场信息和竞争对手的定价策略。他们会密切关注竞争对手的价格变动，并据此调整自己的价格，以保持竞争优势。这种定价策略要求徽商具备敏锐的市场洞察力和灵活的应变能力。

徽商还会根据市场需求和消费者的心理预期来制定价格。当市场需求旺盛时，他们可能会适当提高价格以获取更高的利润；而当市场需求不足时，他们可能会降低价格以吸引消费者。这种定价策略需要徽商对市场趋势和消费者心理有深入的了解。

由于交通不便，不同地区的市场价格可能存在较大差异。徽商在定价时会考虑地区因素，根据当地的市场需求、消费水平和竞争状况来制定不同的价格。这种定价策略有助于徽商在不同地区的市场中取得优势。

他们不仅考虑成本和利润，还会关注当地百姓的生活水平。他们会尽量保持价格稳定，避免过度抬高价格给百姓带来负担。同时，徽商还注重商品的品质，确保百姓能够购买到物有所值的商品。乐善好施、造福桑梓是徽商精神的精髓。古之徽商，从北到南，荣归故里，第一要务，助师兴教，创办祠堂，为族人定规矩，办教育，梳对错，理乡情。他们热衷公益，为民分忧、为国解难，充分体现了"达则兼济天下"的思想。

（资料来源：宜春经开区微信公众号。有删改）

思考：1. 结合上述资料，谈谈古代徽商进行商品定价时考虑的因素有哪些。

　　　2. 古代徽商经营中蕴含了哪些经世济民的思想？

知识归纳表 ↓

知识回顾：

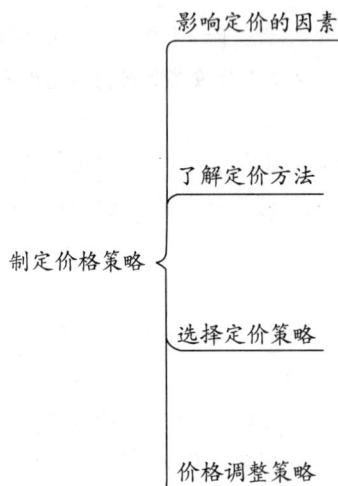

制定价格策略
- 影响定价的因素
- 了解定价方法
- 选择定价策略
- 价格调整策略

思考总结：

心得分享：

项目九
建立渠道策略

✈ 知识目标

1. 了解分销渠道的职能。
2. 掌握分销渠道的类型。
3. 掌握影响分销渠道设计的因素。

✈ 能力目标

1. 能够设计分销渠道。
2. 能够选择恰当的渠道。
3. 能够开展分销渠道创新。

✈ 素养目标

1. 培养独立思考能力和创新意识。
2. 培养良好的执行能力和协作能力。

✈ 育人目标

1. 树立诚信意识和规则意识。
2. 树立依法经营意识。

扫一扫

思维导图

👤 引导案例

各地文旅"杀疯了":多省成"卷王"

　　当"尔滨"成为"冬天里的一把火",如何"截胡"游客?着急又热情的网友纷纷为家乡文旅局长揽活。

　　"江苏文旅局长一口气能做 20 套试卷""沈阳文旅局长一手单挑 3 只东北虎"。网友戏谑的"吆喝声"里,既是满满的家乡自豪感,又是当下各地文旅打响"开门红"的忙碌写照。于是,多省成"卷王",开始花式揽客。

　　1 月 15 日凌晨 3 点,河北文旅官方账号发布的一则宣传片火了,激发网友好奇:"河北到底有哪些风景?"这只是河北文旅近几日数百条短视频中的一条。凌晨两三点发视频,网友的喜好被精准"拿捏",短短两天,河北文旅官方账号粉丝数从 46 万涨到 110 万。河北文旅的工作强度让多地文旅局"睡不着"。1 月 16 日,山西文旅直言"今日起,没有午休,向河北'卷王'宣战"。四川、山西、河南、山东等多省同样用"题海"战术,轰炸式刷屏网友手机。

　　河南洛阳"宠客",一天送出 100 颗莫桑钻,连续送三天。动物园还搬出熊猫"坐镇"。

　　山西文旅则打翻了"醋坛子":编辑称连夜剪辑视频,计算机用崩了;面条、疙瘩汤统统安排上。

　　开启"白+黑"模式的"卷王"还有很多,多地文旅持续发布宣传短视频。自古有云:有朋自远方来,不亦乐乎。看来,各地"抢"游客是认真的。的确,谁都想成为下一个"尔滨"。

　　思考:1. 各地文旅局通过哪些渠道进行了宣传?
　　　　　2. 你认为还有哪些渠道可以利用?

课前自学

一、分销渠道的职能与类型

分销渠道是指产品或服务从生产者（制造商）流向消费者所经过的各个中间商联结起来的整个通道。分销渠道的概念可以从以下3个要点理解。

① 分销渠道的起点是生产者，终点是消费者。分销渠道作为产品据以流通的途径，必然一端连接生产，一端连接消费，生产者提供的产品或服务通过销售渠道源源不断地流向消费者。

② 分销渠道是一组路线，是由生产者根据产品的特性进行组织和设计的。在大多数情况下，生产者所设计的渠道策略会充分考虑其参与者——中间商。

③ 产品在由生产者向消费者转移的过程中，通常要发生两种形式的运动：一是作为买卖结果的价值形式运动，即商流。它是指产品的所有权从一个所有者转移到另一个所有者，直到到达消费者手中。二是伴随着所有权转移而发生的产品实体的空间移动，即物流。商流和物流通常都围绕着产品价值的最终实现，形成从生产者到消费者的一定路线或通道，这些路线或通道从营销的角度来看，就是分销渠道。

（一）分销渠道的职能

分销渠道的职能在于它是连接生产者和消费者的纽带。企业使用分销渠道是因为在市场经济条件下，生产者和消费者之间存在空间分离、时间分离、所有权分离、供需数量差异及供需品种差异等方面的矛盾。分销渠道的职能如图9-1所示。

图 9-1　分销渠道的职能

调研是指收集制订计划和进行交换所必需的信息；促销是指进行关于所供产品的说服性沟通；接洽是指寻找潜在购买者并进行有效的沟通；配合是指所供产品符合购买者需要，包括制造、分等、装配、包装等活动；谈判是指为了转移所供产品的所有权，而就其价格及有关条件达成最后协议；物流是指从事产品的运输、储存、配送等；融资是指为补偿分销成本而取得并支付相关资金；风险承担是指承担与渠道工作有关的全部风险。

（二）分销渠道的类型

1. 根据有无中间商参与交换活动划分

根据有无中间商参与交换活动划分，分销渠道分为直接分销渠道和间接分销渠道。

扫一扫，看微课

分销渠道的类型

① 直接分销渠道是指生产者将产品直接供应给消费者或用户，没有中间商介入。直接分销渠道是工业品分销的主要类型。例如，大型设备、专用工具及技术复杂需要提供专门服务的产品都采用直接分销渠道。消费品中有部分也采用直接分销渠道，如生鲜食品。

② 间接分销渠道是指生产者利用中间商将商品供应给消费者或用户，中间商介入交换活动。间接分销渠道的典型形式是：生产者—批发商—零售商—个人消费者（或团体用户）。现阶段，我国消费品需求总量和市场潜力很大，且多数商品的市场正逐渐由卖方市场向买方市场转化。与此同时，对于生活资料商品的销售，市场调节的比重已显著增加，企业之间的协作已日趋广泛、密切。因此，如何利用间接分销渠道使自己的商品广泛分销，已成为现代企业进行市场营销时所研究的重要课题之一。

2．根据中间环节的多少划分

根据中间环节的多少划分，分销渠道分为长渠道和短渠道。商品从生产者向消费者或用户转移的过程中，商品每经过的一个直接或间接转移商品所有权的营销机构，就叫一个中间环节。在商品分销过程中，经过的环节越多，渠道越长；反之，渠道越短。本书把商品直接到达消费者或只经过一个中间环节的渠道称为短渠道，把经过两个或更多中间环节的渠道称为长渠道。根据所经中间商的数量多少，分销渠道可以分为以下 4 类。

① 零级渠道。其也称直接分销渠道，是指商品由生产者向消费者或用户转移过程中不经过任何中间环节。

② 一级渠道。其含有一个中间环节。例如，在消费者市场，通常是零售商；在产业市场，则通常是销售代理商或佣金商。

③ 二级渠道。其含有两个中间环节。在消费者市场，通常是批发商和零售商；在产业市场，则通常是销售代理商和批发商。

④ 三级渠道。其含有 3 个中间环节。以此类推。更长的渠道较少见，长渠道将大大增加生产者控制分销过程和获得市场信息的难度，并可能导致流通过程中加价过高。4 类分销渠道及其关系如图 9-2 所示。

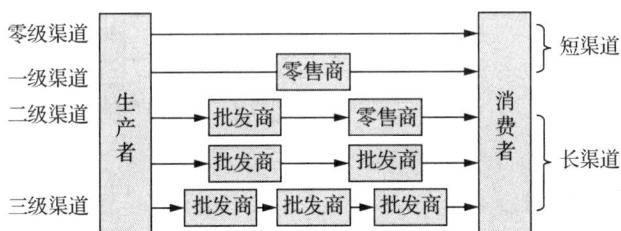

图9-2　4类分销渠道及其关系

3．根据同层次中间商数量的多少划分

根据同层次中间商数量的多少划分，分销渠道分为宽渠道和窄渠道。企业使用的同类中间商多，分销渠道宽，称为宽渠道。例如，矿泉水在零售这一层级，可以通过超市、小卖店、饭店、加油站、食堂等多种零售点销售，该产品的分销渠道比较宽，能大量接触消费者，大批量地销售产品。企业使用的同类中间商少，分销渠道窄，称为窄渠道，它一般适用于专业性强的产品或贵重耐用的消费品，由一家中间商统包，几家中间商经销。它使生产企业容易控制分销，但市场分销面受到限制。

有关企业分销渠道的宽度策略通常有 3 种：密集分销、选择分销和独家分销。

① 密集分销是指生产者运用尽可能多的中间商分销其产品，使渠道尽可能加宽。消费品中的便利品和工业用品中的标准品适合采取这种分销策略，以便为消费者提供购买上的最大便利。

② 选择分销是指在某一地区有条件地选择少数几个中间商分销其产品。选择分销适合所有产品。但相对而言，消费品中的选购品和特殊品最宜采取选择分销策略。

③ 独家分销是指生产者在某一地区只选定一家中间商分销其产品，实行独家经营。独家分销的分销渠道最窄，通常只适合某些技术性强的耐用消费品或名牌。采用独家分销策略时，产销双方通常要签订独家经销合同，规定经销商不得经营竞争者的产品，生产企业可以控制中间商，提高其经营水平，加强产品形象。但这种形式有一定风险，如果这家中间商经营不善或发生意外，生产企业将蒙受损失。

学以致用

请列举你所知道的密集分销、选择分销和独家分销实例。

___

4．根据企业营销中采用渠道的多少划分

根据企业营销中采用渠道的多少划分，分销渠道分为单渠道和多渠道。企业只选择一种渠道进行分销，称为单渠道分销；企业采取多种渠道开展营销，例如在本地区采用直接渠道，在外地采用间接渠道，或在有些地区独家经销，在另一些地区多家分销等，称为多渠道分销。单渠道与多渠道如图 9-3 所示。

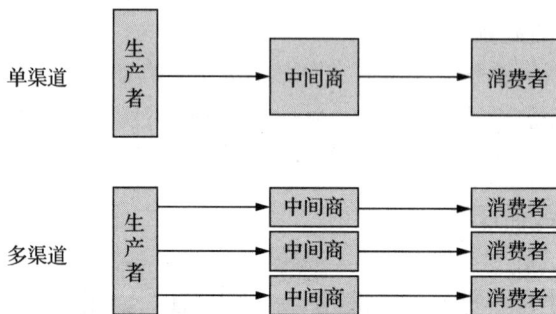

图9-3　单渠道与多渠道

5．根据营销渠道划分

根据营销渠道划分，分销渠道分为传统营销渠道和网络营销渠道。传统营销渠道也称线下营销渠道，指在传统营销模式中，产品从研发生产到最终到达消费者手中所经过的渠道，主要包括百货业态性质的商场、连锁渠道、经销商渠道、代理商渠道、展会、专卖店渠道等。在传统营销渠道中，中间商是重要的组成部分。中间商凭借其业务往来关系、经验、专业化和规模经营，提供给企业的利润通常高于企业自营商店所能获取的利润。

网络营销渠道也称线上营销渠道，是指借助于互联网、通信技术和数字交互式媒体来实现营销目标的营销渠道。以互联网作为支撑的网络营销渠道也应具备传统营销渠道的功能，即订货功能、结算功能和配送功能。网络营销渠道的建立使得消费者从被动接收信息转为主动筛选信息，生产者和最终消费者连接和沟通更加密切。

岗课对接

渠道营销相关岗位分析

渠道营销相关岗位通常涉及与渠道合作伙伴的协调、市场策略的制定和执行、销售活动的组织及客户关系的管理等方面。常见的渠道营销相关岗位如下。

渠道销售经理：负责制定渠道销售策略，管理和协调渠道合作伙伴关系，确保销售目标的实现。

渠道营销专员：协助渠道销售经理执行日常渠道营销任务，包括与渠道伙伴的沟通、销售数据的整理和分析等。

市场策划经理/专员：负责策划和执行市场推广活动，包括线上线下活动、广告投放等，以提高品牌和产品的知名度。

商务拓展经理/专员：负责寻找和建立新的渠道合作伙伴关系，拓展销售渠道，增加市场份额。

客户关系经理/专员：负责管理和维护与渠道合作伙伴及终端客户的良好关系，解决合作过程中出现的问题，提高客户满意度。

数据分析师：负责对销售和市场数据进行收集、整理和分析，为渠道营销策略的制定提供数据支持。

区域销售经理/代表：负责特定区域的销售和市场推广工作，与区域内的渠道合作伙伴建立和维护关系，实现区域销售目标。

这些岗位的具体职责和要求可能因企业规模、行业特点和市场环境的不同而有所差异。在寻找渠道营销相关岗位时，要根据自己的兴趣、技能和职业发展规划来选择合适的岗位。

二、分销渠道的设计与管理

（一）影响分销渠道设计的因素

1．顾客特性

企业分销渠道设计受到顾客人数、地理分布、购买频率、购买数量及对不同营销方式的敏感性等因素的影响。当顾客人数多、地理分布广、购买频率高时，生产企业适宜采取长渠道与宽渠道。

2．产品特性

鲜活易腐产品、技术性强的产品、单位体积大或质量大的产品、单价比较高或有特色的产品宜采用比较短的分销渠道，尽量不通过中间环节。

3．中间商特性

中间商在运输、储存、促销等方面，以及信用条件、退货特权、人员训练和送货频率等方面都具有不同的特点和要求，影响着分销渠道的选择。例如，中间商实力强，覆盖面广，可以采用窄渠道。

4．竞争者特性

企业分销渠道的选择与竞争者的策略有一定关系，企业应尽可能和竞争者保持差异性。

5．企业特性

企业本身的总体规模、能力和商誉影响着分销渠道的选择。这涉及生产者能否控制分销渠道及中间商是否愿意承担分销的职能。企业的产品组合、过去的渠道经验和现行的市场营销政策也会影响分销渠道的选择。

📄 **营销案例**

企业商誉的重要性

张某曾在某房地产公司担任销售经理职务，参与该房地产公司一楼盘项目的销售工作。因对公司不满，张某在离职后取得了该楼盘项目的客户资料，并组织建立微信群。在群聊中，张某发布了一系列该房地产公司的负面信息，包括公司银行账户发生变化、无监管机构等。消息发布后，有多位客户解除了与该房地产公司签订的合同。房地产公司因此起诉张某诋毁企业商誉。

思考：查阅资料，了解企业商誉是什么，谈谈它对企业经营有何影响。

6．环境特性

企业设计分销渠道，受宏观环境的影响。国家的政策法律、经济环境的变化都会影响企业分销渠道的设计。例如，当经济繁荣时，企业可以采用长而宽的渠道，扩大市场覆盖范围，而当经济不景气时，需要适度缩短渠道，降低成本。

（二）分销渠道设计

分销渠道设计是指建立以前从未存在过的分销渠道或对已经存在的渠道进行变更的营销活动。设计分销渠道一般包括分析渠道服务产出水平、确定渠道目标、确定渠道结构方案和评估主要渠道方案 4 个环节。

1．分析渠道服务产出水平

渠道服务产出水平是指渠道策略对顾客购买产品或服务问题的解决程度。影响渠道服务产出水平的因素有以下 5 个。

①购买批量，是指顾客每次购买产品的数量。

②等候时间，是指顾客在订货或现场决定购买后，一直到拿到货物的平均等待时间。

③便利程度，是指分销渠道为顾客购买产品提供的方便程度。

④选择范围，是指分销渠道提供给顾客的产品花色、品种数量。

⑤售后服务，是指分销渠道为顾客提供的各种附加服务，包括信贷、送货、安装、维修等服务。

渠道服务产出水平的提高意味着渠道成本的增加和价格提高，因此如果能够节约开支，有些顾客愿意接受较低水平的服务。

2．确定渠道目标

分销渠道设计的中心环节是确定达到渠道目标的最佳途径。渠道目标是企业预期达到的顾客服务水平（何时、何处、如何对目标顾客提供产品和实现服务）及中间商应执行的职能。无论是创建渠道，还是对原有渠道进行变更，设计者都必须将企业的渠道目标明确地列示出来。确定渠道目标时应考虑影响分销渠道设计的因素。例如，日用品要方便购买，大型设备要减少搬运次数；经济不景气时，渠道应适度缩短等。

3．确定渠道结构方案

有效的渠道设计应该以确定企业所要进入的市场为起点。不同企业、不同商品的分销渠道的设计也不相同。确定渠道结构方案时应考虑以下3个因素。

（1）确定中间商的类型

中间商有4种类型：经纪人、代理商、批发商、零售商。

- 经纪人是介绍买卖双方交易，以获取佣金的中间商。
- 代理商是受企业的委托，在一定的区域，在一定的代理权限下，以企业的名义代替企业开展经济活动的中间商。
- 批发商是指从生产企业购进商品，然后转售给零售商、产业用户或各种非营利组织，不直接服务于个人消费者的商业机构，位于商品流通的中间环节。
- 零售商是指将商品直接销售给最终消费者的中间商，是相对于生产者和批发商而言的，处于商品流通的最终阶段。

企业应根据自身特点、商品特性等选择中间商的类型。

（2）确定中间商的数量

确定中间商的数量即决定渠道的长度和宽度。这要参考影响渠道设计的因素，其中产品本身的特点、市场容量的大小和需求面的宽窄具有重要参考意义。

（3）规定中间商彼此的权利和责任

在确定了渠道的长度和宽度之后，企业还要明确与中间商彼此之间的权利和责任，如对不同地区、不同类型的中间商和不同的购买量给予不同的价格折扣，提供质量保证和跌价保证，以促使中间商积极进货；规定交货和结算条件，以及规定彼此为对方提供哪些服务，如产方提供零配件、代培训技术人员、协助促销，销方提供市场信息和各种业务统计资料。中间商的权利和责任应在签约条款中明确体现。

4．评估主要渠道方案

评估主要渠道方案即指在可行的渠道结构方案中选择最能满足企业长期营销目标的渠道结构方案。这就需要运用一定的标准对渠道进行全面评价。常用的标准有经济性、可控制性和适应性。

经济性标准主要考虑的是每一条渠道的销售额与成本的关系，因为企业的最终目的在于获取最佳经济效益；可控制性标准考虑的是企业对渠道的控制力；适应性标准指企业要有一定的适应能力，能适应市场需求和由此产生的各个方面的变化。

（三）分销渠道管理

企业在进行渠道设计之后，还必须对中间商进行选择、激励、评估和对分销渠道进行调整。

（1）选择中间商

总的来说，知名度高的、实力雄厚的企业很容易找到合适的中间商，而知名度低的、新的中小企业较难找到合适的中间商。

企业选择中间商时应注意：能否接近企业的目标市场；地理位置是否有利；市场覆盖面是否大；中间商对产品的销售对象和使用对象是否熟悉；中间商经营的产品大类中是否有相互促进的产品或竞争产品；中间商资金大小，信誉高低，营业历史的长短及经验是否丰富；中间商拥有的业务设施，如交通运输、仓储条件、样品陈列设备等情况如何；从业人员数量的多少，素质的高低；销售能力和售后服务能力的强弱；从业人员管理能力和信息反馈能力的强弱。

（2）激励中间商

为使渠道高效运作，企业在管理中必须注重对中间商的激励，不断正向强化双方的合作关系。激励中间商有直接激励和间接激励两种方式。

① 直接激励是指通过给予物质或金钱奖励来肯定经销商在销量和市场规范操作方面的成绩。实践中，企业多采用返利的形式激励制造商。

② 间接激励是指通过帮助中间商进行销售管理，以提高销售的效率和效果来激发中间商的积极性和销售热情的一种激励手段。

（3）评估中间商

企业需要定期、客观地评估中间商的绩效。评估标准主要包括以下内容。

① 销售指标完成情况。中间商所实现的商品销量、销售额直接表明了中间商的实力，这是检查、评估的首要指标。

② 平均存货情况。中间商具有仓储功能，在一定程度上可以降低生产企业的存货压力。但是，中间商存货过多，会造成商品流通速度缓慢，影响中间商的经济效益，所以能够维持正常周转的最低存货量，才是最佳存货量。

③ 产品市场占有率。衡量中间商营销能力的另外一个重要指标是产品市场占有率。中间商所销售产品的市场占有率直接影响着生产企业的市场发展状况。一般情况下，较高的市场占有率可以给企业带来丰厚的利润。

其他如支付货款的情况、中间商的利润及发展趋势、中间商与生产企业的配合程度、中间商的管理水平与管理能力等，也是评估中间商的有效标准。

（4）调整分销渠道

企业应根据实际情况、中间商的实绩，对渠道结构加以调整：增减中间商；增减销售渠道；变动分销系统。

为了适应多变的市场需求，根据企业本身的要求及中间商的表现，企业往往需对分销渠道进行调整。调整分销渠道主要有以下3种方式。

- 增减分销渠道对象。这是指在某一分销渠道模式里增减个别中间商，而不是增减这种渠道模式。
- 增减某种分销渠道。这是指增减某一渠道模式，而不是增减渠道里的个别中间商。某种分销渠道出售本企业的某种产品，其营业额一直不够理想，企业可以考虑在全部目标市场上或某个区域内撤销这种渠道模式，增设一种其他渠道模式。
- 调整现有分销渠道。这是调整分销渠道决策中比较困难的一种，因为不仅要改变整个已经习惯的分销渠道，而且要调整企业已经习惯的市场营销组合策略，并要制定相应的政策。

营销拓展

渠道冲突

　　渠道冲突是指组成营销渠道的各组织间敌对或者不和谐的状态。当一个中间商的行为与其渠道合作者的期望相反时，便会产生渠道冲突。渠道冲突有水平渠道冲突、垂直渠道冲突和多渠道冲突3种类型。产生渠道冲突的原因主要在于中间商间不相容的目标、对现实的不同理解，以及各自的领域冲突等。

　　水平渠道冲突指的是同一渠道模式中，同一层次中间商之间的冲突。例如，某一地区同时经营A企业产品的两家中间商产生的矛盾与竞争。

　　垂直渠道冲突指的是在同一渠道中不同层次中间商之间的冲突。例如，批发商可能会抱怨生产企业在价格方面控制得太紧，从而产生不满。因此垂直渠道冲突也称渠道上下游冲突。

　　多渠道冲突指的是生产企业建立多渠道营销系统后，不同渠道服务于同一目标市场时所产生的冲突。

三、分销渠道的创新与变革

（一）线下分销渠道的变革

（1）线下渠道数字化

随着数字技术的快速发展，线下渠道也开始向数字化方向转型。传统的实体店铺通过引入智能支付、电子导购、虚拟现实等技术，提升消费者的购物体验。同时，线下渠道也开始与线上平台融合，实现线上线下一体化运营。

（2）线下渠道扁平化

渠道扁平化是指通过缩减分销渠道中不增值的环节或者增值很少的环节，以提高效率、降低成本并增强市场竞争力。目前一些生产者减少中间商，直接向终端零售商供货，减少链条环节利润分成。

（3）体验式消费兴起

消费者对于购物体验的需求越来越高，线下渠道需要注重打造独特的购物环境和体验。例如，通过提供试妆、试穿、试用等服务，让消费者在购买前能够更直观地了解产品的特点和效果，从而提高购买决策的准确性。

（4）跨界合作与共创

线下渠道开始寻求与其他行业或品牌进行跨界合作与共创，以创造新的商业模式和价值。例如，咖啡店与书店、服装店与艺术品展示等跨界合作，不仅可以吸引更多消费者，还能拓宽商业视野，创造更多商业机会。

（5）社区化运营

线下渠道开始注重社区化运营，通过组织各类社交活动、建立会员制度等方式，增强与消费者的互动和黏性。这种社区化运营不仅可以提高消费者的忠诚度和复购率，还能为品牌积累更多的用户数据和反馈。

（二）线上分销渠道的变革

（1）社交电商的崛起

社交电商通过社交媒体平台将购物和社交紧密结合，使用户在社交互动中完成购物行为。例如，通过微信、抖音等社交平台，用户可以浏览产品、分享购物经验、参与团购或直播"带货"等活动，这种创新的线上渠道模式为消费者提供了更加便捷、个性化的购物体验。

（2）直播"带货"的兴起

直播"带货"是一种将直播与电商结合的新型销售模式，通过直播平台实时展示产品、解答疑问、促成交易。这种模式不仅增强了消费者的购买信心，还为消费者提供了更加直观、真实的购物体验。

（3）个性化推荐算法的优化

个性化推荐算法通过分析消费者的购物历史、浏览行为等数据，为消费者推荐符合其需求的产品和服务。随着人工智能技术的发展，个性化推荐算法越来越精准，为消费者提供了更加个性化的购物体验。

营销拓展

渠道下沉

渠道下沉是指原本只在城市中销售的网络扩散开来，并且深入到农村基层去，它是一种新的营销策略。选择渠道下沉是因为原本的市场环境发展、行业、产业结构出现瓶颈，企业将渠道延伸至三四线及以下城市或农村市场，以寻求更广阔的市场。过去线上商家主要将目光放在了一二线城市上，直到拼多多崛起，才意识到三四线城市甚至农村具有广阔的市场。于是各大平台纷纷将目光瞄准了下沉市场，如京东通过社交电商、线下店等零售模式，将四五线市场作为拓展重点，而天猫则是通过聚划算攻占下沉市场。

（三）线上线下渠道的融合

线上渠道和线下渠道的融合是当前零售业和市场营销的重要趋势。这种融合旨在为消费者提供无缝的购物体验，同时优化运营效率和提高市场竞争力。线上渠道和线下渠道融合的主要特点如下。

（1）无缝购物体验

消费者可以在不同渠道之间无缝切换，无论是在线上浏览产品、下单购买，还是在线下实体店体验、提货或退货，都能够享受到一致的服务和体验。这种融合使得消费者可以更加便捷地购买产品，提高了购物的便利性。

（2）数据驱动的个性化服务

通过线上和线下渠道的融合，企业可以收集更多的消费者数据，包括购物行为、偏好、需求等。这些数据可以用于分析消费者行为，提供个性化的服务和产品推荐。这种个性化服务可以增强消费者的忠诚度和满意度。

（3）库存管理和物流优化

线上线下渠道的融合可以使得企业更好地管理库存和物流。通过实时数据共享和分析，企业可以预测需求、优化库存分配和提高物流效率。这有助于减少库存积压和缺货情况，提高销售效率和客户满意度。

（4）扩大市场份额和销售渠道

线上线下渠道的融合可以使得企业覆盖更广泛的消费群体，扩大市场份额。线上渠道可以覆盖更广泛的地理区域，而线下渠道可以提供实体店的体验和信任感。通过融合两个渠道，企业可以吸引更多的消费者，提高销售额。

（5）增强品牌影响力

线上线下渠道的融合可以增强品牌影响力。通过一致的品牌形象和服务标准，企业可以在不同渠道之间建立品牌认知度和信任感。这有助于提高消费者对品牌的忠诚度和口碑传播。

营销案例

新零售模式的创新实践——以京东到家为例

京东到家是一个以O2O模式为基础的电商平台，通过与实体店铺合作，为消费者提供更加便捷、快速的购物服务。京东到家具有以下创新实践。

①精确定位：京东到家将目标消费群体定位为年轻用户和家庭用户等消费能力较强的群体，为他们提供更加便捷、快速的购物服务。

②深度合作：京东到家与实体店铺进行深度合作，通过数据共享和信息交流，实现了商品的统一采购、库存共享等，提高了整个零售价值链的效率和效益。

③智能物流配送：京东到家运用智能化技术手段，实现了物流配送的智能化管理，通过大数据分析和挖掘，能够更加精准地了解消费者的购物需求和习惯，为消费者提供更加快速、精准的配送服务。

④个性化服务：京东到家为消费者提供更加个性化的服务，通过数据分析和挖掘，能够更加精准地了解消费者的购物需求和习惯，为消费者提供更加个性化的购物体验。总之，线上线下融合的新零售模式是市场发展的必然趋势，通过数字化、智能化等技术手段的创新实践，这种新型零售模式将会在未来继续发挥重要作用。

（资料来源：知行万里商学。有删减）

思考：谈谈京东到家对消费者的购买行为有哪些影响。

知识检测 ↓

一、选择题

1. 某车站在站前广场增设多个广场售票点，这属于（　　）分销渠道。

    A. 延长　　　　　　　　　　　　B. 缩短

    C. 拓宽　　　　　　　　　　　　D. 缩窄

2. 产品的质量和体积越大，其分销渠道越（　　）。

    A. 长　　　　　　　　　　　　　B. 短

    C. 宽　　　　　　　　　　　　　D. 窄

3. 下列不属于密集分销的优点的是（　　）。

    A. 辐射范围广　　　　　　　　　B. 中间商相互竞争

    C. 产品能更快地进入目标市场　　D. 分销成本低

4. 根据所经中间商的数量多少，分销渠道可以分为 4 个渠道，其中最直接、最简短的分销渠道是（　　）。

    A. 零级渠道　　　　　　　　　　B. 一级渠道

    C. 二级渠道　　　　　　　　　　D. 三级渠道

5. 根据同层次中间商数量的多少划分，分销渠道可分为宽渠道和窄渠道。下列选项中属于宽渠道的缺点的是（　　）。

    A. 竞争程度不高

    B. 不利于企业和分销渠道的进步

    C. 竞争激烈，极易爆发渠道冲突

    D. 市场覆盖面较窄

二、判断题

1. 名牌手表适宜采用独家分销策略。（　　）

2. 窄渠道是指企业同时选择两个以上的同类中间商销售产品。（　　）

3. 日用消费品、工业品中的标准件一般可以采用较长的分销渠道，而高档消费品、工业品中的专用设备或成套机组则应采用较短的分销渠道。（　　）

4. 选购品适宜采用密集分销策略。（　　）

5. 间接分销渠道是指产品从生产者流向最终消费者的过程中不经过任何中间商转手的分销渠道。（　　）

三、简答题

1. 简述分销渠道的职能。

2. 简述影响分销渠道设计的因素。

3. 如何对分销渠道进行有效管理？

4. 分销渠道的创新与变革有哪些？

课中实训

实训一　分销渠道的类型

【实训目标】

学生能掌握渠道类型，能针对不同产品选择合适的渠道。

任务1：直接分销渠道与间接分销渠道选择

任务描述：学生以小组为单位，以项目七实训三中开发的新产品为例，分析该产品适合直接分销渠道还是间接分销渠道，并将结果记录在表9-1中。

表 9-1　直接分销渠道与间接分销渠道选择

研究内容	研究结果
产品名称	
渠道类型	
渠道选择原因	

任务2：长渠道与短渠道选择

任务描述：分析该产品适合长渠道还是短渠道，并将结果记录在表9-2中。

表 9-2　长渠道与短渠道选择

研究内容	研究结果
渠道类型	
渠道选择原因	

任务3：宽渠道与窄渠道选择

任务描述：分析该产品适合宽渠道还是窄渠道，将结果记录在表9-3中。

表 9-3　宽渠道与窄渠道选择

研究内容	研究结果
渠道类型	
渠道选择原因	

实训二　分销渠道的设计与管理

【实训目标】

学生能够进行简单的渠道设计，对渠道激励提出自己的见解。

任务1：分销渠道设计

任务描述：针对该产品进行渠道设计，将渠道设计各环节的要点记录在表 9-4 中。

表 9-4　分销渠道设计

研究内容	研究结果
分析渠道服务产出水平	
确定渠道目标	
确定渠道结构方案	
评估主要渠道方案	

任务2：激励中间商

任务描述：针对该产品的渠道设计，确定激励中间商的方法，将结果记录在表 9-5 中。

表 9-5　激励中间商

中间商	激励方法

实训三　分销渠道创新

【实训目标】

学生能根据产品特征，选择恰当的线上线下渠道，开展渠道推广。

任务1：线上渠道策略

任务描述：针对该产品选择线上渠道开展营销，说明营销实施过程，将结果记录在表9-6中。

表9-6　线上渠道策略

渠道类型	营销策略

任务2：线上与线下渠道融合

任务描述：针对该产品进行线上线下渠道融合营销，确定营销目标，进行渠道选择，制定线上线下统一的体验营销策略，将结果记录在表9-7中。

表9-7　线上线下渠道融合营销

研究内容	研究方法
营销目标	
线上渠道选择	
线下渠道选择	
体验营销策略解析	

实训项目评价 ↓

指导教师根据学生对本项目的知识学习和实践训练成果进行评价，学生根据自己的掌握情况进行自我评价。

学习成果评价表

评价维度	评价指标	评价标准	分值	得分	
				教师评价	学生自评
知识（50%）	分销渠道的职能与类型	能够准确表述分销渠道的含义	4		
		能够熟练列出分销渠道的职能	4		
		能够熟练列出分销渠道的类型	5		
	分销渠道的设计与管理	能够简述影响分销渠道设计的因素	7		
		能够详细说明分销渠道设计的4个环节	6		
		能够熟练列出分销渠道管理的内容	8		
	分销渠道的创新与变革	能够说明线下分销渠道的变革	7		
		能够说明线上分销渠道的变革	6		
		能够简述线上线下渠道融合的主要特点	7		
能力（30%）	综合能力	能够判断影响产品分销渠道设计的因素	5		
		能够针对产品选择适当的渠道	5		
		能够根据产品进行分销渠道设计	5		
	创新能力	能够运用线上线下全渠道开拓市场	5		
	职业迁移能力	培养创新思维，创造性地开拓分销渠道	5		
		培养严谨认真的做事态度	5		
素质（20%）	职业素养	积极思考，善于总结	5		
		积极参与课堂讨论，认真完成实训任务	5		
		能够创造性地解决问题	5		
	学习态度	认真听讲，积极回答问题	5		
评分	教师评价（80%）+学生自评（20%）		100		

课后提升

📖 传统文化与营销思想

古代对外贸易商路的演变

1. 秦汉时期，对外贸易以陆路为主

通常认为我国对外贸易始于秦朝，兴于汉朝。汉朝时期的对外贸易中，贸易国家先是罗马，后为阿拉伯地区，再有朝鲜、日本、印度等国家和地区。贸易商品中，我国输出丝织品、皮毛、铁器及其他金属制品，输入香料、药材、玻璃、各种织物和宝石等商品。贸易通道主要是陆路"丝绸之路"。张骞出使西域后，汉朝的使者、商人接踵西行，通过陆上丝绸之路与中亚、西亚、南亚诸国进行频繁的经济文化交流，通过海上丝绸之路与印度等地进行经常的贸易往来。

2. 隋唐时期，水路、陆路并进

唐朝对外贸易繁荣。唐政府在广州设置市舶司，管理对外贸易。唐朝和朝鲜的贸易往来繁盛，朝鲜输入唐朝的有牛、马、麻、人参，唐朝输入朝鲜的有丝绸、茶叶、瓷器、药材、书籍等。中亚、波斯商人足迹遍及各地，他们把胡椒、波斯枣、药品、香料、珠宝等输入中国，中国的丝绸、瓷器、纸张等也源源不断地运往波斯，并从那里运销西方。对外交通有海路和陆路。

3. 两宋时期，陆路中断，海外贸易发达

北宋政府在广州、杭州等地设置市舶司，负责管理对外贸易和事务，征收商税。南宋海外贸易的重要港口有广州、泉州、明州等，泉州是当时世界上最大的国际贸易港。同南宋通商的国家和地区有50多个，阿拉伯商人居多。绍兴末年，广州、泉州两个市舶司每年收税高达200万贯，超过北宋一倍多。中国的丝织品、瓷器、茶叶等远销日本、东南亚等地，输入商品以香料、珠宝为主。

4. 元朝时期，水、陆商路并进

泉州港在元代最为繁荣，取代广州成为第一大港，也是当时世界上最大的港口，成为著名的"海上丝绸之路"的起点，因为泉州全城遍植刺桐，所以"刺桐港"的名声远播海外，其繁荣程度比宋代的广州有过之而无不及。元代时有海外贸易关系的国家和地区多至140余个，其海上贸易的范围东到日本，西达波斯湾、红海和非洲东海岸。

5. 明朝，海运发达，远达东非和红海

郑和下西洋与亚非30多个国家和地区直接贸易，最远到达非洲东海岸和红海沿岸地区。明朝著名的对外贸易港口有广州、泉州、宁波、福州。明朝时期白银货币化的趋势进一步加强。同时期，欧洲也在积极开拓海外市场，但是世界资本主义的兴起和发展并没有使明朝也纳入其中。明朝仍然保存了很大部分的传统经济。

6. 清初，闭关政策，只准广州接待外商

清朝政府实行闭关政策，一方面禁止国人出海贸易，另一方面限制外商来华贸易，只开放广州一地对外贸易，还几次下令实行海禁。在正当的中外贸易中，我国处于出超地位，出现贸易顺差。我国出口商品数量少，对外贸易在整个经济中的份额极小，难以促进工商业的发展。

思考：1. 结合上述资料，谈谈我国古代对外贸易商路的演变过程。

2. 古代对外贸易的发展对我们有什么启示？

知识归纳表 ↓

知识回顾：

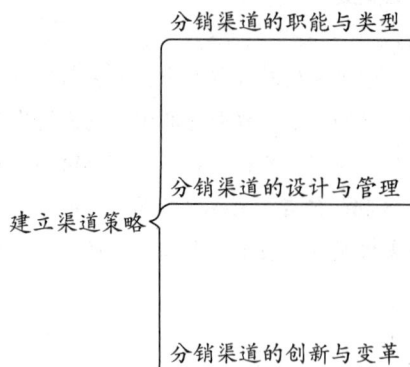

建立渠道策略
- 分销渠道的职能与类型
- 分销渠道的设计与管理
- 分销渠道的创新与变革

思考总结：

心得分享：

课后提升

项目十
整合促销策略

◢ **知识目标**

1. 了解促销的作用。
2. 掌握促销方式与策略。
3. 掌握各种促销方式的实施步骤。

◢ **能力目标**

1. 能够选择恰当的促销方式。
2. 能够进行促销方案设计。
3. 能够开展促销策略创新。

◢ **素养目标**

1. 培养创新能力和独立思考能力。
2. 培养人际沟通与协作能力。
3. 培养文案写作能力。

◢ **育人目标**

1. 树立诚信推销、童叟无欺意识。
2. 树立依法宣传推广意识。
3. 树立正向价值观，培养企业家精神。

扫一扫

思维导图

--- 👤 **引导案例** ---

淘宝的"双十一"促销策略有哪些

淘宝的"双十一"促销活动是一个复杂而全面的营销计划，旨在吸引消费者、提高销售额和品牌知名度。常见的促销策略如下。

① 预售活动：在"双十一"之前，淘宝会推出预售活动，让消费者提前下单购买商品，享受更优惠的价格。预售活动可以刺激消费者的购买欲望，提高销售额。

② 折扣优惠："双十一"是淘宝全年最大的促销活动，因此折扣优惠是必不可少的。淘宝会提供各种形式的折扣，如直降、满减、折扣券等，以吸引消费者购买。

③ 红包奖励：淘宝会向消费者发放红包奖励，消费者可以在购物时使用这些红包抵扣现金。这种奖励机制可以刺激消费者的购买行为，提高销售额。

④ 跨界合作：淘宝会与其他品牌或行业进行合作，共同推出促销活动。这种合作可以扩大淘宝的影响力，吸引更多的消费者关注。

⑤ 社交媒体营销：淘宝会通过社交媒体平台（如微博、微信等）进行营销，发布促销信息、活动预告等，吸引消费者的关注和参与。

⑥ 数据分析与个性化推荐：淘宝会利用大数据分析消费者的购物行为和喜好，为消费者提供个性化的商品推荐和优惠信息，提升购物体验，提升购买转化率。

思考：1. 你觉得什么是促销，促销有什么作用？

2. 促销策略有哪些类型？

课前自学

一、促销

（一）促销内涵与作用

促销即促进销售，是市场营销者向消费者传递有关本企业及产品的各种信息，说服或吸引消费者购买其产品，以达到提高销量的一种活动。

促销实质上是一种信息沟通活动，即市场营销者发出刺激消费的各种信息，把信息传递给一个或更多的目标对象，以影响其态度和行为。常用的促销手段有人员推销、广告、营业推广和公共关系。

促销的作用可以概括为以下4点。

1．传递信息

把有关产品和生产者的信息，例如价格、品种、规格、服务等传递给消费者，让消费者了解该产品。

2．突出产品特点

宣传产品的独到之处，突出产品能带给消费者什么特殊利益，使消费者对产品"情有独钟"，产生购买欲望。

3．引导需求

促销宣传让消费者关注自身需要，或者改变消费者的消费习惯、消费观念和购买行为，使消费者产生对本企业产品的需求，并购买本企业产品。

4．稳定市场

长期的促销宣传使消费者对企业产品的认识不断巩固和加深，成为企业稳定的消费群体。

（二）促销方式与策略

1．促销方式

企业将合适的产品，在适当地点、以适当的价格出售的信息传递到目标市场，一般是通过两种方式：一种是人员推销，即推销人员向消费者面对面地推销；另一种是非人员推销，即通过大众传播媒介在同一时间向大量消费者传递信息。非人员推销主要包括广告、营业推广和公共关系3种方式。促销的基本方式如图10-1所示。

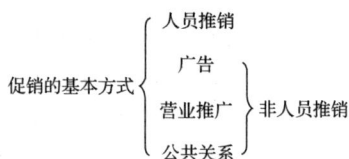

促销的基本方式 { 人员推销 / 广告、营业推广、公共关系（非人员推销）}

图10-1　促销的基本方式

2．促销策略

根据促销手段的出发点与作用的不同，促销策略可分为以下两种。

（1）推式策略

推式策略即以直接方式，运用人员推销手段，把产品推向销售渠道。其作用过程如下：企业的推销人员把产品或服务推荐给批发商或代理商，再由批发商或代理商推荐给零售商，最后由零售商推荐给最终消费者。

推式策略的适用情况如下。

- 企业经营规模小或无足够资金用以执行完善的广告计划。
- 市场较集中，分销渠道短，销售队伍大。
- 产品具有很高的单位价值，如特殊品、选购品等。
- 产品的使用、维修、保养方法需要进行示范。

（2）拉式策略

拉式策略指采取间接方式，如通过广告、营业推广和公共关系等手段吸引最终消费者，使消费者对企业的产品或服务产生兴趣，从而引起需求，主动购买产品或服务。其作用过程如下：企业将消费者引向零售商，将零售商引向批发商，将批发商引向生产企业。

拉式策略的适用情况如下。

- 市场广大，产品多属便利品。
- 产品信息必须以最快速度告知广大消费者。
- 对产品的初始需求已呈现出有利的趋势，市场需求日渐上升。
- 产品具有独特性能，与其他产品的区别显而易见。
- 产品能引起消费者某种特殊情感。
- 有充分资金用于广告。

学以致用

举例说明推式策略和拉式策略各适用于哪些产品。

（三）促销组合

促销组合是指企业在市场营销活动中有计划、有目的地把人员推销和非人员推销的具体促销方式结合起来，综合运用，形成一个完整的最佳促销策略。

1. 促销组合决策的影响因素

（1）促销目标

促销目标是影响促销组合决策的首要因素。每种促销方式都有其独有的特性和成本。营销人员必须根据具体的促销目标进行合适的促销组合。如果促销目标是增加产品销量，强调近期效果，促销组合应注重于销售促进；如果是树立良好的形象，强调提高形象竞争力，促销组合应注重于公共关系活动。

（2）市场特点

企业目标市场的不同特征影响着不同促销方式的效果。在地域广阔、分散的市场，广告有着重要的作用。如果目标市场窄而集中，可使用有效的人员推销方式。此外，目标市场的其他特性，如市场类型、竞争状况及消费者收入水平、风俗习惯、受教育程度等都会对各种促销方式产生不同的影响，企业应综合考虑制定有针对性的促销组合策略。

（3）产品因素

不同类型产品的消费者在信息需求、购买方式、购买目的等方面是不相同的，需要采用不同的促销方式。例如，产业市场因购买者购买批量较大，市场相对集中，要重视人员促销的作用；消费者市场人数多，范围广，要重视广告的促销作用。

在产品生命周期的不同阶段，促销方式有不同效益。

在引入期，广告和销售促进的配合使用能促进消费者认识和了解本企业产品。在成长期，出现了竞争对手，广告的作用在于强调产品和品牌的特色，进一步提高市场占有率，同时企业应增加一定的人员推销。在成熟期，竞争对手日益增多，广告的作用在于强调本产品与其他同类产品的差异性，与竞争对手相抗衡，同时，企业应运用适当的销售促进方式，增加促销费用。在衰退期，企业产品的销量大幅下降。此时，企业应采用提示性广告，保持消费者记忆。同时，人员推销也应减至最小规模，并辅之以适当的销售促进和公共关系策略，以保证一定的利润收入。

（4）消费者心理因素

在不同的购买心理阶段，企业应采取不同的促销组合，以引导消费者做出购买决定。一般来说，广告在购买心理的初级阶段，对吸引消费者的注意力较有效果；公共关系策略适合新产品的促销，如利用新闻报道等宣传新产品几乎接近广告的效果；人员推销对唤起购买欲望、引导购买决定具有很好的效果。

（5）促销策略

促销组合较大程度上受企业选择推式策略或拉式策略的影响。推式策略要求使用销售队伍，通过销售渠道推出产品。而拉式策略则要求在广告和促销方面投入较多，以激发消费者的需求欲望。

（6）其他营销因素

除上述因素外，企业的规模与实力、促销费用预算、整体发展战略，以及社会经济形势、竞争环境等因素都不同程度地影响着促销组合决策。营销人员应审时度势，全面考虑，制定出有效的促销组合策略。

2．促销组合决策步骤

（1）确定促销对象

通过市场调研，明确产品的目标消费者，了解目标消费者的特征，如性别、年龄、购买习惯等，确定是个人、家庭还是社会团体购买。通过明确目标消费者，为后续选择促销方式做准备。

（2）制定促销目标

不同时期和不同的市场环境下，企业开展的促销活动都有着特定的促销目标。对短期销量目标，宜采用营业推广的方式；对长期品牌推广目标，公共关系具有重要作用。

（3）确定促销时机和促销期限

促销时机的选择一般应结合消费需求时间的特点，结合总的市场营销战略确定，日程安排应注意与生产、分销、需求的时机协调一致。促销期限不宜过长或过短，应综合考虑产品特点、消费者购买习惯、促销目标、竞争者策略及其他因素，按照实际需求而定。

（4）设计促销信息

这一阶段，企业要明确打算向目标消费者传递哪些促销信息，并以此刺激其反应。促销信息可以是帮助消费者了解产品或企业的信息，也可以是优惠政策方面的信息，还可以是宣传品牌形象的信息。企业促销目标不同，信息的侧重点会有所不同。

（5）确定促销预算

企业根据自己的经济实力和宣传期内受干扰的程度决定促销组合方式。如果企业实力雄厚，促销费用宽裕，可以采用销售百分比法、利润百分比法等预算方式确定促销费用；如果企业规模较小，则可采用量力而行法确定促销费用。

（6）确定促销方式的具体组合

根据促销目标和预算，选择合适的促销工具，如人员推销、广告、营业推广和公共关系，制定促销组合方案。按照制定的促销方案，组织实施促销活动，确保活动的顺利进行。

（7）评估促销效果

在促销活动结束后，对促销效果进行评估，分析活动是否达到了预期目标，总结经验教训，为下一次促销活动提供参考。

二、人员推销策略

人员推销是指企业通过派遣销售人员与一个或一个以上的潜在顾客进行交谈，做口头陈述，从而达到推销产品目的的活动。推销人员、推销对象和推销品构成推销活动的 3 个基本要素。其中前两者是推销活动的主体，推销品是推销活动的客体。

（一）人员推销的特点

1．针对性强

人员推销是推销人员与顾客的直接沟通。推销人员可以根据顾客的实际需求，有针对性地从某个侧面介绍产品的特点及功能，抓住有利时机促成交易。

2．适应性强

推销人员在推销过程中，可以直接观察和感受到顾客的反应，揣摩顾客的心理变化，适应顾客的情绪表现，及时地调整和改进促销方式，从而促成交易。

3．双向信息传递性

在推销过程中，推销人员一方面可以把企业信息及时、准确地传递给目标顾客，另一方面还可以把市场信息及顾客的要求、意见、建议反馈给企业，为企业调整营销方针和政策提供依据。

4．容易建立长期稳定的关系

满足顾客需要是推销成功的关键。推销人员帮助顾客解决困难、提供服务、建立信誉，这一过程使推销人员与顾客之间容易建立起长期稳定的关系。

（二）人员推销的基本形式

人员推销的基本形式有以下 3 种。

1．上门推销

上门推销是最常见的人员推销方式。它是由推销人员携带产品样品、说明书和订单等走访顾客，推销产品。这种推销方式可以针对顾客的需要提供有效的服务，方便顾客，故被顾客广泛认可和接受。

2．柜台推销

柜台推销是指企业在适当地点设置固定门市，由营业员接待进入门店的顾客，推销产品。门店的营业员是广义的推销人员。柜台推销与上门推销正好相反，它是等客上门式的推销方式。

3．会议推销

会议推销是指利用各种会议向与会人员宣传和介绍产品，开展推销活动。譬如，在订货会、交易会、展览会、物资交流会等会议上推销产品。这种推销方式接触面广、推销集中，可以同时向多个推销对象推销产品，成交额较大，推销效果较好。

（三）人员推销的实施步骤

1．识别潜在顾客

推销人员首先要寻找机会，发现潜在顾客，创造需求，开拓市场。所谓潜在顾客就是既可以获益于某种推销的产品，又有能力购买这种产品的个人或组织。

2．前期准备

在确定访问对象后，推销人员应先邀约并做好相关资料的准备，重点要熟知产品知识，如该产品能给顾客带来什么好处、它的用途和使用方法、它与其他同类产品之间的比较、有哪些售后服务及如何进行财务结算等。

3．接近顾客

在接近顾客环节，第一印象非常重要。推销人员一定要选择合适的接近方式，以获取信任。与顾客见面时可以采取下列方法。

① 产品接近法。推销人员直接利用推销的产品引起顾客注意，这种方式适用于推销本身有吸引力、轻巧、质地优良的产品。

② 利益接近法。利用产品的实惠引起顾客的注意和兴趣。

③ 馈赠接近法。推销人员利用赠礼品来引起顾客兴趣，从而进行交谈。

④ 介绍示范接近法。运用恰当的方式介绍演示产品，突出产品优势，刺激顾客的购买欲望。

4．介绍产品

在介绍产品阶段，推销人员要设计吸引顾客注意的销售展示活动。介绍产品时要有条理，可以从产品的功能、性能、价格、特色等方面介绍。介绍过程要抓住重点、差异点，语言尽量简洁易懂。

5．应对异议

异议就是购买双方对某些问题有不同的意见。交谈中顾客往往会提出各种购买异议。推销人员在处理购买异议时应注意语言技巧，耐心细致地将顾客的异议当面解决。

6．达成交易

达成交易即推销人员要求对方采取订货购买行动的阶段。推销人员一旦发现对方有购买意愿，应立即抓住时机成交，不失时机地为顾客办理成交手续。此时，推销人员为促成交易，还可以提供一些最后保留的优惠条件，以达到双赢的目的。

7．跟踪服务

交易达成并非推销的结束。如果推销人员希望顾客满意并重复购买其产品，需要做好顾客维护工作，如帮助顾客解决产品使用问题、收集顾客的意见和建议、深入满足顾客的个性化需求、建立顾客数据库、培养忠诚客户资源等。

学以致用

互联网时代下，如何利用互联网寻找顾客？

岗课对接

销售人员的职业发展路径

销售人员的职业发展路径通常是多元化的，销售人员可以根据个人的兴趣、能力和组织需求来选择不同的方向。常见的销售人员职业发展路径如下。

① 销售代表/销售顾问。这是销售人员的起点，主要任务是完成销售目标和提供客户服务。在这个阶段，销售人员需要了解产品、市场和竞争对手，并学习如何与客户建立联系和信任。

② 销售经理/销售主管。当销售人员积累了一定的销售经验后，他们可能会晋升为销售经理或销售主管。在这个阶段，他们需要管理团队、制定销售策略、监控销售进度，并处理客户问题。此外，他们还需要与销售团队合作，提高整体销售绩效。

③ 区域销售经理/区域经理。随着经验的进一步积累，销售人员可能会晋升为区域销售经理或区域经理。在这个阶段，他们需要管理多个销售团队，负责特定地区的销售业务。他们需要制定区域销售战略，协调不同团队之间的合作，并确保销售目标的实现。

④ 销售总监/销售副总裁。对于具有丰富经验和卓越业绩的销售人员，他们可能会晋升为销售总监或销售副总裁。在这个阶段，他们需要制定整个企业的销售策略，监督销售团队的运营，并与高层管理层合作，推动企业整体销售业务的增长。

⑤ 销售经理转型为其他职能岗位。除了继续在销售领域发展，一些销售人员可能会选择转型到其他职能岗位，如市场营销、客户服务、产品管理等。这些岗位需要不同的技能和知识，但销售背景可以为他们提供与客户沟通、解决问题和团队合作等方面的优势。

（四）人员推销的管理

1. 人员推销的形式

人员推销的形式有以下 3 种。

① 建立自己的销售队伍，使用本企业的推销人员来推销产品。

② 通过合同使用专业的推销人员或机构。

③ 雇用兼职的售点推销员。

2. 人员推销的组织结构

人员推销的组织结构有以下 3 种类型。

① 地区结构式，即每个（组）推销人员负责一定地区的推销业务。

② 产品结构式，即每个（组）推销人员负责一种或几种产品的推销业务。

③ 顾客结构式，即根据顾客的行业、规模、分销渠道的不同而分别配备推销人员。

3. 推销团队的建设

① 团队目标设定。要明确推销团队的整体目标，例如销售额、市场份额、客户满意度等。这些目标应该具有可衡量性、可实现性和挑战性，以激发团队成员的积极性和动力。

② 团队成员选拔。选拔具有销售潜力、专业技能和良好人际关系的团队成员。要注重团队成员的个性特点和互补性，以便形成一支高效协作的团队。

③ 培训与发展。为团队成员提供系统的销售培训，包括产品知识、销售技巧、沟通技巧、

客户关系管理等方面的内容。同时，鼓励团队成员进行持续学习和自我发展，提高专业素养和综合能力。

④ 激励与考核机制。建立科学的激励和考核机制，对团队成员的销售业绩、工作态度、团队协作等方面进行评价和奖惩。激励措施可以包括薪酬激励、晋升机会、荣誉表彰等，以激发团队成员的积极性和创造力。

⑤ 创新与持续改进。鼓励团队成员提出创新性的销售策略和方案，以适应市场变化和客户需求。同时，对团队工作过程和成果进行持续改进和优化，提高团队整体的销售业绩和市场竞争力。

三、广告促销策略

（一）广告的作用与类型

广告，即广而告之之意，是为了某种特定的需要，通过一定形式的媒体，公开而广泛地向公众传递信息的宣传手段。广告有广义和狭义之分，广义的广告包括非经济广告和经济广告。非经济广告指不以营利为目的的广告，如各种公告、启事、声明等，主要目的是推广。狭义的广告仅指经济广告，是指以营利为目的的广告，是企业占领市场、推销产品、提供服务的重要形式。

1. 广告的作用

（1）广告促进信息传播

通过广告，企业把产品与服务的特性、功能、用途及供应厂家等信息传递给消费者，促进产需双方的联系，引起消费者的注意与兴趣，促进购买。

（2）广告激发消费欲望

广告造成的视觉、感觉印象可以有效激发消费者的现实购买欲望。广告的反复渲染会提高产品的知名度，增进消费者对产品的信任。

（3）广告介绍产品知识、指导消费

广告可以全面介绍产品的性能、质量、用途、维修安装等信息，消除消费者的疑虑，促进消费者购买。

（4）广告促进新产品、新技术的发展

新产品、新技术可以通过广告宣传，使消费者尽快了解，进而在市场上站稳脚跟，获得成功。

2. 广告的类型

根据不同的标准，广告可以划分为不同的类型，如表 10-1 所示。

表 10-1　广告的类型

	产品广告	向消费者介绍关于产品的性能、用途、质量等情况
根据广告对象分类	企业广告	介绍企业名称及概况，树立企业形象
	公益广告	宣传公益事业或公共道德

续表

按照广告诉求方式分类	理性诉求广告	采用摆事实讲道理的方式向消费者传递产品或服务信息
	感性诉求广告	采用感性的形式,激发真善美的感情,使消费者对产品产生好感
	道德诉求广告	引导广告受众对正确或错误、公益或公害等行为采取正确态度
按照生命周期阶段分类	宣传性广告	引入期向市场推销新产品,介绍新功能或服务
	劝说性广告	成长期和成熟前期劝说消费者购买产品
	提醒性广告	成熟后期和衰退期提醒消费者购买,使其产生"惯性"需求

(二) 广告促销的实施步骤

1. 确定广告目标

广告目标是指企业通过广告活动所要达到的目标。这些目标通常与企业的整体市场战略和营销目标一致,旨在通过广告传播信息、树立品牌形象、促进销售、扩大市场份额等。广告目标的具体内容可以根据企业的不同需求和市场状况而有所不同,但通常可以归纳为传递信息、提高品牌知名度、树立品牌形象、促进销售、扩大市场份额等方面。

广告目标要具体可衡量,例如"通过一年的广告活动,使产品的市场占有率从现在的5%提高到15%"。

2. 了解目标受众

了解目标受众是广告策略中的关键步骤,只有当广告信息准确地传达给合适的目标受众时,广告才能发挥最大的效果。进行市场调研是了解目标受众的第一步。通过市场调研,企业可以收集到关于目标受众的消费习惯、需求、偏好、购买行为等信息。这些信息可以通过问卷调查、访谈、观察等方式获得。在收集到足够的市场信息后,需要定义目标受众。目标受众可以是某个特定的群体,如年龄段、性别、职业、收入水平等。定义目标受众有助于更准确地制定广告策略和传播信息。了解目标受众的需求和偏好是制定广告策略的基础。通过分析目标受众的需求和偏好,企业可以确定广告信息的主题、风格和传播渠道,以确保广告能够引起目标受众的共鸣和兴趣。

3. 制定广告预算

了解企业的财务状况是制定广告预算的基础。分析企业的收入、利润、现金流等关键财务指标,确定企业能够负担的广告投入。了解市场和竞争对手的广告投入情况有助于制定更具竞争力的广告预算。研究竞争对手的广告策略、投入规模、广告效果等,可以为自己的广告预算制定提供参考。广告预算的方法主要有以下几种。

① 目标达成法。根据企业设定的销售目标或广告目标,决定为了达到这些目标所需的广告费用。这种方法的关键在于明确目标,并根据目标制定合理的预算。

② 销售百分比法。按照销售额或预计销售额的一定百分比来计算广告预算。这种方法通常

适用于销售额较大且稳定的企业，可以确保广告投入与销售额保持一定的比例关系。

③ 竞争对等法。根据竞争对手的广告投入来确定本企业的广告预算。这种方法可以确保企业在市场竞争中保持一定的竞争力，但也可能导致广告预算过高或过低。

④ 目标任务法。根据广告的具体目标和任务，估算完成这些目标和任务所需的广告费用。这种方法需要详细分析广告目标和任务，以确保预算的准确性和有效性。

⑤ 量力而行法。根据企业的财务状况和广告需求，确定一个可以承受的广告预算。这种方法需要综合考虑企业的经济实力和广告需求，以确保预算的合理性和可行性。

⑥ 市场占有率法。根据企业的市场占有率来计算广告预算。这种方法通常适用于希望提高市场占有率的企业，可以确保广告投入与市场占有率保持一定的比例关系。

需要注意的是，各种方法并不是孤立的，企业可以根据实际情况和需要，综合运用多种方法来制定广告预算。同时，广告预算的制定还需要考虑企业的整体营销策略和市场环境等因素，以确保预算的合理性和有效性。

4．设计广告信息

设计广告信息包括广告调查、广告定位和广告创意。设计广告信息需要综合考虑目标受众、产品特点、品牌形象和广告媒介等因素，以确保广告信息能够有效地传达给目标受众，实现广告目标。

设计广告信息时，首先需要明确广告信息想要传达的核心内容，如产品的特点、功能、优势、价格、促销活动等。确保广告信息简洁明了，能够迅速吸引目标受众的注意力。接下来还要深入了解目标受众的特征、需求和偏好，以确保广告信息能够与他们产生共鸣。考虑目标受众的年龄、性别、职业、收入水平、兴趣爱好等因素，以便更有针对性地设计广告信息。根据目标受众的特点和广告的核心内容，制定广告信息的主题和风格。主题应该与产品或服务的特点和品牌形象一致，风格则需要根据目标受众的喜好来选择，可以是幽默、感性、权威等风格。

⚖ 法治护航

虚假广告的认定与处罚

根据《广告法》相关条款，广告有以下情形之一的，为虚假广告：

（1）商品或者服务不存在的；

（2）商品的性能、功能、产地、用途、质量、规格、成分、价格、生产者、有效期限、销售状况、曾获荣誉等信息，或者服务的内容、提供者、形式、质量、价格、销售状况、曾获荣誉等信息，以及与商品或者服务有关的允诺等信息与实际情况不符，对购买行为有实质性影响的；

（3）使用虚构、伪造或者无法验证的科研成果、统计资料、调查结果、文摘、引用语等信息作证明材料的；

（4）虚构使用商品或者接受服务的效果的；

（5）以虚假或者引人误解的内容欺骗、误导消费者的其他情形。

违反广告法规定，发布虚假广告的，由市场监督管理部门责令停止发布广告，责令广告主在相应范围内消除影响，处广告费用三倍以上五倍以下的罚款，广告费用无法计算或者明显偏低的，处二十万元以上一百万元以下的罚款；两年内有三次以上违法行为或者有其他严重情节的，处广告费用五倍以上十倍以下的罚款，广告费用无法计算或者明显偏低的，处一百万元以上二百万元以下的罚款，可以吊销营业执照，并由广告审查机关撤销广告审查批准文件、一年内不受理其广告审查申请。

5. 选择广告媒体

选择广告媒体时，需要考虑以下因素的影响。

（1）媒体的性质与传播效果

不同的广告媒体有不同的优点和局限性。媒体传播范围不同，发行数量不一，会影响媒体受众人数；媒体社会地位的高低会影响广告的影响力和可信度等。这些都会在一定程度上影响广告效果。

（2）产品特性因素

选择广告媒体，要根据企业所推销的产品或服务的性质与特征而定。各类媒体在展示、解释、可信度、注意力与吸引力等方面具有不同的特点。工业品与消费品，技术性能较高的复杂产品与较普通的产品，应采用不同的媒体进行广告宣传。

（3）媒体受众因素

选择广告媒体时，要充分考虑媒体受众的职业、年龄、性别、文化水平、信仰、生活习惯、社会地位等。不同群体的媒体偏好也不相同。

（4）竞争对手的特点因素

竞争对手的广告战略与策略对企业的广告媒体选择有着显著影响。例如，企业选择与竞争对手相同的媒体，以削弱对方的广告效果；或者采用迂回战术，利用其他媒体渠道与对手竞争。

（5）广告预算费用

广告主所能承担的广告费用的多少对广告媒体的选择会产生直接影响。例如，一些效益不佳的中小企业因广告费用的限制，很少采用全国性等费用高昂的广告媒体。而一些效益好的大型企业，可选择的广告媒体类型比较多。

广告媒体按照不同标准可以分为不同类型，如表 10-2 所示。

表 10-2　广告媒体分类

分类标准	划分类型	举例
表现形式	印刷媒体	报纸、杂志、说明书、挂历
	电子媒体	互联网、电视、广播、电子广告牌、电话
功能	视觉媒体	报纸、杂志、邮递、海报、传单、招贴、日历、实物、户外广告、橱窗布置
	听觉媒体	广播、宣传车、录音、电话
	视听两用媒体	电视、电影、戏剧、互联网
传播内容	综合性媒体	报纸、杂志、广播、电视
	单一性媒体	包装、橱窗、霓虹灯、互联网

6．广告效果评估

广告效果评估是指运用科学的方法来鉴定广告的效益。广告效果可以从 3 个方面开展评估。

（1）广告心理效果评估

广告心理效果评估也称为广告本身效果评估，是指并非直接以销售情况的好坏作为评判广告效果的依据，而是以广告到达、知名度、偏好、购买意愿等间接促进产品销售的因素作为依据来判断广告效果的方法。

（2）广告经济效益评估

广告经济效益评估是评估在投入一定广告费及广告刊播之后所引起的销售额和利润的变化状况。尽管它的影响因素很多，包括广告促销、销售时间、地区、经济、风俗习惯、价格、质量等，但这种经济效益的变化是可以用数据来证明的，因此在评估的时候要客观科学地用具体数据来反映这一变化。

（3）广告社会效应评估

广告的社会效应是指广告信息传播后对受众产生的社会影响，包括法律规范、伦理道德、文化艺术等方面。广告社会效应评估相对较难，因为社会效应涉及的受众范围广，内容复杂，影响也是长期性的。这就要求营销人员在进行广告社会效应评估时，充分考虑各方面的情况，对广告的社会效应做一个客观评价。

📑 **营销案例**

铁打的春晚，流水的赞助商

最近几年来，春晚依旧是全年收视率最高的电视节目。每到除夕夜，准时打开电视收看央视春晚，这是自春晚开办以来的四十余年间全球十几亿华人逐渐养成的习惯。

由于坐拥巨大的曝光度，春晚成为最高效的造星舞台，一大批演艺人士借由这个舞台红遍整个华人世界，名利双收。而除了艺人之外，祈盼着在年末登上这个大舞台的还有这样一群人，那就是来自各行各业的企业家。

春晚办了四十几年，其中的各种广告形式也随着时代变化。

从最初的主持人口播、语言类节目植入，到多媒体时代的商业电视广告，再到如今移动互联网时代的"抢红包"赞助、指定社媒平台，品牌与春晚的商业合作形式也越来越五花八门。

（资料来源：搜狐网。有删改）

思考：1. 查阅相关资料，了解上届春晚中的赞助商都有哪些。
2. 谈谈你对春晚中植入广告的看法。

四、营业推广策略

营业推广是一种适宜于短期推销的促销方式，是企业为鼓励购买、销售产品或服务而采取的除人员推销、广告和公共关系之外的所有企业营销活动的总称。

（一）营业推广的特点

1．营业推广促销效果显著

在开展营业推广活动中，可选用的方式多种多样。一般来说，只要能选择合理的营业推广方式，就会很快地收到明显的增销效果，而不像广告和公共关系那样需要一个较长的时期才能见效。因此，营业推广适合在一定任务的短期性的促销活动中使用。

2．营业推广是一种辅助性促销方式

人员推销、广告和公共关系都是常规性的促销方式，而多数营业推广方式则是非常规性和非经常性的，只能是补充方式。使用营业推广方式开展促销活动虽能在短期内取得明显的效果，但它一般不能单独使用，常常配合其他促销方式使用。营业推广方式的运用能使与其配合的促销方式更好地发挥作用。

3．营业推广有贬低产品之意

采用营业推广方式促销，似乎迫使顾客产生机会难得、时不再来之感，进而能阻止顾客需求动机的衰变和消除购买行为的惰性。不过，营业推广的一些做法也常使顾客认为企业有急于抛售的意图。若频繁使用或使用不当，往往会引起顾客对产品质量、价格产生怀疑。因此，企业在开展营业推广活动时，要注意选择恰当的方式和时机。

（二）营业推广的作用

1．可以吸引顾客购买

营业推广刺激比较强，较易吸引顾客的注意力，使顾客在了解产品的基础上采取购买行为，也可能使顾客因追求某些方面的优惠而使用产品。

2．可以奖励品牌忠实者

营业推广的很多手段，譬如销售奖励、赠券等通常都附带价格上的让步，其直接受惠者大多是经常使用本品牌产品的顾客，实施营业推广手段能使他们更乐于购买和使用本企业产品，以巩固企业的市场占有率。

3．可以实现企业营销目标

营业推广实际上是企业让利于顾客，它可以使广告宣传的效果得到有力的增强，降低顾客对其他企业产品的品牌忠实度，从而达到本企业产品销售的目标。

（三）营业推广的方式

扫一扫，看微课

1．面向顾客的营业推广方式

面向顾客，可以采用的营业推广方式包括赠送样品或试用品、发放折价券、提供组合包装促销、开展抽奖促销、企业与零售商联合促销、企业派促销员在销售现场演示、举办各类展销会、样品试用等。

营业推广方式

2．面向中间商的营业推广方式

面向中间商的营业推广方式主要包括批发业务返点、推广津贴、销售竞赛、扶持零售商、陈列津贴、回购津贴、合作广告等。

3．面向内部员工的营业推广方式

针对内部员工，企业为鼓励他们热情推销产品或处理某些老产品，促使他们积极开拓新市场，一般可采用的方法有销售竞赛、免费提供人员培训、技术指导、业绩提成等。企业主要以前途、收入或荣誉等作为激励因素，激发推销人员努力创造业绩。

🛠 **营销拓展**

网络促销的方法

网络促销是在互联网背景下，商家通过网络技术传递产品或服务的存在、性能、功效及特征等信息的促销手段。网络购物日趋成为常态，商家的网络促销手段不断更新。常见的网络促销方法如表10-3所示。

表10-3　常见的网络促销方法

促销方法	说明
打折促销	通过提供一定的价格折扣，吸引用户购买
赠品促销	用户购买产品或服务时，给用户一些产品或小赠品，以带来主产品的促销
积分促销	用户每消费一次，给其累积积分，这些积分可以兑换赠品或在以后消费中当成现金使用
抽奖促销	网络上常采用的促销方法。抽奖时要注意公开公正公平，奖品要对用户有吸引力，使用户对促销活动感兴趣
联合促销	网店与别家的互补性产品联合起来一起开展促销活动
节日促销	节日促销时应注意与促销的节日关联，以更好地吸引用户的关注，提高转化率
优惠券促销	每消费一定数额或次数，给用户一定额度的优惠券，激励用户重复消费

（四）营业推广的实施步骤

1．确定营业推广目标

根据目标市场的特点和整体策略来确定营业推广目标，例如增加销售额、提高品牌知名度等。

2．选择营业推广方式

根据市场类型、营业推广目标、竞争形式及不同营业推广的成本效应等因素来选择营业推广方式或手段。例如，企业可以选择使用社交媒体广告、搜索引擎优化内容营销等推广方式。

3．制定营业推广方案

在制定推广方案时，需要考虑以下几个因素。

①推广规模：确定奖励的规模，并考虑成本与效益的关系。

②推广对象：确定哪些顾客可以参加营业推广并获得奖励。

③推广途径：选择推广途径时，既要考虑各种途径的传播范围，又要考虑这种途径推广方案的费用支出。

④推广时间：确定推广的最佳频率和持续时间，以及推广日期的活动日程安排。

⑤推广预算：确定推广的预算，并合理分配资源。

4．实施和控制营业推广方案

根据制定的推广方案，开始实施推广活动，并对推广过程进行控制，包括确保推广活动按计划进行，及时调整策略以应对市场变化，以及监控推广活动的效果。

5．营业推广的效果评估

对营业推广方案的效果评估可以通过分析销售额、品牌知名度、网站流量等指标来完成。评估结果可以帮助企业了解推广活动的效果，以便在未来的推广活动中进行优化和改进。

五、公共关系策略

（一）公共关系的概念与特点

1．公共关系的概念

公共关系简称公关或 PR，是指企业有意识、自觉地采取措施改善企业与公众之间的关系状况，增强公众对企业的了解与支持，树立良好的企业形象与产品形象，从而提高公众对企业及其产品的接受程度。

公共关系由三大要素构成：组织、公众和传播沟通。组织是公共关系的主体，是公共关系的实施者、操作者和承担者。公众是公共关系的客体，是主体实施公共关系活动的对象和承受者。传播沟通是公共关系的媒介，是帮助组织在运行过程中争取与公众相互了解、相互合作而采取的行为规范和进行的传播行为。

营销拓展

公众的类型

公众与"大众""群众"不同。它不是泛指社会生活中的所有人或大多数人，也不是泛指社会生活中的某一方面、某一领域的部分人，而应具体地称为"组织的公众"。公众与组织之间必须存在着相互影响和相互作用的关系。常见的公众分类方法有以下几种。

① 根据公众与组织的所属关系分类，公众可以分为内部公众与外部公众。员工是组织直接面对且最接近的公众，是组织赖以生存与发展的细胞，是组织内部公众的主体。一般来说，在组织的外部公众中，消费者公众、传播媒介公众、社区公众、政府公众等对组织的发展尤为重要。

② 根据公众与组织产生关系的时序特征分类，公众可以分为非公众、潜在公众、知晓公众、行动公众。

③ 根据公众对组织的重要性程度分类，公众可以划分为首要公众、边缘公众和次要公众。

④ 根据公众对组织的态度分类，公众可以分为顺意公众、逆意公众和独立公众。对于公共关系工作人员来说，顺意公众是组织的基本依靠对象，逆意公众是组织急需转化的对象，独立公众是组织值得争取的对象。

2．公共关系的特点

① 形象至上。塑造形象是公共关系的核心问题。组织形象的基本目标包括知名度和美誉度。在公众中树立组织的美好形象是公共关系活动的根本目的。

② 沟通为本。组织与公众打交道，实际上是通过信息双向交流和沟通来实现的。要将公共关系目标和计划付诸实施，只有双向沟通的过程才是公共关系的完整过程。

③ 互惠互利。公共关系是以一定的利益关系为基础的。一个组织在发展过程中要得到相关组织和公众的长久支持与合作，就要奉行互惠原则，既要实现本组织目标，又要让公众得益。

④ 真实真诚。以事实为基础是公共关系活动必须切实遵循的基本原则之一。组织必须为自己塑造一个诚实的形象，才能取信于公众。

⑤ 长远观点。一个组织要想给公众留下不可磨灭的组织形象，不是一朝一夕就能完成的，需要经过长期的、有计划、有目的的艰苦努力。

（二）公共关系的内容与时机选择

1．公共关系的内容

① 正确处理企业与消费者的关系。消费者对企业的态度与行为决定着企业的生存与发展。公共关系工作必须以消费者为中心，积极主动地处理与消费者之间的各种关系。

② 正确处理与新闻界的关系。新闻媒体对于社会舆论的形成起着直接控制作用，它们是社会的喉舌，所以无论是宣传企业的产品，还是弘扬企业精神、树立企业形象，都离不开新闻界的支持与帮助。企业应同新闻界保持经常的联系，以改善企业形象，建立良好信誉，并尽可能借助新闻媒体进行促销。

③ 正确处理企业、员工和股东间的关系。员工与股东是企业的内部公众。他们都是企业的主人，是企业价值的创造者。

④ 正确处理与相关企业间的关系。相关企业包括原材料供应商、产品经销商、同行业竞争者及各种各类服务企业（如策划公司、广告公司）等。企业应加强与供应商和经销商之间的信息沟通和情感交流，建立和保持友好合作关系，合理地分享利益，谋求共同发展。

2．公共关系的时机选择

开展公共关系活动必须选择合适的时机，可选择的时机如下。

① 企业采用新技术、新设备，开发新工艺，研制新产品和取得新成就，或者产品质量改进、花色品种与功能增加时。

② 企业举办重要的专项活动（如开业庆典、召开新闻发布会、项目奠基或竣工等）时。

③ 企业产品在市场上的反应、产值、销售额和纳税等方面出现重大突破，以及企业或产品获得某项荣誉时。

④ 企业参与社会公益事业（包括赞助运动会、捐助希望工程、抗灾救险等）时。

⑤ 企业处于经营困难或营销意图被误解时，开展公关活动，以争取公众的同情与支持，帮助企业渡过难关。

⑥ 企业出现严重事故或产品造成不良后果时，开展危机公关活动，解释事故原因和处理方法，显示企业做出的努力和承担责任的诚意，重塑良好的企业形象。

营销拓展

网络时代的危机公关

　　网络发展给企业宣传带来一定的便利，能让企业的推广信息瞬间到达潜在用户的眼前；同时网络发展也给企业危机公关制造了难题。企业的服务不好、产品有缺陷等问题，客户发个微博，就会迅速在网络上传播。所以，网络时代的危机公关成为当今营销工作的一大难点。

　　想要帮助企业完美地度过危机，以下几点需要注意。

　　① 坚持正确的政治导向。一家企业想要获得长远的发展，应当在危机公关时保持正确的政治导向，减少负面抵制，引领舆论向正面回应。

　　② 有效利用社交媒体。堵不如疏，如果企业出现负面消息，危机公关应当第一时间在各大社交媒体上发布有效信息，争取建立正向舆论的存在环境，引导大众辩证地看待事情。

　　③ 充分表达诚意。面对危机时，真诚应对、敢于承担责任才是切实解决问题的关键。大众往往是盲从的，危机公关如果在第一时间选择逃避或狡辩，必然会引发大众的质疑，从而导致第二次危机的出现。只有以消费者的利益为出发点，直视企业的过错，诚恳地表示歉意，才能重新获得消费者的信任。

（三）公共关系的促销目标与方式

1. 公共关系促销目标

公共关系促销目标是一种复合的目标系统，由以下具体内容构成。

① 提高企业的知名度，树立企业的形象及信誉。

② 使企业与公众保持经常化的信息沟通与交流，设计并不断完善企业与公众进行信息沟通与交流的正常渠道。

③ 监测社会环境及舆论变化的趋势，根据这种趋势督促、协助企业的决策者及时调整企业的政策与行动。

④ 利用各种渠道和途径，争取公众舆论的支持与协作，在发生公共关系纠纷时，利用有效的传播手段，争取公众的谅解，变敌视为友善、化冷漠为关心，妥善解决各种公共关系纠纷。

⑤ 积极开展企业内部的公共关系活动，强化企业的凝聚力和向心力，为企业创造良好的内部人际关系。

⑥ 为企业推销产品和服务进行公共关系营销活动，帮助企业提高产品及服务的市场占有率。

2. 公共关系促销方式

① 新闻宣传。企业通过发布新闻稿、组织新闻发布会或利用媒体关系等方式，向公众传递有关企业、产品或服务的正面信息，以提高公众的认知度和好感度。

② 社交媒体营销。企业利用社交媒体平台（如微博、微信、抖音等）进行宣传和推广，通过发布有趣、有吸引力的内容，吸引更多的关注和互动，提高品牌知名度和美誉度。

③ 活动赞助。企业通过赞助各种社会活动、体育赛事、文化活动等，提高自身在公众心目

中的形象和声誉，同时增加品牌曝光度。

④ 公共关系广告。企业在媒体上发布广告，以宣传企业形象、产品或服务，增加公众对企业的认知和信任度。

⑤ 口碑营销。企业通过用户评价和口碑传播，让更多的人了解企业的产品或服务，并建立信任感。企业可以通过提供优质的产品和服务，鼓励用户分享经验和评价，来实现口碑营销。

⑥ 设计公众活动。企业通过各类捐助、赞助活动，努力展示关爱社会的责任感，树立良好的形象。

（四）公共关系促销的步骤

公共关系促销作为一个完整的工作过程，应该包括以下4个衔接的步骤。

1. 市场调查研究

市场调查研究是做好公共关系工作的基础。企业公共关系工作要做到有的放矢，应先了解与企业实施的政策有关的公众意见和反映。公共关系部门要把企业领导层的意图告诉公众，也要把公众的意见和要求反映到领导层。因此，公共关系部门必须收集、整理、提供信息交流所必需的各种材料。

2. 确定公共关系目标

在调查分析的基础上明确问题的重要性和紧迫性，进而根据企业总目标的要求和各方面的情况，确定具体的公共关系目标。一般来说，企业公共关系的直接目标是促成企业与公众的相互理解，影响和改变公众的态度和行为，建立良好的企业形象。公共关系工作是围绕信息的提供和分享而展开的，因而具体的公共关系目标又分为传播信息、转变态度和唤起需求。企业不同时期的公共关系目标应综合公众对企业理解、信赖的实际状况分别确定，以传递公众急切想了解的情况，改变公众的态度或以唤起需求、引起购买行为为重点。

3. 信息交流

公共关系工作是以有说服力的传播影响公众，因而公共关系工作的过程也是信息交流的过程。企业与广大的公众的关系，与小生产条件下简单的人际关系大相径庭。企业必须学会运用大众传播媒介及其他交流信息的方式，从而达到良好的公共关系效果。

4. 公共关系效果评估

企业应对公共关系活动是否实现了既定目标进行评估。公共关系工作的成效可从定性和定量两方面评估。信息传播可以强化或转变受众固有的观念和态度，但人们对信息的接收、理解和记忆都具有选择性。传播成效的取得是一个潜移默化的过程，在一定时期内很难用统计数据衡量。对于有些公共关系活动的成效，企业可以进行数量统计，如理解程度、抱怨者数量、传媒宣传次数、赞助活动次数等。

🔍 课赛融通

市场营销技能大赛中的营销策略分析

情境营销是职业院校技能大赛高职组"市场营销技能"比赛的重要组成部分。情境营销提供了一种软件模拟的动态市场环境条件，要求参赛团队进行市场调研与分析、销售模式分析、消费者行为分析、产品定位与功能定位、竞争对手分析和目标市场选择，形成营销战略，根据战略目标进行市场营销策略的组合，并在博弈过程中不断进行营销策略调整，最终达到为企业创造最大价值的目标。情境营销过程的营销策略主要体现在以下6个方面。

① 根据 P1、P2、P3、P4 四类产品在 5 个市场未来 3 年的需求预测，决定是否购买调研报告，了解直销客户、批发商、零售商（包括六类消费人群）的需求信息，确定目标市场，制订营销计划。

② 根据定价目标，确定需求、估算成本、选择定价方法，制定最终价格。

③ 根据 4 种产品 3 种营销渠道的市场预测价格和数量，结合企业自身和竞争对手的情况，采用多渠道组合营销手段扩大销售。

④ 根据自身的营销策略制定相应的促销策略，根据产品生命周期和不同市场的需求，确定各市场产品类型，并制定具体的促销策略。

⑤ 根据目标市场选择和企业的战略规划，制订产品研发计划和产品生产计划。

⑥ 根据企业经营状态进行融资和相关费用的结算，通过财务报表及数据资料，对企业的运营情况进行阶段性的评估分析，找出运营过程中的不足和缺陷，制定下一步的营销策略。

情境营销活动中，参赛团队既可以从战略高度来观察市场营销的全貌，又可以亲身体验市场营销活动主要环节的执行过程。通过团队成员各个虚拟角色之间的沟通与配合，学习如何利用团队力量解决实践中遇到的各种典型问题，使同学们具备毕业即就业的能力，增强职业竞争力。

课前自学

知识检测 ↓

一、选择题

1. 促销的基本方式不包括（　　）。
   A. 市场细分　　　　　B. 人员推销　　　　　C. 广告
   D. 公共关系　　　　　E. 营业推广

2. 对于单位价值高、性能复杂、需要做示范的产品，企业通常采用（　　）策略。
   A. 广告　　　　　　　B. 公共关系
   C. 推式　　　　　　　D. 拉式

3. 人员推销的缺点主要表现为（　　）。
   A. 成本低，顾客量大　　B. 成本高，顾客量大
   C. 成本低，顾客有限　　D. 成本高，顾客有限

4. 一般日常生活用品适合于选择（　　）媒介做广告。
   A. 报纸　　　　　　　B. 专业杂志
   C. 电视　　　　　　　D. 公共关系

5. 在产品生命周期的引入期，消费品的促销目标主要是宣传、介绍产品，刺激购买欲望的产生，因而主要应采用的促销方式为（　　）。
   A. 广告　　　　　　　B. 人员推销

C. 价格折扣 D. 营业推广

6. 面向中间商的营业推广方式不包括（ ）。

A. 批发业务返点 B. 陈列津贴

C. 晋升 D. 推广津贴

7. 面向消费者的营业推广方式不包括（ ）。

A. 发放折价券 B. 样品试用

C. 开展抽奖促销 D. 销售竞赛

二、判断题

1. 人员推销亦称直接促销，它主要适合消费者数量多、比较分散的情况。 （ ）

2. 公益广告是用来宣传公益事业或公共道德的广告，所以它与企业的商业目标无关。（ ）

3. 拉式策略一般适合单位价值较高、性能复杂、需要做示范的产品。 （ ）

4. 对单位价值较低、流通环节较多、流通渠道较长、市场需求较大的产品常采用拉式策略。 （ ）

5. 因为促销是有自身统一规律性的，所以不同企业的促销组合和促销策略也应该是相同的。 （ ）

三、简答题

1. 简述促销组合决策的影响因素。

2. 简述人员推销的实施步骤。

3. 简述广告促销的实施步骤。

4. 简述营业推广的实施步骤。

5. 简述公共关系的特点。

课中实训

实训一　促销

【实训目标】

学生能掌握促销的内涵与作用、促销的方式与策略，能针对不同产品制定适宜的促销组合策略，促进产品销售。

任务：促销方式与策略

任务描述："双十二"到来之际，项目一【实训背景】中的青源公司想要开展促销，分析其适合采用哪些促销方式，应该采用推式策略还是拉式策略。对选择情况进行分析，将结果记录在表 10-4 中。

表 10-4　促销方式与策略

研究内容	研究结果
选择促销方式	
原因解析	
选择促销策略	
原因解析	

实训二　人员推销策略

【实训目标】

学生能掌握人员推销的基本形式，了解人员推销的实施步骤，有效开展销售工作。

任务1：人员推销的形式

任务描述："双十二"期间，青源公司打算在各高校开展线下人员推销活动，请各小组选择一种推销形式，在本校开展活动，阐述人员推销过程，将结果记录在表 10-5 中。

表 10-5　人员推销的形式

研究内容	研究结果
人员推销的形式	
实施步骤解析	

任务2：设计接近顾客的方法

任务描述：在校园推销活动中，各小组设计接近顾客的方法，阐述接近顾客的过程，将结果记录在表 10-6 中。

表 10–6　设计接近顾客的方法

研究内容	研究结果
接近顾客的方法	
实施过程解析	

实训三　广告促销策略

【实训目标】

学生能了解广告类型，掌握广告策略实施的步骤，选择恰当的媒体进行宣传，促进品牌推广和产品销售。

任务1：选择广告类型

任务描述：针对主要目标人群，推销人员打算开展线上广告促销活动，选择合适的广告类型并分析选择原因，将结果记录在表 10-7 中。

表 10–7　选择广告类型

研究内容	研究结果
广告类型	
选择原因解析	

任务2：实施广告策略

任务描述：根据所选择的广告类型，实施广告策略，确定广告策略各环节的内容，将结果记录在表 10-8 中。

表 10-8 实施广告策略

研究内容	研究结果
广告目标	
目标受众	
广告预算	
广告信息设计说明	
广告媒体选择及原因	
广告效果评估	

课中实训

任务3：选择广告媒体

任务描述：选择恰当的广告媒体刊登该广告，指出所选广告的媒体类型并分析选择原因，将结果记录在表 10-9 中。

表 10-9 选择广告媒体

研究内容	研究结果
广告媒体	
选择原因解析	

实训四 营业推广策略

【实训目标】

学生能掌握营业推广的方式，熟悉营业推广的实施过程，根据不同人群制定恰当的营业推广策略，促进产品销售。

任务：制定营业推广策略

任务描述：青源公司想要打开高校市场，请各小组制定相应的校园营业推广策略，开展线上线下促销活动，写出具体的活动项目和实施方案，将结果记录在表 10-10 中。

表 10–10　制定营业推广策略

研究内容	研究结果
线上促销活动	
活动实施方案	
线下促销活动	
活动实施方案	

实训五　公共关系策略

【实训目标】

学生能了解公共关系促销的目标，选择一定的公共关系促销方式，有效开展公共关系促销活动。

任务：公共关系的促销目标与方式

任务描述：青源公司要开展公共关系促销活动，请为其制定促销目标，选择促销方式，阐述促销步骤，将结果记录在表 10-11 中。

表 10–11　公共关系的促销目标与方式

研究内容	研究结果
促销目标	
促销方式	
促销步骤	

实训项目评价 ↓

指导教师根据学生对本项目的知识学习和实践训练成果进行评价，学生根据自己的掌握情况进行自我评价。

学习成果评价表

评价维度	评价指标	评价标准	分值	得分	
				教师评价	学生自评
知识（50%）	促销	能够列举促销的作用	2		
		能够简述促销方式与策略	2		
		能够简述促销组合决策步骤	2		
	人员推销策略	能够简述人员推销的特点	3		
		能够列举人员推销的基本形式	3		
		能够熟练说出人员推销的实施步骤	4		
	广告促销策略	能够熟练说出广告的作用与类型	2		
		能够简述广告促销的实施步骤	3		
	营业推广策略	能够列举营业推广的特点	3		
		能够熟练说出营业推广的作用	3		
		能够识别营业推广的方式	4		
		能够简述营业推广的实施步骤	4		
	公共关系策略	能够简述公共关系的概念与特点	3		
		能够简述公共关系的内容与时机选择	5		
		能够判断公共关系的促销目标与方式	3		
		能够简述公共关系促销的步骤	4		
能力（30%）	综合能力	能够根据产品特点制定促销组合策略	4		
		能够制定人员推销方案	4		
		能够分析广告促销的效果	4		
		能够制定营业推广策略	4		
		能够选择恰当的公共关系时机	4		
	职业迁移能力	培养组织管理能力，做好小组合理分工	5		
		培养团队合作能力，共同完成任务	5		
素质（20%）	职业素养	培养实事求是的职业态度	5		
		积极参与课堂讨论，认真完成实训任务	5		
		与时俱进，了解促销新方法	5		
	学习态度	认真听讲，积极回答问题	5		
评分	教师评价（80%）+ 学生自评（20%）		100		

课后提升

📖 传统文化与营销思想

打广告，搞促销，找代言……古代也"玩"购物促销

每到"双十一"，很多人喜欢买买买。然而，买买买可不只是现代人的专利。古代商家为吸引买家购物同样花样百出。不信，咱们就一起来看看古人高明的营销手段。

1. 花式广告博眼球

早在先秦时期，就已经出现了用器物声响叫卖的"声响广告"。《楚辞·天问》提到"师望在肆……鼓刀扬声"。意思是说，姜太公曾经在市场卖肉，不断地挥舞屠刀作响。《淮南子》中也有"太公之鼓刀"的类似记载。

除了各具特色的声响广告外，店面广告"招幌"（招牌加幌子）也是古代商家重要的竞争工具之一。

招牌多以文字为主，写有店铺的名称、字号。幌子最初特指酒店门面的布招旗帘（即"酒旗"），后来加以引申，成为展示店铺出售物品和服务项目标志的统称。

2. 促销活动赠服务

古代商家也热衷于开展促销活动，附赠的购物服务也一样不少。

古代商家为使货物尽快出手，不仅发放"红票"（赠券），更会设计类似于抽奖活动的游戏吸引顾客。除了送券、抽奖外，古代商家也提供许多购物服务，例如先货后款服务"赊销"、送货上门服务"送力"，以及快递配送服务"走镖"等。

3. 名人"带货"价翻倍

名人效应自古有之。春秋战国时，人们就知道可以依靠专家鉴定来提供信誉保证，从而提高商品的销量和售价。

《战国策·燕策二》中讲述了一则伯乐相马的故事。当时有一名贩马的商人在马市连续叫卖了三天，始终无人问津。于是，他便花钱请伯乐来围着自家的马儿看一圈，并且让其走时回望一下。这伯乐一出场，马不仅卖出去了，身价还涨了十倍！

古代商家讲究名人"背书"，会邀请各界名流在墙上题诗作画写牌匾，为自家商品建立更有价值的品牌口碑。不少财力雄厚的店家在名人亲笔题写完招牌后，用金箔贴字，作为"金字招牌"代代相传。

（资料来源：百度公众号。有删改）

思考：1. 结合上述资料，谈谈古人是如何开展促销活动的。
　　　2. 促销活动的繁荣反映了当时怎样的经济风貌？

知识归纳表 ↓

知识回顾：

整合促销策略
- 促销
- 人员推销策略
- 广告促销策略
- 营业推广策略
- 公共关系策略

思考总结：

心得分享：

项目十一

数字营销

教学目标 ↓

◢ 知识目标

1. 了解数字营销的特点。
2. 掌握数字营销的类型。
3. 了解数字媒体运营的形式。

◢ 能力目标

1. 能够制定适当的数字营销推广方案。
2. 能够根据企业现状，制订可行的数字营销计划。
3. 能够进行简单的内容运营、用户运营和活动运营。

◢ 素养目标

1. 培养运用新方法解决问题的能力。
2. 培养营销职业道德，树立依法经营意识。

◢ 育人目标

1. 树立与时俱进、终身学习的理念。
2. 树立品牌意识。

👤 引导案例

北京 2022 年冬奥会：数字技术赋能云上奥运

作为奥运史上首次"云上奥运"，北京 2022 年冬奥会依托 5G+8K 超高清远程传输、云转播平台、Press+ 网络专线传输服务等新技术的全面应用，使本次冬奥会的转播时长创下新纪录。云技术的应用使得媒体工作者能够在线上进行远程报道工作，打破时空限制，全球有超过 2 万名记者参与报道，这也使得本次冬奥会的线上互动量不断攀升。

在社交媒体上，更是构建了以北京 2022 年冬奥会为主题的网络共在场景。赛事期间，具有强号召力的体育明星在网络上分享有关冬奥村的生活日常，为观众们提供了身临其境的参与感，使与奥运相关的视频浏览量超过 21 亿次。如此热烈的奥运气氛还带动了拉丁美洲等传统"冬奥收视盲区"的民众对冬奥会的关注。而冰墩墩的火爆更是为本次冬奥会前所未有的火热程度锦上添花，微博上有关冰墩墩的话题阅读达到 60 亿次。北京 2022 年冬奥会凭借数字技术的加持，使网民参与度达到空前规模，通过社交媒体进行冬奥会整合传播，使北京 2022 年冬奥会成为全球瞩目的体育盛会。

（资料来源：武汉大学广告学系，现代广告杂志社。有删改）

课前自学

数字营销是基于明确的数据库对象，通过数字化多媒体渠道，如电话、短信、邮件、网络平台等，实现营销精准化，营销效果可量化、可数据化的一种高层次营销活动。

数字营销不仅是一种技术手段的革命，而且包含了更深层的观念革命。它是目标营销、直接营销、分散营销、用户导向营销、双向互动营销、远程或全球营销、虚拟营销、无纸化交易、用户参与式营销的综合。数字营销赋予了营销组合新的内涵，其功能主要有信息交换、网上购买、网上出版、电子货币、网上广告、企业公关等，是数字经济时代企业的主要营销方式和发展趋势。

一、数字营销概述

（一）数字营销的发展历程

1．数字营销的开端

数字营销开始于 2000 年，早期的数字营销较简单，大家把网络论坛作为表达个性化思想的工具，主要通过互联网搜索优化选择，企业主要通过数字渠道，如网络论坛等，了解口碑营销信息，用户主要作为互联网信息受众或信息源，利用互联网与其他用户产生联系。

2．数字营销的发展

到了 2005 年，互联网的普及率高于 50%，社交媒体逐渐成为主流媒体，许多社交网站开始成立并抢占市场。这一时期，社交网络和在线口碑开始应用于营销研究和实践，网络论坛除了表达个人意见外，开始直接与营销实践相结合，企业期望通过与用户的积极互动来形成积极的品牌社区和在线口碑。用户可以在电商网站发表产品评论并生成评分，产品评论和评分会对销售产生显著影响，用户生成内容变得越来越普遍。企业通过主流媒体，让现有会员发送电子邮件去获得潜在用户，将发展新会员作为在线口碑的营销成果。

3．数字营销的成熟

2010 年以后，互联网在线普及率达到 80% 以上。随着智能手机的普及，很多消费者都处在"及时连接"和"永远在线"状态，社交媒体使用户同时成为某一品牌的消费者、传播者及广告受众。消费者变得越来越有"权"，随时可以通过社交媒体发出自己的声音。这一时期，社交网络变得越来越密集，社交媒体平台从以前的社会关系积累转移到互动和内容生成。社会化营销、视频营销、内容营销等形态日益受到关注。消费者不仅是口碑营销流的贡献者，还能破坏或加强营销行为。正是社交媒体的普及和媒体的实时在线，使消费者的社会影响力更加突出。

4．数字营销的完善

当前数字营销进入 5G 时代。数字经济的时代背景下，数据成为一种"新财富"，帮助企业建立以数据为中心的战略决策转型。智能技术让数字营销从"精准到达"到"场景共鸣"，全面满足用户体验参与和个性关注的需求。在营销媒体方面，PC 端、移动端和智能电视端成为数字营销的主流媒体；在营销技术方面，大数据驱动的自动化营销、营销云成为非常受欢迎的营销技术。人工智能（Artificial Intelligence，AI）驱动下的智能营销将会成为未来的趋势。

（二）数字营销的特点

1．集成性

数字营销实现了前台与后台的紧密集成，这种集成是快速响应用户个性化需求的基础。数字营销可实现由获取商品信息至收款、售后服务全流程营销。另外，企业可以借助互联网将不同的传播营销活动进行统一设计规划和协调实施，避免不同传播的不一致性而产生的消极影响。

2．个性化服务

数字营销按照用户的需要提供个性化的产品，还可跟踪每个用户的消费习惯和爱好，并据此推荐相关产品。

3．产品信息丰富

互联网可以提供当前产品详尽的规格、技术指标、保修信息、使用方法等，甚至可对常见的问题提供解答。用户可以方便地通过互联网查找产品、价格、品牌等。

4．选择空间大

数字营销不受货架和库存的限制，可提供巨大的产品展示和销售的舞台，为用户提供较大的选择空间。

5．成本优势

在网上发布信息，成本有限，并且可以将产品直接向用户展示，缩短了分销环节，拓宽了销售范围。这样能节省促销费用，降低成本，使产品具有价格竞争力。

数字营销还具备多媒体、跨时空、交互式、拟人化、超前性、高效性、经济性等特点。由于利用了数字产品的各种属性，数字营销在改造传统营销手段的基础上，增加了许多新的特质。

二、数字营销类型

（一）搜索引擎优化

搜索引擎优化（Search Engine Optimization，SEO）是一种通过分析搜索引擎的排名规律，了解各种搜索引擎怎样进行搜索、怎样抓取互联网页面、怎样确定特定关键词的搜索结果排名的技术。搜索引擎采用易于被搜索引用的手段，对网站进行有针对性的优化，提升网站在搜索引擎中的自然排名，吸引更多用户访问网站，提高网站的访问量，提高网站的销售能力和宣传能力，从而提升网站的品牌效应。

（二）搜索引擎营销

搜索引擎营销（Search Engine Marketing，SEM）是基于搜索引擎平台的网络营销，利用人们对搜索引擎的依赖和使用习惯，在人们检索信息的时候将信息传递给目标用户。搜索引擎营销的基本思想是让用户发现信息，并通过单击进入网页进一步了解所需要的信息。企业通过搜索引擎付费推广，让用户可以直接与企业客服进行交流，了解信息，实现交易。

🔍 **课赛融通**

　　1+X数字营销技术应用职业技能等级证书（中级）系教育部发布的第四批职业教育技能等级证书之一，主要考核理论知识、搜索引擎营销、推荐引擎营销三部分内容。关键词挖掘、关键词搜索推广是其中的考核内容。怎样能让更多用户搜索到我们设置的关键词呢？以淘宝为例，我们看看设置关键词的技巧。

　　① 从买家需求出发。在设置关键词时，需要从买家的角度出发，思考他们会如何搜索需要的商品。想象自己是一位买家，会用哪些词来搜索商品，也可以参考竞争对手的关键词。

　　② 设置关键词的长度和属性。在淘宝标题中有限制字符数，所以需要在有限的字符数内设置关键词，可以使用连词、短语和属性词。当关键词之间需要空格时，可以使用"/"代替空格。同时，可以将关键词与属性词结合起来，减少重复的关键词。

　　③ 选择优化的关键词。使用一些工具来选择关键词，如淘宝指数等。这些工具可以帮助我们找到具有较高搜索量和较低竞争度的关键词。

　　④ 设置用户感兴趣的关键词。在设计关键词时，要考虑用户的兴趣点和需求，以吸引更多的潜在买家。我们可以通过调研市场来了解用户感兴趣的关键词。

（三）单击付费

　　单击付费（Pay Per Click，PPC）是一种网络广告的收费计算形式，广泛用在搜索引擎、广告网络以及网站等网络广告平台。其规则是只有当使用者实际单击广告以浏览广告主的网站时，广告主才需要支付费用。广告主可以竞标关键字，即广告主认定的目标市场对象在寻找某种产品或服务时可能会搜索的关键字。当使用者输入的关键字与广告主设置的关键字匹配时，或者搜索某相关内容的网页时，该广告主投放的广告就会显示。该联结被称为"赞助联结"或"赞助广告"。它通常出现于自然或随机结果页的侧栏（有时位于其上）。

（四）社交媒体营销

　　社交媒体营销是利用社交媒体平台进行品牌和产品推广的一种数字营销策略。企业利用社交媒体传播和发布资讯，从而形成营销、销售、公共关系处理和客户关系服务维护及开拓的网络营销方式。它通过创造企业的网络曝光量，利用社交网络上的粉丝关注效用和社群效应，增加品牌与服务信息在社交网络上的关注度，以达到提高品牌知名度、扩大客户群、增加转化率、加强品牌形象和改善客户服务的目的。

（五）电子邮件营销

　　电子邮件营销通过向用户发送电子邮件与用户建立联系，通常用于发送有价值的内容或推广某项活动。需要注意的是，电子邮件营销不能经常打扰用户，要提供一定的价值，否则很容易被用户删除邮箱地址。

（六）移动营销

　　移动营销指面向移动终端用户，在移动终端上直接向目标用户定向且精确地传递个性化即时信息，通过与用户进行信息互动达到市场营销目标的行为。移动营销在强大的云端服务支持下，利用移动终端获取云端营销内容，把个性化即时信息精确有效地传递给用户，达到"一对一"的互动营销目的。移动营销是互联网营销的一部分，它融合了现代网络经济中的"网络营销"和"数据库营销"理论，是经典市场营销的派生理论，也是未来主流的营销方法。

（七）内容营销

内容营销专注于创建和推广不同类型的内容，以产生潜在客户和促进销售。内容可以采用博客、社交媒体帖子、视频、信息图表等形式。优质的内容不仅有助于提高销量，还可以建立品牌声誉、信任和忠诚度。

数字营销的渠道都非常依赖内容。如果没有特定业务的内容，搜索引擎营销、单击付费、社交媒体营销和电子邮件营销都将不存在。

（八）虚拟现实和增强现实营销

虚拟现实（Virtual Reality，VR）营销是集影视广告、动画、互动媒体、网络科技于一体的新型企业营销方式。它将产品设计、产品制造、产品宣传、产品销售等多个环节紧密地结合起来，实现了虚拟工厂、电商等企业产品设计制造和营销体系，在国内和国外都已经得到了广泛的应用，极大地提高了企业与产品的竞争力。

增强现实（Augmented Reality，AR）是促使真实世界信息和虚拟世界信息内容之间综合在一起的较新的技术内容。其将原本在现实世界的空间范围中比较难以进行体验的实体信息在计算机等科学技术的基础上，实施模拟仿真处理，从而实现超越现实的感官体验。AR 营销为品牌提供更具沉浸感的用户体验，用户可以在虚拟环境中与产品或服务建立更强的联系，从而增加购买的可能性。

🚶 营销拓展

数字营销平台简介

数字营销平台有很多，以下是一些常见的平台。

① 搜索引擎平台：如百度等，通过搜索引擎优化或点击付费等方式提高企业在搜索引擎中的排名，吸引潜在客户。

② 社交媒体平台：如微信、微博、抖音、快手等，这些平台拥有庞大的用户群体，通过发布内容、互动、广告等方式，有效地推广品牌和产品。

③ 内容营销平台：如博客、知乎、简书等，通过发布有价值的内容，吸引潜在客户的关注和信任，提高品牌知名度和转化率。

④ 电商平台：如天猫、京东、拼多多等，通过在这些电商平台上开设店铺或进行广告投放，直接触达潜在购买者，促进销售和品牌建设。

⑤ 电子邮件营销平台：如QQ邮箱、网易邮箱等，通过发送定制的电子邮件，向潜在客户推广品牌和产品，提高客户忠诚度和转化率。

⑥ 移动营销平台：如短信营销、推送通知等，通过移动设备向用户发送个性化的营销信息，提高用户参与度和品牌认知度。

三、数字媒体运营

数字媒体运营是指利用数字化技术手段对媒体和信息进行处理和传播的过程，主要包括数字媒体内容运营、用户运营及活动运营。

✎ **岗课对接**

数字媒体运营的岗位划分

1. 内容运营岗位

内容运营是数字媒体运营的核心岗位之一，主要负责策划、撰写、编辑、发布和优化内容，确保内容的质量和吸引力，提高用户转化率。内容运营需要具备良好的写作能力和语言表达能力，同时还需要对目标受众有深入的了解，以便制作出更符合用户需求的内容。

2. 用户运营岗位

用户运营岗位主要负责用户关系的建立和维护，包括用户画像的构建、用户需求的挖掘、用户活动的策划和执行等。用户运营需要通过数据分析和用户反馈，了解用户需求和偏好，提供个性化的服务和体验，提高用户满意度和忠诚度。

3. 活动运营岗位

活动运营岗位是数字媒体运营中非常重要的一个环节。活动运营岗位的主要职责是策划、组织、执行和监控线上或线下的营销活动，旨在提高品牌知名度、用户参与度、转化率及用户忠诚度。

此外，根据不同的业务需求和企业规模，数字媒体运营还可能涉及短视频运营、直播运营、电商运营、信息流广告优化等岗位。

（一）数字媒体内容运营

内容运营是指运营者利用各种媒体渠道，用文字图片或视频等形式将企业信息友好地呈现在用户面前，并激发用户参与、分享、传播的完整运营过程。

为了适应当前数字媒体的发展，保持与用户对话，品牌在传统平台和数字平台上都需要持续不断地提供新鲜的内容。无论采用何种沟通渠道，关键是要最好地沟通品牌信息和强化用户品牌体验。

数字媒体内容运营中的内容有两层含义：一是指内容形式，即用户通过网络看到的文章、海报、视频或音频、直播、音乐、游戏等数字内容；二是指内容渠道，例如，用户浏览的互联网内容一般来自微信公众号、微博、门户网站、新闻类应用等内容渠道。相应地，运营者也要将内容布局在相应的内容渠道，与用户的内容浏览习惯相匹配。

内容运营对数字媒体运营的整体效果起着至关重要的作用。优质的内容、多平台的宣传可以让更多用户接触产品并获取产品信息，从而提高产品知名度。另外，内容运营有助于提高营销质量。长期扎实的内容运营能增强用户的参与感，通过与用户互动，带来更高的转化率。

1. 数字媒体内容运营的过程

（1）选题规划

通过选题规划，策划下一阶段的内容形式、选题等，作为下一阶段的内容运营总纲。

（2）内容规划

在内容规划上需要注意以下问题：制作本次内容的目的是什么？内容投放的渠道在哪里？该渠道的用户是谁？内容制作的周期是多长？内容的主题、风格如何设计？

（3）内容展现

确定内容后，要根据企业调性、用户的习惯、创意的表现形式等，完成内容的展现。

（4）素材整理

内容形式确定后，需要进行素材的收集与整理。素材包括内部素材，如产品图、产品理念、活动流程、内部数据等。素材还包括行业素材，如行业数据、行业新闻、网民舆论、近期热点等。

（5）内容编辑

根据上面步骤的执行结果，进行文章、海报、H5、视频等内容的创作。

（6）内容优化

内容编辑工作完成后需要进行测试、反馈及优化。如果转化率低或反馈不好，就需要对内容进行优化与调整。

（7）内容传播

设计传播模式以便于内容传播，引导用户将内容转发到微信朋友圈、微信群或更多渠道。

学以致用

你曾经在微信朋友圈传播过哪些内容？谈谈商家是如何引导你进行传播的。

📑 **营销案例**

小红书：爆红背后的内容方向策略

内容方向是一个社区后续所有内容运营策略的执行基础。小红书从2013年成立到现在，目标用户规模一直在扩大，内容方向也越来越多。小红书的内容方向策略表现在以下4个方面。

1. 内容定位

小红书的主要用户是来自一、二线城市，爱美、追求精致生活的"90后"年轻女孩。针对这类用户群体，小红书的内容定位是为爱美的年轻女孩提供时尚、护肤、生活方式上的相关指南。

2. 内容话题

内容话题要与定位相关。目前小红书的内容覆盖时尚穿搭、护肤彩妆等话题。与年轻女孩的生活相关的内容，就是小红书的内容话题范畴。

这样的话题分类也不是一蹴而就的。一开始为了吸引喜欢购物的女性，小红书上只有美妆、护肤、时尚穿搭这些话题。后来，小红书根据平台用户、内容数据分析结果，进行了话题的增加和调整。

3. 内容选题

小红书的内容选题主要来自两个方面。一是围绕话题，用相关的关键词裂变选题。不同的话题内容之下，选题划分的维度也不同，有根据用户成长路径划分的，也有根据用户生活场景划分的，还有根据产品品类划分的。二是追热点，如对当前热点赛事进行专题策划。

4．内容单元

内容单元是指一款产品中对用户产生价值的最小内容，可以是图文、视频，甚至可以是某种特定结构的内容。小红书的内容单元就是"笔记"。

（资料来源：腾讯网。有删改）

思考：结合案例，谈谈如何进行内容选题。

2．数字媒体运营内容的分类

（1）产品内容

产品内容通常喜欢在热点借势中巧妙地植入自己的品牌，其目的是最大限度地增加产品的曝光率。一般情况下，非媒体公司的微信公众号、微博等新媒体矩阵产生的内容都属于产品内容。例如，屈臣氏的微信推文、百雀羚的借势热点微博等。

（2）媒体内容

媒体内容是将内容本身作为产品去打造，通过高质量内容去吸引、凝聚用户，打造流量大的媒体平台，进而实现内容变现。例如，"十点读书"等微信公众号、"人人都是产品经理"等行业干货分享类的知识平台等，它们都属于将内容作为产品进而实现内容变现的媒体内容。这类内容平台会结合当下热点和用户需求，快速创造易于传播的内容，风格基调基本一致。媒体内容变现形式也可分为广告软文、知识付费、周边产品等。

（二）数字媒体用户运营

用户运营是指以用户为中心，遵循用户的需求设置运营活动与规则，制定运营战略与运营目标，严格控制实施过程与结果，以完成预期的运营任务并达到运营目标。

扫一扫，看微课

数字媒体用户运营

1．数字媒体用户运营的目的

数字媒体用户运营的最终目的是增加用户黏性，刺激购买，拉动销量的提升，具体包括以下4个方面。

① 拉新：通过微博、微信、论坛、社群、线下等渠道进行推广，邀请新用户注册或试用产品，目的是提高用户总量。

② 促活：通过友好的新手教程、丰富的创意内容、有趣的用户活动等手段，让用户多次打开软件或进入自媒体账号，主动自发地对内容进行传播，增加用户活跃度。

③ 留存：通过后台分析用户数据，以策划活动、增加功能或发放福利等形式留住用户，减少用户流失，提高用户留存率。

④ 转化：拥有一定的活跃用户后，尝试通过下载付费、会员充值等方式获取收入，提高用户转化率。

学以致用

举例说明获取新用户的手段和操作过程。

2．数字媒体用户运营的过程

数字媒体用户运营的过程包括用户分析、选择运营策略、效果评估3个阶段。

知识链接

用户运营岗位描述

（1）用户分析

用户分析阶段，要针对产品定位，给出目标用户的用户画像。用户画像不仅要描述目标用户的性别、年龄、收入等基本信息，还要了解其生活方式、品位追求、兴趣爱好等心理特征。通过用户画像，运营人员了解目标用户的突出特征，明确他们的核心需求，体现在产品上就是能解决用户的核心问题。

（2）选择运营策略

用户运营的策略有集中运营和策略运营两种模式。

① 集中运营。

集中运营适用于小量级核心用户，用户规模一般在几十人和几百人之间，用户互动频繁，与运营人员关系密切。例如，一些用户生成内容（User Generated Content，UGC）平台针对内容贡献型的核心用户进行运营，以促使其持续生产优质内容，以保证产品生态的完整。另外某些新品上市前，企业需要招一批目标用户进行试用，以鼓励用户反馈产品的使用体验，这有助于企业及时发现产品问题并进行修复。企业也可以采用这种策略，吸引目标用户并维系好与用户的关系，激励用户积极体验产品并反馈建议，将用户需求更好地传递至产品，从而做好产品优化。

② 策略运营。

策略运营适用于海量核心用户，用户规模可以从数千人到百万人。与集中运营不同，策略运营不需要掌握用户具体信息，企业通过行为数据分层后，可以进行有针对性的激励。

当用户体量达到一定规模（如数百万人）后，企业可以依据年龄、地区、行为习惯等指标对用户进行分类。每一类用户的需求、习惯会有所不同，企业需要通过差异化的运营手段来更好地服务不同类别的用户，例如，推送不同的内容、推送不同的产品、策划不同的活动等。

（3）效果评估

通过对访客数量、用户贡献量、用户留存等数据进行分析，企业可以了解是否达成目标数值。这是直接效果评估。除此之外，用户运营还可以获得无法具体量化的收益，例如，品牌认知度提高、用户对产品定位认知清晰、站外用户自发传播内容、核心用户组织架构建立等。

学以致用

请对校园网购群体进行用户画像。

（三）数字媒体活动运营

活动运营指根据既定目标，通过策划并开展短期活动，在一定时间段内快速提升产品指标的运营手段。活动运营包含活动策划、活动实施和嫁接相关产业，打造产业链。活动运营是围绕内容和用户进行的，是内容运营与用户运营的延伸，目的是提高品牌的传播度、购买转化率、平台活跃度、下载量等。

1. 数字媒体活动运营的类型

（1）传播主导型活动运营

传播主导型活动运营以品牌宣传普及、娱乐为目的。品牌宣传普及通常以海报、礼品、白皮书等形式出现。娱乐主要是为了增强人与人之间的感情，形式比较丰富，如唱歌、问题抢答、做游戏等。

（2）营销主导型活动运营

营销主导型活动运营以盈利销售为主，品牌宣传为辅。例如，一些汽车品牌通过举办汽车展，提高产品知名度，以活动为引爆点，吸纳广告投放和目标用户信息资源。

（3）混合型活动运营

混合型活动运营兼具以上两个类型的特点。例如，有些活动通常以用户下单为前提条件，用户下单才能获得参与活动的资格，其本身就是一种品牌推广行为。

2. 数字媒体活动运营的原则

（1）可行性原则

可行性原则也称可执行原则，指活动策划方案可以实施并能取得较好的效果，这是活动策划的综合要求。只有具备可操作性的活动策划才是可行的、有意义的，才会被用户采纳。活动方案提出前需要进行可行性分析，分析的原则建立在科学实践市场调查的基础上。

（2）借势原则

借势指企业及时抓住广受关注的社会新闻、事件以及人物的声势效应等，结合企业或产品在传播上想要达到的目的而展开的一系列相关活动。借势可以分为借优势、借形势、借大势等。例如，上海有一栋大楼长相酷似安慕希，在小红书上引发网友热议。安慕希闻风而动，迅速在社交媒体上回应称"是的，这一次我要夺回属于我的大楼"。原本以为这只是一句幽默的回应，没想到安慕希真的行动起来，夺回了"安慕希大楼"。他们在大楼屏幕上播放了整整一周的"安慕希灯光秀"，并计划进行摆摊活动，引发了网友们的热议和关注。

3. 数字媒体活动运营的过程

（1）确定目标

开展活动之前，运营人员必须设立明确且可量化的目标。一场活动的目的可以是吸引用户关注，也可以是拉动用户贡献，还可以是强化用户认知或增加用户黏性。运营人员明确目标之后，才能够有效思考并规划未来需要做的事情。

（2）活动策划

活动策划属于活动设计，需要明确活动的主题、时间、对象、方式、目标、预算、流程等，活动策划相当于给整个活动进行整体的规划和计划。在活动开展期间难免会出现突发情况，一场活动往往需要周密翔实的策划方案，以及在每个环节设置备用计划以应对突发情况，最终保证活动有效开展。

（3）活动执行

活动执行阶段可以分为3个环节，分别是确认资源、宣传投放和线上运营。

活动的完成需要多个部门协调配合。例如，和财务部门确定预算，和技术部门协调进行开发测试，跟产品、市场、客服等部门协调活动中所需要的各种资源。

确认资源后，进入宣传投放环节。这一环节，运营人员需要寻找方便抵达活动对象的渠道，与对应的媒体协调活动展出位置，进行活动预热，根据预热的效果进行活动的后续优化和调整。

　　线上运营开始后，运营人员需要吸引用户参与活动，进行活动的数据监测，了解用户反应，实时调整和优化活动过程，并对突发情况进行处理。

（4）效果评估

　　活动结束后，运营人员需要对整个活动的细节、数据进行分析。通过活动前后的数据比较，运营人员可以进行活动效果评估，提交活动报告和建议，并对活动中存在的问题进行分析，为下次开展活动积累经验。

知识检测　↓

一、选择题

　　1. 建立微信群，在群里定期发布产品的优惠信息，吸引用户加入微信群。这种操作手段属于（　　）。

　　　A. 拉新　　　　　　　　　　B. 促活

　　　C. 留存　　　　　　　　　　D. 转化

　　2. 某房地产公司举办为期 3 天的优惠活动，活动期间签约购房打九折，并且赠送车位。这一活动属于（　　）。

　　　A. 传播主导型活动运营　　　B. 营销主导型活动运营

　　　C. 混合型活动运营　　　　　D. 以上都不是

　　3. 下列不属于 UGC 平台的是（　　）。

　　　A. 百度贴吧　　　　　　　　B. 抖音 App

　　　C. 淘宝网　　　　　　　　　D. 企业官方网站

二、判断题

　　1. 借势营销中，可以借用任何热点事件。　　　　　　　　　　　　　　（　　）

　　2. 单击付费形式指只有当使用者实际单击广告以浏览广告主的网站时，广告主才需要支付费用。　　　　　　　　　　　　　　　　　　　　　　　　　　　　　　　　（　　）

　　3. 相较于传统营销方式，数字营销更快捷，传播范围更广泛。　　　　　（　　）

三、简答题

　　1. 简述数字媒体用户运营的过程。

　　2. 简述数字营销的类型。

课中实训

实训一　数字营销类型

【实训目标】

学生能了解数字营销的类型，根据产品特征选择恰当的数字营销手段、制定相应的营销策略。

任务：选择数字营销方式

任务描述：项目一【实训背景】中的青源公司打算开展数字营销，请帮其选择两种合适的数字营销方式，写出营销实施过程，将结果记录在表 11-1 中。

表 11-1　选择数字营销方式

研究内容	研究结果
数字营销方式一	
实施过程解析	
数字营销方式二	
实施过程解析	

实训二　数字媒体运营

【实训目标】

学生能掌握内容运营、用户运营、活动运营的方式，制定运营策略，开展运营活动。

任务1：内容运营

任务描述：为青源公司数字营销创作内容，选择合适的内容渠道进行发布，并将实施过程记录在表 11-2 中。

表 11-2　内容运营

研究内容	研究结果
内容形式	
内容创作	
内容渠道选择	
发布经验总结	

任务2：用户运营

任务描述：请各小组以拉新为目的，确定目标用户群体，描述用户画像，制定用户运营策略并实施，将结果记录在表 11-3 中。

表 11-3　用户运营

研究内容	研究结果
目标用户群体	
用户画像	
用户运营策略	
实施效果分析	

任务3：活动运营

任务描述：各小组开展一次营销主导型活动运营，确定活动目标，进行方案设计并实施，将结果记录在表 11-4 中。

表 11-4　活动运营

研究内容	研究结果
活动目标	
活动方案设计	
实施过程解析	
实施效果分析	

实训项目评价 ↓

指导教师根据学生对本项目的知识学习和实践训练成果进行评价，学生根据自己的掌握情况进行自我评价。

学习成果评价表

评价维度	评价指标	评价标准	分值	得分 教师评价	得分 学生自评
知识（50%）	数字营销概述	能够简述数字营销的发展历程	3		
		能够列举数字营销的特点	5		
	数字营销类型	能够列举数字营销的类型	4		
		能够说出不同数字营销类型的特点	5		
	数字媒体运营	能够简述数字媒体内容运营的过程	6		
		能够列举数字媒体运营内容的分类	6		
		能够判断数字媒体用户运营的目的	5		
		能够简述数字媒体用户运营的过程	6		
		能够列举数字媒体活动运营的类型	5		
		能够简述数字媒体活动运营的过程	5		
能力（30%）	综合能力	能够识别数字营销的类型	5		
		能够进行数字媒体内容创作	5		
		能够制定数字媒体用户运营策略	5		
		能够制定数字媒体活动运营方案	5		
	职业迁移能力	团结合作，共同完成任务	5		
		注意协调沟通，合理分工	5		
素质（20%）	职业素养	积极思考，善于总结	5		
		积极参与课堂讨论，认真完成实训任务	5		
		能够创造性地解决问题	5		
	学习态度	认真听讲，积极回答问题	5		
评分	教师评价（80%）+学生自评（20%）		100		

课中实训

213

课后提升

📖 传统文化与营销思想

古人商业活动中的创新

随着技术的突飞猛进，新的营销方法和策略不断出现。其实，古代商人们为了方便顾客，提高竞争力，也会想尽办法创新营销手段。这些创新不仅推动了商业的繁荣，也促进了社会经济的发展。古代商业上的技术创新主要体现在以下 5 个方面。

① 贸易形式的创新。丝绸之路是在西汉时期张骞出使西域后逐渐形成的。丝绸之路是古代跨国贸易的先驱，它连接了中亚、西亚、南亚、欧洲等多个地区，促进了商品、货币和技术的流通，也是文化、艺术等交流的重要通道，对后世产生了深远的影响。同时，丝绸之路的开辟也体现了古代中国人民的勇敢、智慧和探索精神。

② 货币与支付方式的革新。古代商业中，货币形式的演变是一个重要的技术创新。从早期的实物货币到金属货币，再到后来的纸币，这些变革大大方便了交易，提高了商业效率。此外，支付方式的创新，如信用支付、票据交换等，也进一步促进了商业活动的便捷性和安全性。比如，票号作为我国古代的一种特殊金融机构，主要从事票据汇兑和资金转移等业务。据史料记载，我国第一家票号——日升昌票号，于 1823 年在山西平遥正式成立，象征着票号这一新金融模式的开端。此后，票号迅速在全国范围内扩张，形成一个庞大的金融网络，对当时的商业社会和经济发展产生了深远影响。

③ 交通运输技术的改进。在古代，交通运输是商业发展的重要支撑。商人们通过改进车船设计、优化路线选择、提高运输效率等方式，降低了运输成本，扩大了市场范围。这些技术创新使得商品能够更加快速、安全地运送到目的地，促进了商业的繁荣。

④ 营销策略与广告宣传的创新。古代商人善于运用各种营销策略和广告宣传手段来推广商品。他们通过举办促销活动、赠送礼品等方式吸引消费者；利用招牌、幌子等视觉元素进行广告宣传；通过诗词歌赋等文学形式来赞美商品，提升品牌形象。

⑤ 市场信息与通信技术的发展。在古代，尽管没有现代的信息技术，但商人们仍然通过书信、使者、驿站等方式进行远距离的沟通。随着时间的推移，一些地区还出现了专门的市场信息收集和传递机构，这些都为商业决策提供了重要的参考。

（资料来源：百度 AI。有删减）

思考：结合上述资料，谈谈创新在社会发展中的作用。

知识归纳表 ↓

知识回顾：

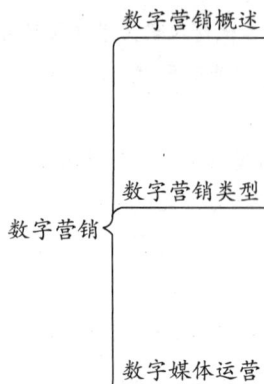

数字营销概述

数字营销类型

数字营销

数字媒体运营

思考总结：

心得分享：

项目十二

市场营销管理

教学目标 ↓

◢ 知识目标

1. 了解市场营销组织的类型和职能。
2. 理解市场营销计划的内容。
3. 了解市场营销执行中的问题。
4. 明确市场营销控制的步骤。

扫一扫

思维导图

◢ 能力目标

1. 能够制订市场营销年度计划，进行年度营销费用预算。
2. 能够识别市场营销执行中的问题。
3. 能够实施市场营销控制。

◢ 素养目标

1. 培养管理能力和人际沟通能力。
2. 培养发现问题、解决问题的能力。
3. 培养整体观、全局观。

◢ 育人目标

1. 增强创新意识，树立与时俱进的思想。
2. 培养独立思考、主动观察的习惯。

👤 引导案例

未雨绸缪，做好长期计划

王硕是营销部门的经理，虽然上任刚 1 年，但他工作雷厉风行，将 1 年的工作任务按计划圆满完成。近期，主管领导让王硕制订一份未来 5 年的营销计划。王硕有些为难，以前只做过年度营销计划，5 年计划和 1 年计划有很大不同。尤其是现在营销技术更新快，消费者兴趣变化大，市场环境变幻莫测。如何使计划具有时效性和可操作性，保证在计划实施过程中能顺利执行，是作为领导者必须认真考虑的问题。王硕决定召开一次部门会议，广泛听取意见后再做决策。

思考：1. 1 年计划和 5 年计划有哪些不同？

2. 制订长期计划有哪些注意事项？

课前自学

市场营销管理是一个包含市场营销组织、市场营销计划、市场营销执行与市场营销控制的完整管理系统，需要市场营销部门与其他各部门之间有效协调与配合。

一、市场营销组织

市场营销组织是企业管理者为了实现特定时期的任务与经营目标，而对从事营销活动的所有人员进行平衡协调的综合体。明确组织机构的相应职能任务，是企业内部相关职能部门企业经营一体化的核心。

（一）市场营销组织的类型

1．职能型营销组织

职能型营销组织是最常见的营销组织形式，是将营销职能加以扩展，选择营销职能专家组建营销各职能部门，使之成为企业整个组织的主导形式。职能型营销组织如图 12-1 所示。

图12-1　职能型营销组织

2．区域型营销组织

在全国范围进行销售的企业通常按地理区域设立营销组织。在营销副总经理主管下，按层次设销售总经理、大区销售经理、地区销售经理、销售人员等。区域型营销组织如图 12-2 所示。

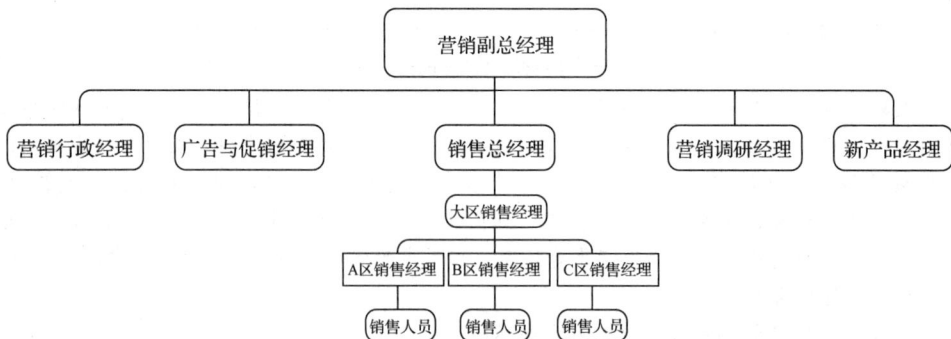

图12-2　区域型营销组织

3．产品/品牌型营销组织

生产多种产品和品牌的企业往往按产品或品牌建立管理组织，这种产品管理组织并没有取代职能型营销组织，只不过是增加一个管理层而已。产品 / 品牌型营销组织如图 12-3 所示。

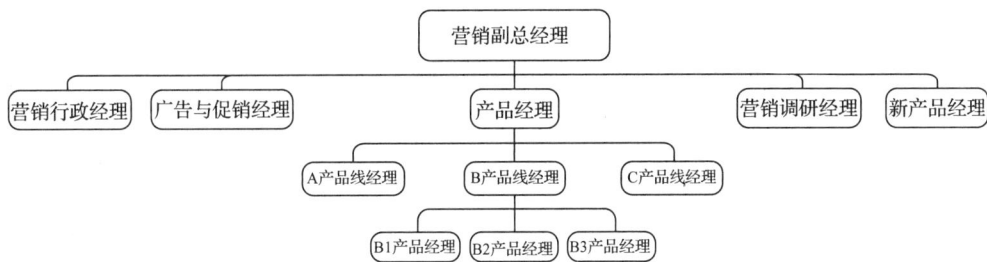

图12-3　产品/品牌型营销组织

4. 顾客/市场型营销组织

企业把顾客按其特有的购买习惯和产品偏好进行细分并区别对待，就此设立顾客/市场型营销组织结构。顾客/市场型营销组织如图12-4所示。

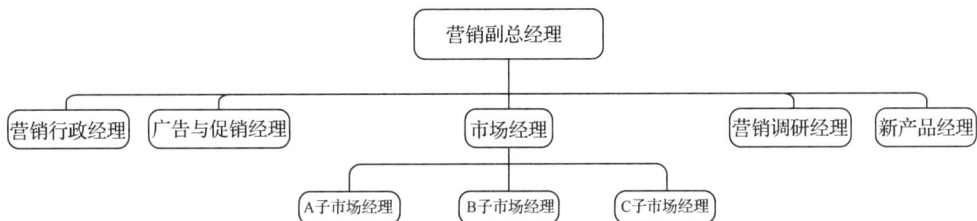

图12-4　顾客/市场型营销组织

5. 产品-市场型营销组织

产品-市场型营销组织是一种产品型和市场型相结合的组织形式，常见于生产多种产品并向多个市场销售的企业。这是一种既有市场经理又有产品经理的二维矩阵组织，如图12-5所示。

图12-5　产品-市场型营销组织

（二）市场营销组织的职能

按照现代市场营销环境的要求，现代市场营销组织的职能包括以下几部分。

① 制定市场战略和方案：根据企业的整体战略和市场需求，制定市场营销策略和方案，包括产品定位、目标市场、推广渠道、促销策略等。

② 市场调研与分析：进行市场调研，了解市场需求、竞争对手、消费者行为等信息，分析市场趋势和机会，为企业决策提供支持。

③ 产品推广与销售：通过各种渠道和方式，如广告、公共关系、人员促销等，推广企业的产品和服务，提高品牌知名度和美誉度，吸引潜在客户，促进销售增长。

④ 客户关系管理：建立和维护客户关系，与客户保持良好的沟通和互动，了解客户需求和

反馈，提供优质的售后服务，提高客户满意度和忠诚度。

　　⑤ 营销团队建设与管理：负责营销团队的组建、培训、管理和激励，提高团队的专业素质和执行能力，确保营销计划的顺利实施。

　　⑥ 数据分析与优化：收集和分析销售数据、市场数据等，评估营销活动的效果和效益，发现问题和机会，优化营销策略和方案，提高市场营销效果。

二、市场营销计划

　　市场营销计划指在研究行业潜力、市场营销状况，分析企业所面临的主要机会与威胁、优势与劣势以及存在问题的基础上，对财务目标与市场营销目标、市场营销战略、市场营销行动方案以及预计损益表进行确定和控制的计划。市场营销计划是商业计划的一部分。

（一）市场营销计划的分类

1．按照时间长短划分

按照时间长短划分，市场营销计划可分为长期计划、中期计划和短期计划。

① 长期计划的期限一般在 5 年以上，主要是确定未来发展方向和奋斗目标的纲领性计划。

② 中期计划的期限在 1 ～ 5 年。

③ 短期计划的期限通常为 1 年，如年度营销计划。

2．按照涉及范围划分

按照涉及范围划分，市场营销计划可分为总体营销计划和专项营销计划。

① 总体营销计划是企业营销活动的全面、综合性计划。

② 专项营销计划是针对某一产品或特殊问题而制订的计划，如品牌计划、渠道计划、促销计划、定价计划等。

3．按照计划程度划分

按照计划程度划分，市场营销计划可分为战略计划、策略计划和作业计划。

① 战略计划是对企业将在未来市场占有的地位及采取的措施所做的计划。

② 策略计划是对营销活动某一方面所做的计划。

③ 作业计划是各项营销活动的具体执行性计划，如一项促销活动，需要对活动的目的、时间、地点、活动方式、费用预算等做计划。

（二）市场营销计划的内容

一份完整的市场营销计划应该包括以下 8 个部分。

1．计划概要

　　计划概要是对主要营销目标和措施的简短摘要，目的是使高层主管迅速了解该计划的主要内容，抓住计划的要点。例如，某零售商店年度营销计划的内容概要是本年度计划销售额为 5 000 万元，利润目标为 500 万元，比上年增长 10%。

2．状况分析

状况分析主要提供与市场、产品、竞争、分销及宏观环境因素有关的背景资料，具体内容

扫一扫，看微课

市场营销计划的内容

有以下 5 个方面。

① 市场状况。列举目标市场的规模及其成长性的有关数据、顾客的需求状况等。例如，目标市场的年销量及其增长情况、在整个市场中所占的比例等。

② 产品状况。列出企业产品组合中每一个品种的销售价格、市场占有率、成本、费用、利润率等数据。

③ 竞争状况。识别企业的主要竞争者，并列举竞争者的企业规模、目标、市场份额、产品质量、价格、营销策略及其他有关特征，以了解竞争者的意图、行为，判断竞争者的变化趋势。

④ 分销状况。描述企业产品所选择的分销渠道的类型及其在各种分销渠道上的销售数量。例如，某产品在百货商店、专业商店、折扣商店、邮寄等各种渠道上的分配比例等。

⑤ 宏观环境状况。主要对宏观环境的状况及其主要发展趋势进行简要介绍，包括人口环境、经济环境、技术环境、政治法律环境、社会文化环境，并从中判断某种产品的发展趋势。

3．机会风险分析

机会风险分析主要是对计划期内企业营销所面临的主要机会和风险进行分析，还要对企业营销资源的优势和劣势进行系统分析。在机会和风险、优势和劣势分析的基础上，企业可以确定在该计划中需要注意的主要问题。

4．拟定营销目标

拟定营销目标是企业营销计划的核心内容。目标要用数量化指标表达出来，目标应实际、合理，并具有一定的开拓性。

5．营销策略

拟定企业将采用的营销策略，包括目标市场选择和市场定位、营销组合策略等。明确企业营销的目标市场是什么市场，如何进行市场定位，确定何种市场形象，以及企业拟采用什么样的产品、渠道、价格和促销策略。

6．行动方案

要对各种营销策略的实施制定详细的行动方案，即阐述以下问题：将做什么？何时开始？何时完成？谁来做？成本是多少？整个行动方案可以列表加以说明，表中应具体说明每一时期应执行和完成的任务及时间安排、任务要求和费用开支等，从而使整个营销策略落实于行动，并能循序渐进地贯彻执行。

7．营销预算

营销预算是指执行各种市场营销战略、政策所需的最适量的预算以及在各个市场营销环节、各种市场营销手段之间的预算分配。营销预算通常有销售收入预算、销售成本预算、营销费用预算 3 个部分。收入预算是最为关键的，也是最不确定的指标。销售成本预算前必须列清楚每种规格产品的销售数量预测，这样做出的销售成本预算才更精确。营销费用预算基本上可以分为市场费用预算和行政后勤费用预算两大类。

8．营销控制

营销控制指对营销计划执行进行检查和控制，用以监督计划的进程。为便于监督检查，具体做法是按月或季分别制定计划规定的营销目标和预算，营销主管每期都要审查营销各部门的业务实绩，检查是否实现了预期的营销目标。凡未完成计划的部门，应分析问题原因并提出改进措施，以争取实现预期目标，使企业营销计划的目标任务都能落实。

三、市场营销执行

市场营销执行是指将市场营销计划转化为行动方案的过程，并保证这种任务的完成，以实现计划的既定目标。

（一）市场营销执行中的问题

1．计划脱离实际

企业的市场营销战略和市场营销计划通常是由上层的专业计划人员制订的，而执行则要依靠市场营销管理人员，这两类人员之间缺少必要的沟通和协调，会导致下列问题的出现。

① 专业计划人员只考虑总体战略而忽视执行中的细节，结果使计划过于笼统和流于形式。

② 专业计划人员往往不了解计划执行过程中的具体问题，导致计划脱离实际。

③ 专业计划人员和市场营销管理人员之间没有充分的交流与沟通，致使市场营销管理人员在执行过程中经常遇到困难，因为他们并不完全理解需要他们去执行的战略。

④ 脱离实际的战略导致专业计划人员和市场营销管理人员相互对立和不信任。

学以致用

市场营销执行过程中，如何保证计划不脱离实际？

_____

2．长期目标和短期目标相矛盾

市场营销战略通常着眼于企业的长期目标，涉及今后 3 ～ 5 年的经营活动。但对具体执行这些战略的市场营销管理人员的评估和奖励通常是根据他们的短期工作绩效，如销量、市场占有率或利润率等指标来进行的。因此，市场营销管理人员常选择短期行为。

3．具有因循守旧的惰性

企业当前经营活动的开展往往是为了实现既定的战略目标，新的战略如果不符合企业的传统和习惯就会遭到抵制。新旧战略的差异越大，执行新战略可能遇到的阻力也就越大。要想执行与旧战略截然不同的新战略，常常需要打破企业传统的组织机构和供销关系。

4．缺乏具体明确的执行方案

有些战略计划之所以失败，是因为专业计划人员没有制定明确而具体的执行方案。实践证明，许多企业之所以面临困境，是因为缺乏一个能够使企业内部各有关部门协调一致作战的具体实施方案。

（二）市场营销执行过程

市场营销执行过程包括以下 6 个主要步骤。

1．制定行动方案

为了有效地实施市场营销战略，企业必须制定详细的行动方案。这个方案应该明确市场营销战略实施的关键性决策和任务，并将执行这些决策和任务的责任落实到个人或小组。另外，行动方案还应包含具体的时间表，应定出行动的确切时间。

2．建立组织结构

企业的正式组织在市场营销执行过程中产生决定性作用，组织将战略实施的任务分配给具体的部门和人员，规定明确的职权界限和信息沟通渠道，协调企业内部的各项决策和行动。具有不同战略的企业，需要建立不同的组织结构。也就是说，组织结构必须同企业战略一致，必须同企业本身的特点和环境相适应。组织结构具有两大职能：一是提供明确的分工，将全部工作分解成管理的几个部分，再将它们分配给各有关部门和人员；二是发挥协调作用，通过正式的组织联系沟通网络，协调各部门和人员的行动。

3．设计决策和报酬制度

为实施市场营销战略，企业还必须设计相应的决策和报酬制度。这些制度的好坏直接关系战略实施的成败。就企业对管理人员工作的决策和报酬制度而言，如果以短期的经营利润为标准，则管理人员的行为必定趋于短期化，他们就不会有为实现长期战略目标而努力的积极性。

4．开发人力资源

市场营销战略最终是由企业内部的工作人员来执行的，所以人力资源的开发至关重要。这涉及人员的考核、选拔、安置、培训和激励等问题。在考核选拔管理人员时，要注意将适当的工作分配给适当的人，做到人尽其才；为了激励员工的积极性，需要建立完善的工资、福利和奖惩制度。此外，企业还必须决定行政管理人员、业务管理人员和一线工人之间的比例。许多美国企业已经削减了企业的一级行政管理人员，目的是减少管理费用和提高工作效率。

5．建设企业文化

企业文化指一个企业内部全体人员共同持有和遵循的价值标准、基本信念和行为准则。企业文化对企业经营思想和领导风格，对员工的工作态度和作风，均起着决定性的作用。企业文化包括企业环境、价值观念、模范人物、仪式、文化网5个要素。

6．市场营销战略实施系统各要素间的关系

为了有效地实施市场营销战略，企业的行动方案、组织结构、决策和报酬制度、人力资源、企业文化这五大要素必须协调一致，相互配合。

四、市场营销控制

市场营销控制指企业用于跟踪营销活动过程的每一个环节，确保能够按照计划目标运行而实施的一套完整的工作程序。市场营销控制包括估计市场营销战略和计划的成果，并采取正确的行动以保证目标实现。

（一）市场营销控制的内容

市场营销控制主要包括年度计划控制、盈利能力控制、效率控制和战略控制。

1．年度计划控制

年度计划控制主要检查市场营销活动的结果是否达到了年度计划的要求，并在必要时采取调整和纠正措施。年度计划控制的内容是对销售额、市场占有率、费用率等进行控制，年度计划控制的目的是确保年度计划所规定的销售、利润和其他目标能够顺利实现。

年度计划控制过程分为 4 个步骤：确定年度计划中的月份目标或季度目标；监督市场营销计划的实施情况；如果市场营销计划在执行过程中有较大的偏差，则要找出其中的原因；采取必要的补救或调整措施，缩小计划与实际之间的差距。实施年度计划控制，要进行以下 3 个方面的分析。

① 销售分析。衡量并评估计划与实际销售额之间的差距，可以通过销售分析来实现。销售分析包括销售差距分析和地区销量分析。销售差距分析用来衡量造成销售差距的不同因素的影响程度，地区销量分析用来衡量导致销售差距的具体产品和地区。

② 市场占有率分析。揭示企业同竞争者之间的相对关系。

③ 市场营销费用率分析。对各项费用率加以分析，并控制在一定限度。

2．盈利能力控制

盈利能力控制指企业衡量各种产品、地区、顾客群、分销渠道和订单规模等方面的获利能力，以帮助管理者决定哪些产品或营销活动应该扩大、收缩或取消。盈利能力控制一般由企业内部负责监控营销支出和活动的营销会计人员负责，是旨在测定企业不同产品、不同地区、不同顾客群、不同分销渠道及不同订单规模的盈利情况的控制活动。

（1）营销盈利率分析

营销盈利率分析是通过对财务报表和数据的一系列处理，把所获得利润分摊到产品、地区、顾客群、分销渠道和订单规模等方面，从而衡量每一因素对企业最终盈利的贡献大小、盈利能力如何。分析步骤如下。

① 确定功能性费用。

② 将功能性费用分配给各个营销实体，即衡量由每一种渠道的销售所发生的功能支出。

按每一种渠道的每一种功能性费用除以发生的次数，得出各渠道功能性费用。

③ 为每个渠道编制一张损益表。

（2）选择最佳调整方案

根据营销盈利率分析的结果选择最佳的调整方案。

3．效率控制

效率控制指企业不断寻求更有效的方法来管理销售人员、广告、促销和分销等绩效不佳的营销实体活动。效率控制的目的是提高销售人员推销、广告、促销和分销等市场营销活动的效率。市场营销经理必须重视若干关键比率，这些比率表明上述市场营销职能执行的可靠性，显示出应该如何采取措施以改进执行情况。效率控制主要包括销售人员效率控制、广告效率控制、促销效率控制和分销效率控制 4 个方面。

① 销售人员效率控制指企业了解销售人员工作效率的几项重要指标，如销售人员平均每天进行销售访问的次数、销售人员访问平均所需要的时间、平均收入、平均成本、销售人员成本占总成本的百分比等。企业可以从以上分析中发现一些重要问题。

② 广告效率控制即企业高层领导者可以采取若干步骤来提高广告效率，包括进行更有效的产品定位，确定广告目标等。广告效率的控制至少要掌握以下资料：每一种媒体类型、每一个媒体工具触及千人的广告成本；注意、看到或联想和阅读印刷广告的人在其受众中所占的百分比；消费者对广告内容和有效性的意见；消费者对于产品态度的事前事后衡量；由广告激发的询问次数；每次广告成本。

③ 促销效率控制是企业管理层对每一次促销的成本和销售影响进行记录，注意做好一系列统计工作的过程。促销效率控制应注意以下资料：优惠销售所占的百分比；每一元的销售额中所包含的商品陈列成本；赠券的回收率；一次演示所引起的询问次数。

④ 分销效率控制指企业主管应该调查研究分销经济性，主要是对企业存货水准、仓库位置及运输方式进行分析和改进，以达到最佳配置并寻找最佳运输方式。

4. 战略控制

战略控制又称市场营销审计，主要关注企业的营销战略是否与市场环境相适应，并能够有效地实现企业的长期目标。企业通过对战略、计划、目标等关键要素的控制和评估，确保营销活动与整体战略保持一致。战略控制的主要内容有以下 5 个方面。

① 战略计划审计是对企业战略计划的全面审查和评估，以确定其是否符合企业的长期目标和市场环境。通过对战略计划的审计，企业可以发现潜在的问题和机会，为制定更有效的营销策略提供依据。

② 市场营销审计是对企业市场营销活动的全面审查和评估，以确定其是否达到了预期的目标，并识别出存在的问题和机会。市场营销审计可以帮助企业发现市场营销活动中的瓶颈和低效环节，从而进行优化和改进。

③ 目标市场控制主要关注企业选择的目标市场是否符合企业的整体战略和市场环境，并且能够实现企业的营销目标。通过对目标市场的分析和评估，企业可以及时调整市场策略，优化资源配置，提高市场占有率。

④ 产品策略控制主要关注企业产品策略的制定和实施是否符合市场需求和企业的整体战略。通过对产品策略的控制，企业可以确保产品的质量和竞争力，提高产品的市场占有率和盈利能力。

⑤ 营销渠道控制主要关注企业选择的营销渠道是否能够有效覆盖目标市场，并且能够实现企业的销售目标。通过对营销渠道的分析和评估，企业可以优化渠道结构，提高渠道效率，降低成本，提高盈利能力。

（二）市场营销控制的步骤

市场营销控制包含以下 4 个具体步骤。

1. 确定控制目标

在市场营销控制过程中，营销目标被分解为若干更短时期的控制目标。例如，在市场营销计划中，营销目标是年度市场销售额，控制目标就可以定为每月或每季度销售额。只要每月或每季度的控制目标都能如期实现，全年营销目标自然就会实现。

2. 评估执行情况

评估执行情况即监测市场营销活动的实绩，评估各控制目标的执行情况。这一步与第一步关系密切，因为只有控制目标数量化、可测化，才能开展有效的监测活动。

3. 诊断执行结果

对执行情况差的项目，要从内、外两个方面深刻分析其原因。内部原因包括计划目标过高或实际努力不够等，外部原因包括宏观经济环境变化或市场竞争状况变化等。

4．采取纠正措施

采取纠正措施要从两个方面考虑。第一，营销目标合理与否。若营销目标实施结果不理想是外部原因或目标过高所致，企业应及时调整营销目标和控制目标。第二，营销部门努力程度。若营销部门努力不够，就应采取适当的奖惩措施，刺激有关人员提高工作热情与工作效率。

知识检测 ↓

一、选择题

1. 市场营销控制的类型包括（　　　）。
   A．年度计划控制
   B．盈利能力控制
   C．效率控制
   D．战略控制

2. 年度营销计划属于（　　　）。
   A．短期计划
   B．中期计划
   C．长期计划
   D．中长期计划

3. 市场营销执行中的问题包括（　　　）。
   A．计划脱离实际
   B．长期目标和短期目标相矛盾
   C．具有因循守旧的惰性
   D．缺乏具体明确的执行方案

二、判断题

1. 在营销预算指标中，销售收入预算是最为关键的，也是最不确定的指标。　（　　　）
2. 在市场营销控制过程中，营销目标作为一个整体不需要被分解。　（　　　）
3. 营销目标要用数量化指标表达出来，目标应实际、合理。　（　　　）

三、简答题

1. 简述市场营销组织的类型。
2. 简述市场营销计划的分类。
3. 简述市场营销控制的步骤。
4. 简述市场营销执行中的问题。

课中实训

实训一　市场营销计划

【实训目标】

学生能掌握需求、产品的不同类型，针对不同需求状况初步制定年度营销策略进行年度营销费用预算，以及制订年度营销计划。

任务1：制定年度营销策略

任务描述：各小组在广泛调研的基础上，为青源公司制定年度营销策略，将结果记录在表 12-1 中。

表 12-1　制定年度营销策略

研究内容	研究结果
年度营销策略	

任务2：年度营销费用预算

任务描述：根据年度营销策略，规划年度营销费用，将结果记录在表 12-2 中。

表 12-2　年度营销费用预算

研究内容	研究结果
年度营销费用总金额	
营销费用明细	

任务3：制订年度营销计划

任务描述：为青源公司制订详细的年度营销计划，将结果记录在表 12-3 中。

表 12-3　制订年度营销计划

研究内容	研究结果
年度营销计划	

实训二　市场营销执行

【实训目标】

学生能了解营销执行中的常见问题，根据营销计划制定行动方案，设计合理的组织结构和薪酬体系。

任务1：制定营销计划行动方案

任务描述：根据年度营销计划，制定行动方案，将结果记录在表 12-4 中。

表 12-4　制定营销计划行动方案

研究内容	研究结果
营销计划行动方案	

任务2：设计薪酬体系

任务描述：请为青源公司设计薪酬体系，以激励从业人员的工作积极性，将结果记录在表 12-5 中。

表 12-5　薪酬体系设计

研究内容	研究结果
薪酬体系	
设计思路解析	

课中实训

实训项目评价 ↓

指导教师根据学生对本项目的知识学习和实践训练成果进行评价，学生根据自己的掌握情况进行自我评价。

学习成果评价表

评价维度	评价指标	评价标准	分值	得分	
				教师评价	学生自评
知识（50%）	市场营销组织	能够熟练列出市场营销组织的类型	7		
		能够简述市场营销组织的职能	6		
	市场营销计划	能够熟练列出市场营销计划的分类	6		
		能够简述市场营销计划的内容	6		
	市场营销执行	能够列举市场营销执行中的问题	6		
		能够简述市场营销执行过程	7		
	市场营销控制	能够简述市场营销控制的内容	6		
		能够简述市场营销控制的步骤	6		
能力（30%）	综合能力	能够判断市场营销组织的类型	5		
		能够制订简单的市场营销计划	5		
		能够识别营销执行中的问题	5		
		能够制定营销控制的内容	5		
	职业迁移能力	开阔管理视野，增强管理能力	5		
		培养严谨认真的做事态度	5		
素质（20%）	职业素养	积极思考，善于总结	5		
		树立正确的营销观	5		
		能够创造性地解决问题	5		
	学习态度	认真听讲，积极回答问题	5		
评分	教师评价（80%）＋学生自评（20%）		100		

课中实训

课后提升

📖 传统文化与营销思想

唐代的市场管理制度

唐代的市场管理制度主要涉及市场设置、市场监督、市场秩序及商品质量控制等方面。

在市场设置方面，唐代的市场通常分为常设市场和临时市场两类。常设市场多设于市中心或交通要道旁，规模较大，商品种类齐全。而临时市场则多设于郊外或年节之际，主要供应生活必需品和季节性商品。两者互为补充，共同构成了唐代市场体系的基础。

在市场监督方面，唐代政府设立了如衙门、巡官等机构，专门负责市场的管理和监督工作，以确保市场秩序，并防止欺诈、串通、哄抬价格等不正当行为。同时，唐代市场还实行了注册制度，要求商贩在市场进行登记备案，以确保商品质量和来源的合法合规性。

市场秩序是唐代市场管理的核心。唐代政府颁布了一系列法令和规定，例如，规定商品的计量单位、标准，禁止商贩弄虚作假；规定市场交易时间、场所，禁止夜市和乱摆摊贩；规定市场价格，禁止哄抬物价等行为。这些规定旨在促进商品流通，保障市民的权益，并维护市场秩序的稳定。唐代长安，著名的繁华都市之一，为了维护市场秩序及管理，实行了坊市制度。长安城被划分为若干个坊和市，坊是指居住区，而市则指商业区。这种划分使商业活动更加集中且有序，同时也便于官府进行管理和监督。在长安城的东市和西市，每天正午时分和日落前都会分别响起鼓声和钲声，这是市场开市和闭市的信号。商贩们会在规定时间内进行交易，而官府则会派遣官员对市场进行监管，确保交易的公平性和合法性。

在商品质量控制方面，唐代政府会进行商品检验，以确保商品质量符合规定的标准。例如，对于纺织品，政府会检查其面料的材质、色泽和质地；对于日用品，如粮食和油盐，政府则会检查其品种、质量和重量等。同时，政府还会制定商品标准，以规范商品的生产和销售。

唐代的市场管理制度相对完善，采取的这些措施不仅降低了政府的管理成本，有利于维持社会秩序，还推动了商业的繁荣和社会的进步。

思考：1. 唐代的市场管理制度对当时的市场发展有哪些作用？

　　　2. 结合资料，谈谈制度建设对市场良性发展的重要意义

知识归纳表 ↓

知识回顾：

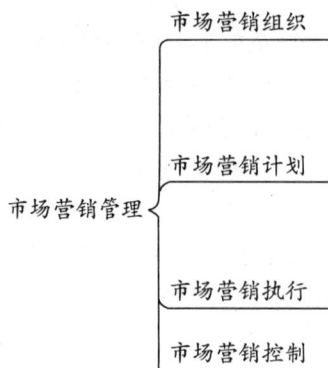

思考总结：

心得分享：

课后提升